世界のなかの沖ノ島　口絵

1　南の海上から見た沖ノ島
九州本島宗像市神湊の西北57kmの沖合に浮かぶ1.5×0.8kmの小さな孤島である。手前の岩礁は左が小屋島，右が御門柱，奥が天狗岩。島は，石英斑岩の急峻な斜面をもつ岩山で，中央の一ノ岳は標高243m。祭祀遺跡は左寄りの緩やかな尾根の上，標高80m付近の巨岩が堆積している場所にある。
（宗像大社提供）

2　沖ノ島7号遺跡出土の金製指輪
内径1.88×1.86cm。女性用か。新羅製と推定。
▶5世紀
（宗像大社所蔵）

構成・解説／春成秀爾

壱岐　　　　　　　　　　　　　　　対馬

北九州市　　　　　　　　　　　鐘崎

4　大島御嶽山山頂から宗像本土を望む
神湊から11km離れた大島からは津屋崎・宗像はもちろん，福岡まで望見できる。
（宗像市教育委員会提供）

5　宗像大社沖津宮
社殿は右側の巨岩A（高さ10m）の下に造られている。記録のうえでは最古の社殿は1644年（江戸時代前期），現在の社殿は1932年の造営である。　　　（宗像大社提供）

沖ノ島

3 大島山頂から
　沖ノ島を望む

山頂には近年調査された7〜9世紀の祭祀遺跡がある。天気のよい日にはここから49km西北に位置する沖ノ島、さらに壱岐・対馬も望見することができる。

（宗像市教育委員会提供）

神湊　津屋崎古墳群　　　　　　　　　　　　　　　福岡市

6 巨岩の上下で催された
　沖ノ島祭祀遺構の分布状態

祭祀の跡は石英斑岩の巨岩の上や下にのこされているが、個々の遺跡の面積はせまい。巨岩Fの上が21号遺跡である。

（国立歴史民俗博物館模型製作・写真提供）

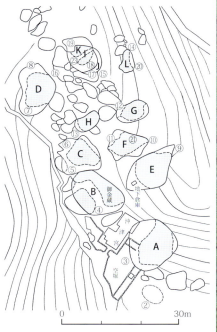

7 沖ノ島21号遺跡
巨岩F（高さ3m）の上に、小さな割石を辺2.8×2.5cmの方形に配列し、その中央に依代となる角礫（121×76cm）を据えて小さな祭壇をつくった「岩上祭祀」の遺構で、斎主が1人座れるていどの狭い空間である。龍鏡、獣帯鏡、鉄鋌、刀・剣・斧・鎌などの鉄製品、碧玉や滑石の勾玉、管玉、白玉などが出土している。
▶5世紀前半
（宗像大社提供）

8 沖ノ島17号遺跡
巨岩Jの隙間に方格規矩鏡、内行花文鏡、三角縁神獣鏡など21面の銅鏡、車輪石、石釧、鉄刀などを差し込んでいる。
▶4世紀後半
（国立歴史民俗博物館模型製作・写真提供）

9　沖ノ島17号遺跡出土の古墳時代銅鏡
▶4世紀後半　　　　　　　　（宗像大社所蔵）

10　沖ノ島5号遺跡出土の金銅製龍頭
新羅製と推定。右が口。長さ20.0cm。▶7～8世紀　　　　（宗像大社所蔵）

11　沖ノ島1号・3号遺跡出土の滑石製形代
滑石の板材から馬，人，舟，鏡，勾玉の形を作り出している。舟は特に海神の祭祀をよく示している。滑石は宗像から糟屋にかけての三郡山地で産出し，生産地遺跡が知られている。▶7〜9世紀　　　（宗像大社所蔵）

13　大島御嶽山山頂の祭祀遺跡発掘の滑石製形代
舟，鏡，人，馬，人，玉の模造品があり，沖ノ島1号遺跡出土品と共通する。▶7〜9世紀　　　（宗像市教育委員会所蔵）

**12 沖ノ島出土の
　　金銅製の織機模造品**

江戸時代に御金蔵（巨岩Bの下）か
ら持ち出されたという。長さ48cm。
伊勢神宮の神宝に類似品がある。
▶8〜10世紀　　　　（宗像大社所蔵）

14 15　サメの線刻がある銅剣
鳥取県出土と推定。線刻の長さ2.4cm。弥生時代の日本海沿岸では，サメを海の精霊とみて，その祭祀をおこなっていたことを示唆する。▶前3〜2世紀
（鳥取県立博物館所蔵／奈良文化財研究所撮影）

16 17 18　韓半島の竹幕洞(チュンマクトン)遺跡と出土石製模造品
韓国全羅南道扶安郡の黄海に面する。遺跡は岬の先端のせまい平坦地にあり，三国時代から朝鮮王朝の時代まで祭祀がつづいている。鎌，斧，鏡，短甲，刀子，勾玉，剣の模造品がある。沖ノ島との共通性も指摘できるが，舟，馬，人を欠いている。これだけの石製模造品がまとまって出土したのは韓国では竹幕洞だけであって，5世紀代には海上交通にかかわる百済の国家的な祭祀場として機能し，そこに倭人たちも参加していたと考えられている。▶5世紀後半
（韓国国立全州博物館所蔵）

←サメの線刻

雄山閣出版案内

別冊・季刊考古学26
畿内乙訓古墳群を読み解く

広瀬和雄・梅本康広 編

B5判 152頁
本体2,600円

畿内の一角を占める乙訓古墳群。
大和政権中枢の大型古墳と同じ要素を備え、古墳時代を通じて首長墓が継続的に築造されている点で、乙訓古墳群は他に例を見ない特殊な大型古墳群と考えられる。

■ 主 な 内 容 ■

序 章 畿内乙訓古墳群とは何か………梅本康広
第１章 畿内乙訓古墳群をめぐる諸問題
　初期前方後円墳の墳丘構造…………梅本康広
　前方後方墳をめぐる地域間交流
　　―元稲荷古墳築造の意義をめぐって―
　　……………………………………廣瀬 覚
　乙訓古墳群の竪穴式石槨の特色について
　　……………………………………藤井康隆
　前方後円墳の巨大化とその背景
　　―恵解山古墳の被葬者像を探る―…福家 恭
　後期前方後円墳と横穴式石室…………笹栗 拓
　【調査トピックス】大山崎町鳥居前古墳
　　……………………………………角 早季子
第２章 副葬品の生産と授受
　三角縁神獣鏡の授受と地域…………森下章司
　鉄製品の多量副葬とその意義………阪口英毅
　埴輪の生産と流通……………………宇野隆志
　前期古墳の土器と埴輪の系譜
　　―元稲荷古墳を中心にみた地域間関係―
　　……………………………………山本 亮
　【調査トピックス】京都市芝古墳（芝一号墳）
　　……………………………………熊井亮介
第３章 畿内乙訓古墳群とその周辺
　オトクニにおける前期古墳の変容とその背景
　　……………………………………古閑正浩
　向日丘陵古墳群と畿内の大型古墳群……下垣仁志
　【調査トピックス】長岡京市井ノ内車塚古墳
　　……………………………………中島皆夫
終 章 畿内乙訓古墳群の歴史的意義………広瀬和雄

別冊・季刊考古学25
「亀ヶ岡文化」論の再構築

鈴木克彦 編

B5判 124頁
本体2,600円

縄文時代晩期に東北地方で展開した「亀ヶ岡文化」とは何か。
広域的な観点から検討しその歴史像を改めて考える

■ 主 な 内 容 ■

亀ヶ岡文化論の再構築………………鈴木克彦
縄文・弥生文化移行期の社会変動…藤尾慎一郎
第Ⅰ章 北日本の縄文晩期（亀ヶ岡文化）を俯瞰する
　亀ヶ岡式土器とその年代観…………小林圭一
　東北・晩期の集落構成………………小林圭一
　安行文化の解体と亀ヶ岡文化………鈴木加津子
　北陸の縄文晩期社会と社会組織
　　―掘立柱建物集落の形成とクリ材利用からの視点―
　　……………………………………荒川隆史
　北海道の縄文晩期社会の特質
　　―道内地域差と遺構，遺物の文化―…澤田恭平
　大洞A・A'式土器研究の現状と課題……大坂 拓
　聖山式とタンネトゥL式………………土肥研晶
東北「遠賀川系土器」の拡散と亀ヶ岡文化の解体
　　……………………………………齋藤瑞穂
第Ⅱ章 晩期・亀ヶ岡文化の特質―晩期とその直後―
　東北晩期の円形大型住居と社会組織…武藤康弘
　亀ヶ岡文化の社会構造………………鈴木克彦
　亀ヶ岡文化・非階級社会の葬墓制
　　―土坑墓群と多副葬遺物―………岡本 洋
　縄文から続縄文・弥生への移行期における葬送と社会
　　……………………………………相原淳一
　縄文晩期・変革期の亀ヶ岡文化における
　　遠隔広域交流の意義………………鈴木克彦
　亀ヶ岡文化の土偶にみる宗教構造の変化…佐藤嘉広
　東北南部弥生初頭の青木畑式土器の意義…木本元治
　大洞A'式と砂沢式土器………………木村 高

季刊考古学・別冊27
世界のなかの沖ノ島 目次

序章
沖ノ島の考古学 ……………………………………… 春成　秀爾　2
沖ノ島の歴史 ………………………………………… 河野　一隆　7

第1章　沖ノ島と宗像女神
宗像氏と宗像の古墳群 ……………………………… 重藤　輝行　13
沖ノ島祭祀の実像 …………………………………… 笹生　　衛　19
〔コラム〕大宰府管内の巨岩と社殿 ……………… 小嶋　　篤　25
中世の宗像神と祭祀 ………………………………… 河窪　奈津子　27
沖ノ島の鏡 …………………………………………… 下垣　仁志　33
沖ノ島の金銅製龍頭 ………………………………… 弓場　紀知　40
沖ノ島の滑石製品 …………………………………… 清喜　裕二　44
沖ノ島の鉄鋌 ………………………………………… 東　　　潮　50
沖ノ島の馬具 ………………………………………… 桃﨑　祐輔　55
〔コラム〕沖ノ島の金銅製高機 …………………… 福嶋　真貴子　61
御嶽山と下高宮の祭祀遺跡 ………………………… 白木　英敏　63
宗像三女神 …………………………………………… 新谷　尚紀　67

第2章　沖ノ島祭祀の背景
磐座―神が依り憑く磐― …………………………… 甲元　眞之　73
〔コラム〕沖ノ島の先史 …………………………… 宮本　一夫　79

〔コラム〕沖ノ島の銅矛 ………………………………………… 常松 幹雄 81
古墳の被葬者と祭祀 …………………………………………… 今尾 文昭 83
平城京と沖ノ島の人形 ………………………………………… 庄田 慎矢 87
海神の原像 ……………………………………………………… 春成 秀爾 92
山の神 …………………………………………………………… 小林 青樹 95

第3章　世界の祭祀遺跡と沖ノ島

北海道の祭祀遺跡 ……………………………………………… 瀬川 拓郎 100
沖縄の王権祭祀遺跡 …………………………………………… 安里　進 106
朝鮮半島の祭祀遺跡 …………………………………………… 高田 貫太 112
中国の海の祭祀 ………………………………………………… 岡村 秀典 118
ヨーロッパの神，日本の神 …………………………………… 松木 武彦 124

第4章　沖ノ島と世界遺産

イギリスからみた沖ノ島 ……………………………………… サイモン・ケイナー 131
「宗像・沖ノ島」と世界遺産 ………………………………… 中村 俊介 138
〔コラム〕近代の沖ノ島 ……………………………………… 岡　　崇 144

文献改題

沖ノ島研究の歩み ……………………………………………… 岡寺 未幾・大高 広和 146

表紙解説
空から望む沖ノ島　3D地図画像（「地理院地図 Globe」をもとに鹿児島国際大学中園研究室作成）
宗像大社，中津宮のある大島，そして沖津宮のある沖ノ島がほぼ直線上に並ぶ。その先は朝鮮半島で，正面は釜山付近にあたる。その手前，やや左に見えるのは対馬。地上から一望するのが困難な対象でも地理的関係がよくわかる。「地理院地図 Globe」の機能を使い，標高データによる地形に空中・衛星写真を重ね，3D表示で俯瞰（高さ方向は3倍で表示）したもので，視覚的効果や表示方法を自由に操作できるのは，デジタルデータならではの利点である。

（中園　聡・太郎良真妃）

雄山閣出版案内

別冊・季刊考古学24
古代倭国北縁の軋轢と交流
― 入の沢遺跡で何が起きたか ―

辻 秀人 編

B5判　135頁　本体2,600円

最近発掘され注目を集めている、古墳時代前期の入の沢遺跡の調査成果から、古墳文化と続縄文文化の境界の様相を考える。緩やかな交流関係とは異なる、軋轢の様相が浮かび上がり、一様ではなかった北縁の状況がわかってきた。シンポジウムの成果をまとめる。

■ 主な内容 ■

序　文……………………………辻　秀人
第1章　入の沢遺跡を知る
　入の沢遺跡の調査成果……………村上裕次
　銅鏡から見た入の沢遺跡と東北の古墳時代
　………………………………………森下章司
　玉類の流通から見た古墳時代前期の東北地方
　………………………………………大賀克彦
第2章　古墳時代社会のなかに
　　　入の沢遺跡を位置付ける
　古墳時代前期の倭国北縁の社会
　―宮城県北部の様相―…………髙橋誠明

「入の沢遺跡」の頃の東北北部社会
　………………………………………八木光則
東北地方の古墳時代の始まり……辻　秀人
ヤマト王権の動向と東北の古墳時代社会
　………………………………………和田晴吾
第3章　討論　入の沢遺跡で何が起きたのか
　司　会：辻　秀人
　パネラー：和田晴吾・八木光則・髙橋誠明・
　　　　　　大賀克彦・森下章司・村上裕次

別冊・季刊考古学23
アジアの戦争遺跡と活用

菊池 実・菊池誠一 編

B5判 150頁　本体2,600円

次世代に戦争体験をどのように伝えていくのか。日本を含むアジア諸地域における戦争遺跡の調査と保存・活用の現状を伝え、戦後70周年の節目に改めて戦争遺跡の保存と活用について考える。

■ 主な内容 ■

アジアの戦争遺跡調査と保存の現状………菊池　実・菊池誠一
第Ⅰ章　日本の戦争遺跡とその活用
　茨城県内の戦争遺跡調査とその活用………伊藤純郎
　調布飛行場周辺の戦争遺跡の保存と活用………金井安子
　陸軍登戸研究所の調査とその活用………山田　朗
　愛知県の戦争遺跡調査―本土決戦陣地調査の新たな展開―伊藤厚史
　京都の戦争遺跡調査とその活用………帖地真穂・木立雅朗
　四国地方の戦争遺跡調査とその活用………出原恵三
　鹿児島　本土最南端の戦跡群―知覧飛行場跡の
　　三角兵舎跡・掩体壕跡の調査とその活用―上田　耕
　沖縄県の戦争遺跡調査とその課題―沖縄県戦争
　　遺跡詳細分布調査以降の動向から読み解く―山本正昭
　慰霊の考古学………………………………時枝　務
第Ⅱ章　東アジア・太平洋諸島の戦争遺跡とその活用
　中国に残る日本の戦争遺跡とその活用………歩　平
　韓国に残る日本の戦争遺跡とその活用………辛珠柏
　台湾の戦争遺跡の現状とその活用………趙金勇

太平洋諸島に残る戦争遺跡とその活用
　―遺骨収集問題について―………………楢崎修一郎
第Ⅲ章　東南アジアの戦争遺跡とその活用
　日本・フランス共同支配下におけるベトナム……Vo Minh Vu
　ベトナムの戦争遺跡とその活用………菊池（阿部）百里子
　カンボジアの戦争遺跡とその活用………丸井雅子
　インドネシアの戦争遺跡とその活用………坂井　隆
　フィリピンの戦争遺跡とその活用………田中和彦
【コラム】日本の戦争遺跡
　北海道の戦争遺跡　室蘭………………工藤洋三
　青森県の戦争遺跡　旧陸軍山田野演習場………稲垣森太
　長野県の戦争遺跡　松代大本営地下壕跡………幅　国洋
　山口県の戦争遺跡　周南………………工藤洋三
　沖縄県の戦争遺跡　北山の陣地壕跡群………瀬戸哲也
　沖縄県の戦争遺跡　留魂壕………………新垣　力
【コラム】アジアの戦争遺跡
　フィリピンの戦争遺跡　コレヒドール島………深山絵実梨
　タイ・ミャンマーの戦争遺跡　泰緬鉄道………坂井　隆

世界のなかの
沖ノ島

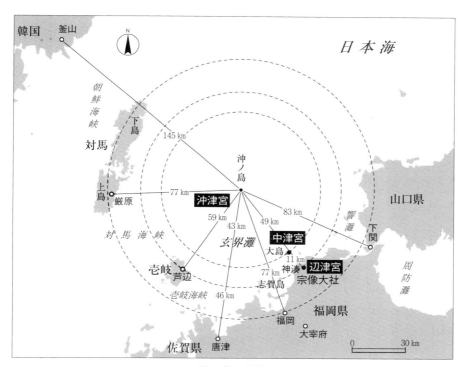

沖ノ島の位置

序章

沖ノ島の考古学

国立歴史民俗博物館名誉教授
春成秀爾
（はるなり・ひでじ）

1 文献と考古資料

沖ノ島は，福岡県宗像市（旧・宗像郡大島村）に属する玄界灘の孤島である。九州本土の神湊の西北57km沖に位置し，約1.5km×約800mの島は，切り立った稜線が東北方向に延び，島の最高部243m，東南の標高80m付近の尾根上に宗像大社の沖津宮が鎮座し，その一帯が沖ノ島祭祀遺跡である。4世紀後半から9世紀までの高級かつ大量の祭祀遺物を出土しており，それを「国家的祭祀」の所産とみなし，「海の正倉院」とも称される[1]。

大島は，宗像市（旧・宗像郡大島村）に属し，神湊の東北11kmに位置する元は漁民たちの村であった。島の南麓に宗像大社の中津宮が鎮座する。東北海岸には沖ノ島遥拝所があり，島の頂上（標高224m）には中津宮の末社である御嶽神社が所在し，付近は祭祀遺物を出土する御嶽山遺跡である[2]。

本土の宗像市（旧・宗像郡玄海町）田島には辺津宮が鎮座する。沖津宮・中津宮を管掌する宗像大社である。背後の山の30m付近には祭祀遺物を出土している下高宮遺跡がある[3]。

その一方，『記・紀』に胸形（むなかた）三女神の神話があり，三女神の祭祀は今も沖津宮・中津宮・辺津宮で厳粛におこなわれている。そのために，沖ノ島の考古学は，どうしても文献の記述に依存することになりがちである。しかし，天照大神（あまてらすおおみかみ）が素戔嗚尊（すさのおのみこと）の悪行を戒めるために誓約（うけい）をおこない，その過程でうまれた胸形三女神の神話は「古くさかのぼっても6世紀中葉以後，おそらくは7世紀になって記録」されたものであることを井上光貞は考証し[4]，文献はあくまでも6，7世紀の「歴史的事実」を記したものであると注意して，無批判の拡大解釈を戒めている。しかし，文献なしには沖ノ島の解釈は不可能である。文献と考古資料との間には緊張関係がなければならないことを肝に銘じながら，以下に問題提起的な私見を述べることにしたい。

2 沖ノ島と三女神

胸形三女神は，タキリヒメ（タゴリヒメ），タギツヒメ，イチキシマヒメであるが，三女神を祭る宮社は，『古事記』と『日本書紀』では大きく異なり，現在の祭神との間にも違いがある。

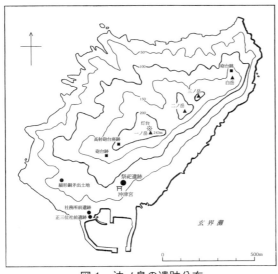

図1 沖ノ島の遺跡分布

	沖ノ島・沖津宮	大島・中津宮	宗像・辺津宮
古事記	多紀理毘賣命（たきりびめのみこと）・奥津嶋比賣命	市寸島比賣命（いちきしまひめのみこと）・狹依毘賣命	田寸津比賣命（たきつひめのみこと）
日本書紀	市杵嶋姫（いちきしまひめ）	田心姫・田霧姫（たこりひめ たきりひめ）	湍津姫（たぎつひめ）
現在	田心姫神	湍津姫神	市杵島姫神

現在，沖ノ島の沖津宮で祭っている神は，田心姫神である。これを，『古事記』では多紀理毘賣命といい，胸形君等が祭るという。しかし，『日本書紀』では市杵島姫命という。

　私は，沖津宮：田心姫＝タキリヒメ，中津宮：湍津姫＝タギツヒメ，辺津宮：市杵島姫＝イツキシマヒメをそれぞれの祭神とする現在の神名が本来の神名に近いと考えたい。では，この混乱の原因は何であろうか。

　海神は，大漁・不漁を左右し，強風・大波を起こし，航海する船を遭難させる恐るべき力をもつ神である。三女神については，タキリヒメに猛（たけ）り姫，タギツヒメに滾（たぎ）つ姫の字を充てて，いずれも玄界灘の海が大きく荒れた状態を猛る，滾ると表現して，それを神名にしたものと私は推定する。しかし，猛るも滾るも発音が類似しており，意味も同じようなものであるから，もともとは一つではないかとの疑いがわいてくる。イチキシマヒメについては，斎島姫とみてよいだろう。柳田國男は，山の神に仕える斎女（いつきめ）がいたが，のちに彼女が神になってしまった，と述べている[5]。イチキシマヒメのばあいも，祭る者から祭られる神への変身を物語っている。現在，女人禁制の島として男性の宮司がおこなっている沖ノ島の祭祀も，当初は猛り姫を祭神として斎（いつ）き姫がおこなっていた歴史があることを女神名は示唆しているのではないだろうか。

　沖津宮・中津宮・辺津宮のうち巨岩が累々と堆積して磐座をつくっているのは沖ノ島だけである。大島は，中津宮付近に磐座はなく，御嶽山頂の御嶽神社背後には古墳のように葺石をめぐらせて祭場をつくっているが，磐座はない。辺津宮の下高宮遺跡付近にも磐座はない。

　現在知られているところでは沖ノ島の遺跡・遺物だけが飛びぬけて豊富であって，それにくらべると大島と田島の遺跡は発掘調査が進んでいないとはいえ，沖ノ島とくらべると雲泥の差がある。古代における女神の祭りは，沖ノ島での祭祀が中心であって，大島や田島での祭祀は付属的なものであったことは確かである。沖ノ島の沖津宮で祭るタキリヒメが当初唯一の神であったが，荒ぶる状態の時の猛り姫を斎女が無人の沖ノ島に渡って祭祀することは不可能である。そこで，常時海人が住んでいる大島や田島に祭場を設けたことから，やがて大島や田島に猛り姫の霊を分けて，湍つ姫と斎島姫の神名を与えて祭祀するようになったのが三女神の起源ではないだろうか。『記・紀』の三女神を祭る場所に混乱があるのは，一体のものであった女神を分祀したという歴史に由来していると私は考える。

　沖ノ島出土遺物で祭神の性格を想像させるものに，「御金蔵」すなわち巨岩B（15×10m，高さ

図2　沖ノ島祭祀遺跡の分布
（第三次沖ノ島学術調査隊による）

10m）の下から見つかった織機の金銅製模造品がある。機織りを女性の職能とみるならば，そのミニアチュアの使い手は女神である。しかし，その年代は8世紀までくだる。注意すべきは，沖ノ島最古の17号遺跡（4世紀）から出土した鏡21面のうち三角縁神獣鏡は1面にすぎないことである。石製腕輪も，石釧1点，車輪石2点だけであって，鍬形石を含んでいない。これが前期古墳であれば，被葬者は女性の可能性があるというだろう。そう考えてよければ，沖ノ島の祭祀は当初から女神を意識していたことになる。5号遺跡では鍬形石1点が出土しているので，確定的なことはいえないが，問題にしてよい事実である。

ギリシャ神話の海神ポセイドンは海と地震をつかさどる猛々しい性格の男神である。阿曇連（あずみのむらじ）等が管掌する住吉大社は底筒男命・中筒男命・表筒男命の三男神を祀る。志賀海神社が祀る底津少童命（わたつみ）・中津少童命・表津少童命も男神である。宗像の海神だけはなにゆえに女神なのだろうか。

日本では，山の神はしばしば女性格である。その昔，東北地方の狩猟民が山の神に男根を示すのは狩人の活力を誇示するためというが，根底にあるのは山の神は女性であると考えられていたことによる。では，海の神はどうであろうか。

海は静かなときは陸上と同じという。しかし，途中で天候が悪化して大時化（しけ）ともなれば，小さな手漕ぎの舟は簡単に転覆する。大島の漁民は沖ノ島を基地にして夫婦で漁をおこない，沖ノ島を守る役割をはたしてきた。宗像近くの鐘崎（かねがさき）は海女の中心地であるが，活動の舞台は沿岸部であるとすれば，弥生～古代に小舟を漕いで，はるか沖合にでて海獣や魚を捕る重労働に従ったのは，もっぱら男であったろう。沖ノ島が外海に位置することによって，山の神と狩人の関係が，海の女神と漁人の関係に変わっていると考えておきたい。

3　祭祀の場と「奉献品」

沖ノ島は石英斑岩からなる切り立った斜面をもつ岩山の島であって，沖津宮のある付近には，緩斜地に巨石塊が累々と転がっており，磐座を構成している。祭祀遺物の出土位置からここでの祭祀は，岩上祭祀（4世紀）→岩陰祭祀（5, 6世紀）→半岩陰・半露天祭祀（7, 8世紀）→露天祭祀（8, 9世紀）の4段階の変遷があったと図式化されており，一種の磐座祭祀である。21号遺跡（5, 6世紀）は，巨大な岩塊の上の平坦部に方形に小さな石を並べその中央にやや大きな石をすえている。中央の石が依代とすれば，ここに神を招き，祭るのである。

では，その神は沖ノ島に宿り，すなわち沖ノ島に常住して海を支配しており，沖ノ島は奈良の三輪山のような神体山に相当する「神体島」と理解してよいのだろうか。『日本書紀』の記述では，三女神は海北道中に降り，道主貴（みちぬしのむち）になった，という。「海北道中」を九州から朝鮮半島に渡る航路と解釈するかぎり，それは玄界灘をさしているのであって，沖ノ島の女神すなわち海神の居場所は大海原の中である。それが「猛り姫」「滾つ姫」の神名の由来ではないだろうか。そうであれば，沖ノ島は，「神の島」ではなく本来的に「神を招く島」「神の依る島」であって，神が宿っている場所は玄界灘の海中または海底ということになろう。もちろん，沖ノ島が海に浮かぶ神聖な山あるいは神体島であってよい。しかし，海神「猛り姫」の在所はあくまでも海の中であって，斎女すなわち斎島姫が招いたときに沖ノ島の斎場に現れると理解すべきであろう[6]。

中津宮のある大島では近年，御嶽山の頂上でトレンチ発掘による調査がおこなわれた。その結果，7～9世紀の沖ノ島と共通する滑石製品が多数見つかっている（口絵）。

辺津宮のある宗像大社では，裏山の下高宮で人形・馬形の滑石製形代など8, 9世紀の沖ノ島と共通する遺物の出土が知られている。

大島と辺津宮付近の祭祀遺跡の年代は，現状では，沖ノ島よりも明らかに新しい。

沖ノ島では出土する遺物がすべて神への奉献品なのか，議論されている。1号遺跡（8, 9世紀）に1歩足を踏み入れた者は腐った落ち葉の下でミシッミシッと音がして思わず足がすくむ。祭祀後に

破壊して廃棄したおびただしい量の土器破片が堆積しているのである。沖ノ島出土品として私たちが目にする遺物の多くは，部分品や破片である。カットグラスや唐三彩も破片になっており，女神に奉献したという状況ではない。

奉献ならば，一定の整った格式がある。奉献品といってよい代表的な例は，弥生時代の銅鐸や銅矛であろう。銅鐸は左右の鰭を上下にして横たえた状態で土坑内に納めてあるし，銅矛は左右の刃を上下にして同じように土坑内にきっちりと納めてある。沖ノ島の遺物の出土状態と比較すると，その違いは瞭然である。それは完全品であり，銅鐸のばあいはセットになっていた銅舌を外して，本来の使用法を停止した状態にしているのが普通である。

沖ノ島の遺物の出土状態をみると，17号遺跡（4世紀）では銅鏡21面，鉄刀20振り以上などを岩の隙間に重ねて押し込んだ状態であり，5号遺跡（7,8世紀）の金銅製の龍頭2点も岩陰にそれだけが転がった状態であった。これを「岩陰祭祀」と名づけて，そこに特別な意味を見いだすよりも，その前面の少し広い平坦な場所に祭場を設けて祭祀を挙行し，岩陰は神祭りに使った品物の後始末の場所と考えるべきではないのだろうか。それにしても，祭場の狭隘さは著しい。沖ノ島での祭祀に直接かかわる人は，ごく少数の関係者だけであったことを示唆している。岡田精司は，少数の関係者が沖ノ島に上陸し祭祀の最中は，他の者は船上でお籠りの状態であったのではないかと想像している[7]。

では，沖ノ島でどのような祭祀が執行されたのであろうか。

7号遺跡（7,8世紀）における遺物の散布状態に注目した古代文学研究者の益田勝美は，『古事記』の三女神が生まれた経緯すなわち天照大神と素戔嗚尊の誓約の伝承をここで演技したことを考える[8]。有名な金の指輪も内径が女性用としては大に過ぎること，馬具を伴出していることから想定される騎馬の武者が，楯を立て挂甲を着けた徒歩の武人と対峙しており，その奥に玉飾りをつけた三女神が立っている場面を想像している。益田は，8号遺跡（7,8世紀）のあり方も同様とみている。

では，他の遺跡もそれぞれ何か神話劇が演じられたと考えてよいだろうか。特に航海の守護神としての女神を祭る祭儀の痕跡は見いだせないものだろうか。沖ノ島の諸遺跡を祭祀の跡と考えてみると，出土遺物の多くは部分品や破片である。カットグラスや唐三彩などの小破片を女神に奉献することはありえないとすれば，明らかに「奉献品」といえそうなものは限られてきて，多くのものは祭祀後の遺物にすぎないことがわかる。出土遺物の意味については，これからの検討課題である。

4　沖ノ島祭祀の始まり

九州島から韓半島に渡るには，魏志倭人伝に記されているように糸島または松浦から壱岐を経て対馬から釜山というのが，たくさんの人が住む島の港津を伝っていくのであるからもっとも安全で便利な航路である。事実，遣隋・遣唐使船は，壱岐・対馬から朝鮮半島の南岸沿いに進んで百済に達し，中国東海岸に到達するルートが考えられている。遣新羅使のばあいも，壱岐・対馬ルートである。そうすると，宗像の神湊付近から補給基地にならない無人の沖ノ島を経て対馬そして釜山という航路は普通ではない。

しかし，魏志倭人伝の道から沖ノ島付近を通る海北道への変更があったのではなく，航海の安全あるいは戦勝を祈願する沖ノ島での祭祀に参加したのは一部の者であって，その最中，船団は神湊付近に停泊して，祭祀が終わったのち，博多→…壱岐・対馬の航路をとって朝鮮半島・中国に向かった，と考えることはできないだろうか。

沖ノ島の17号，18号，21号遺跡は4世紀段階の祭祀遺跡であるが，遺物には鏡・玉類・鉄製武器など古墳の副葬品と共通することから，井上光貞は「葬祭未分化」という概念を提唱した[9]。しかし，弥生時代においても，たとえば墳丘墓での埋葬祭祀と銅鐸を用いた祭祀は，祭祀の道具も場も内容も，それぞれ独自の体系をもち完全に独立している。亡き有力者を埋葬するための古墳祭祀と，海神を慰撫するための沖ノ島祭祀との違いは明瞭であって，沖ノ島での一つの事実だけを取り

あげて葬祭未分化の段階を設定できるようなものではあるまい。むしろ問題は，沖ノ島祭祀が示す4世紀後半以前，つまり奈良盆地に箸墓古墳や行燈山古墳・渋谷向山などの全長200m以上の巨大前方後円墳を築いた3世紀中頃から4世紀前半の海の神，山の神の祭祀遺跡がはっきりしていないことである。沖ノ島といい三輪山といい，なぜ4世紀後半に突如として「国家的」祭祀が始まり，何を契機にして古墳時代の祭祀は盛大化したのであろうか[10]。大和から河内への倭政権の中心地の移動，中国から韓半島の百済・新羅との交渉への倭政権の政治的ベクトルの移動と連関した出来事なのであろうか。

8，9世紀代の滑石製形代も奉献品とされることが多いが，人，馬，船の意味は何か。人，馬については平城京出土の木製品と共通する。馬は神馬で神の乗り物であり，船は渡海のための人の乗り物である。滑石製形代は，奉献品ではなく祓に用いたもので，特定空間の平安回復を目的とする道教の「祭殺」の影響ではないか，と金子裕之はみている[11]。そうとすれば，荒海を平穏にするためのものであって，沖ノ島祭祀の目的によくかなった呪具である。

沖ノ島は，世界遺産に登録する運動のなかで「神宿る島」と称されるようになった。しかし，沖ノ島は，本来的に「神の依る島」であって，神が宿っている場所は海の中であった。

宗像三女神と三社の関係，その歴史については，まだ根本的な点が解明されていない。沖ノ島の23個所あるという遺跡のうち発掘調査されたのは13個所であって，未発掘遺跡が多くのこされている。大島は御嶽山頂に発掘のトレンチが入っただけである。本土側は下高宮遺跡とその周辺の表面採集品があるのみ，このような現状で沖ノ島祭祀の本質に迫ろうとするには，無理があることを承知しなければならない。沖ノ島はこれまでの研究成果によって，「世界遺産」に登録されたけれども，研究はこれで終結するのではなく，これから発展させるべきものである。

本冊は，「世界遺産」となった沖ノ島が秘めている幾多の問題を，内からと外から新しい視点を用意して広角的に取りあげ，これまでの沖ノ島研究を，より高みに引き上げようとする試みである。これからの活発な議論に資するところがあるならば幸いである。

なお，収録論文の解題は，河野論文で扱うことになったので，ここでふれることはしない。

註

1) 宗像大社復興期成会 編『沖ノ島』吉川弘文館，1958年。宗像大社復興期成会 編『続沖ノ島』吉川弘文館，1961年。第三次沖ノ島学術調査隊（岡﨑敬）編『宗像沖ノ島』宗像大社復興期成会，1979年。毎日新聞西部本社学芸部 編『海の正倉院 沖ノ島』毎日新聞社，1972年。小田富士雄編『古代を考える 沖ノ島と古代祭祀』吉川弘文館，1988年。弓場紀知『古代祭祀とシルクロードの終着地 沖ノ島』新泉社，2005年。九州国立博物館編『特別展 宗像・沖ノ島と大和朝廷』西日本新聞社ほか，2017年。西谷 正 編「沖ノ島祭祀遺跡とその周辺」『考古学ジャーナル』707，2017年

2) 山田広幸・重住真貴子・降幡順子『大島御嶽山遺跡』宗像市文化財調査報告書，64，2012年

3) 福嶋真貴子「下高宮を中心とした辺津宮境内発見の祭祀品について」『沖ノ島研究』4，2018年

4) 井上光貞『日本古代の王権と祭祀』東京大学出版会，1984年

5) 柳田國男「山の人生」『定本柳田国男集』4，筑摩書房，1968年。なお，西郷信綱『古事記注釈』1（平凡社，1975年）は宗像大社の社伝に「大海命の子孫は，今の宗像朝臣等，是なり」と『西海道風土記』にあるという記事に注意し，さらに大海命は三女神の弟とする伝承をとりあげて，宗像氏を海神の子孫とみている。『日本書紀』一書の第三には，女神を筑紫の水沼君が祭っているとあるけれども，胸肩君の誤伝であると私は考える。

6) この問題については，本冊の甲元眞之「磐座―神が依り憑く磐―」が参考になろう。

7) 岡田精司『神社の古代史』大阪書籍，1985年

8) 益田勝美『秘儀の島』筑摩書房，1976年

9) 註4と同じ

10) 海上からの遠景が沖ノ島と酷似し宗像女神を祭る安芸の厳島のばあいも，5世紀後半からである。

11) 金子裕之『古代都城と律令祭祀』柳原書店，2014年

沖ノ島の歴史

東京国立博物館
河野一隆
（かわの・かずたか）

1　海神の島九州

　四方を海に囲まれた九州は海神の島でもある。『古事記』によると九州（筑紫）島には，「筑紫」，「豊」，「肥」，「熊襲」の4つの顔があり，それぞれが海を介した文化交流を積み重ねた結果，独自の地域史的な展開を遂げている。その担い手となったのは，海を怖れ敬い，海を生業とした海人たちであった。彼らはワタツミ，住吉，媽祖などの国内外の，あまたの海の神々を信仰し，遠い世界へ飛び出して新来の文化をもたらした[1]。このような海に育まれた九州の文化は，国家形成期に芽生えた中心－周辺関係が次第に重層化することで複雑化し，いっそう多彩なものへと深化してゆく。九州の文化史の基層を構成するこの特質は，沖ノ島の歴史を見ていく時にも例外ではない。

　玄界灘に浮かぶ神宿る島・沖ノ島は，江戸時代から存在は知られていたものの，古来「御言わず様」という幾重もの禁忌によって守られて実態は分からなかった。原生林が手つかずのまま残るこの島に，宗像神社復興期成会による学術調査が開始されたのは1954年である。以来1971年にいたる調査によって祭祀遺跡・遺物の全貌が闡明となった[2]。その成果は日本古来の神道の原初の姿を明らかにしただけでなく，中国やシルクロードを通じたオリエント地域との国際交流も裏付けられ，沖ノ島は「海の正倉院」として広く知られることとなった。この島で奉斎された祭祀は，4段階に整理され，岩上，岩陰，半岩陰・半露天，露天へと変遷する。岩上段階は九州の古墳出土品を質量ともに凌駕する鏡鑑や，岩陰〜半岩陰・半露天段階での金製指輪，金銅製龍頭などの国際色豊かな品々が奉献され，原始神道が体系化してゆく過程が見出せる。そして2017年にポーランドのクラクフで開催された第41回世界遺産委員会で世界文化遺産登録が決定し，私たちに観光と信仰の両立という新たな課題が突きつけられた。本稿では，所収された論文解題を兼ねて沖ノ島をめぐる諸問題を，私見を交えつつ4つの視角から切り込んでみたい。

2　葬祭分離はあったのか

　呪術から宗教へ，宗教から科学へと自然に対する人間の認知は進化した。考古資料である遺構や遺物の型式学的な変化も，その背景にはモノと社会の進化とが同一視されてきた。しかし人間の社会は，動植物のように有機体のような変化を遂げるとは限らない。かつてベラー（R.N.Bellah）が理論化した「宗教進化」[3]も，自身の知的遍歴の結果自らの大系を否定するに到っている[4]。レベルは違うけれど，沖ノ島祭祀でも磐座周囲で奉斎された祭祀行為から律令国家による祭祀へと至る流れも，段階を経た進化過程と理解されてはいないだろうか。ここで再検討が必要なのは，葬祭未分離から葬祭分離へというベクトルについてである[5]。

　今尾論文では，この問題をさらに深め，導水施設や箸墓伝承にもとづいて「移動回帰型」と「往還固定型」という2つの古墳時代のカミについての概念化形成を推論している。古墳時代の祭祀については，古墳と祭祀遺跡のそれぞれから出土する祭具の種類が異なっていることが，早くから気づかれており，葬祭分離の結果とする見解と祭祀対象が当初から異なっていたとみる見解とに分かれていた。沖ノ島内では古墳は知られておらず，祭具には古墳副葬品と共通した品目が見られる。この問題も沖ノ島祭祀の際立った特徴であり，古墳時代の神観念（カミ）に迫る論点である。古墳時代以降，

日本各地の祭祀遺跡は，神奈備山(かんなびやま)や孤島，井泉や磐座，峠や港湾などの交通の要衝などを舞台に展開してきた。山も海も神が棲み，死者が帰って行く。春成論文では，弥生時代の対馬の青銅器祭祀と古墳時代以降の沖ノ島祭祀とを比較し，奉斎主体の盛衰があったと見る。また，五色塚古墳(ごしきづか)や海神社の存在から瀬戸内海を行き交う海人たちによる継続的な祭祀を重視しつつ，宗像・沖ノ島と厳島(いつくしま)との祭神の共通性を指摘する。一方，山神のまつりを取り上げた小林論文は，縄文時代以来の山岳信仰と韓半島青銅器時代のシャーマニズムにも言及しつつ，近年の調査成果を加味して三輪山祭祀の開始を論じている。これらからは，自然を対象とした日本固有の信仰の世界が繰り広げられていたことがうかがえる。

他方，体系化の進んだ律令祭祀との比較も必要だ。『皇太神宮儀式帳』と対比しつつ，祭祀考古学の方法論を駆使して，考古資料のみでは語られない意味について追究する笹生論文は，出色である。ここで重要となるのが，神饌・祭具か奉献品かという視点である。祭祀遺跡の出土品で主体となる工具形や有孔円盤，臼玉，勾玉などの石製形代(かたしろ)，刀形や人形(ひとがた)などの木製形代，少数の武器や鏡などの金属製品も，丁寧に埋納された出土状況でなければ祭具と見るのが妥当だし，指摘の通り１号遺跡は祭祀の場ではないだろう。出土品の機能を論じることなしに，古墳の副葬品と同じ品目である点だけで，古墳と祭（斎）場で行なわれた祭祀対象が未分離であったと結論付けるのはあまりに性急にすぎ，祭場や祭祀行為などの実態解明に祭祀考古学が果たすべき役割は大きい。弥生時代の銅鐸や武器形青銅器を用いた農耕祭祀と墳丘墓や甕棺墓などで展開した葬送儀礼とが，古墳時代の祭祀にどのように継承されるかは不明な点が少なくない。さらに都城を特徴付ける律令祭祀にどのように繋がるかといった問題に対しても，沖ノ島の考古学的研究は，有力な手掛かりを与えてくれている。

3 なぜ沖ノ島なのか

沖ノ島が御神体と見なされたのは，地理的条件によるところが少なくない。九州本土や韓半島からも離れた玄界灘に浮かぶ絶海の孤島であり，対馬暖流が近くを流れるため亜熱帯の植生が広がり，九州北部とは異質な景観である[6]。しかも島内には巨岩が重なり合い，日本人の異界観を十分すぎるほど刺激したのだろう。甲元論文では柳田國男を評価して日本列島の在来の神観念とは，招福除災を願う農漁民の求めに応じて磐座に憑依するものであったとし，沖ノ島の祭場を構成する巨岩の本質に迫る。沖ノ島のような「神宿る島」を，岡崎敬や小田富士雄は神体島と名付ける[7]が，これほど印象的な環境は他に例が少ないだろう。たとえば三河湾の三重県・神島(かみしま)も沖ノ島としばしば比較されるが，神宝が奉献される八代神社(やつしろ)は伊勢神宮を見据えた位置にあり，畿内勢力の東海道を通じた東国経営に関わる産物と考えられる。その奉献品目に含まれる紡績・機織模造品が神御衣祭と関連することは，宗像・沖ノ島でも同様で，福嶋論文が指摘する通り，機織りと織物（神衣）が神祀りの重要な要素であったことを裏付けている。また，新谷論文では，記紀に記載された誓約(うけひ)に関する５つの異伝を比較検討し，遠瀛の祭神が市杵島姫命(いちきしまひめのみこと)であり，瀛津島姫命(たぎつしまひめのみこと)であるという伝承が基層であったと指摘する。そのうえで，胸形の女神は出雲の男神と共に，大和王権が自己存在を定位し確認するための「外部」として機能したと位置付ける。

さらに，この神体島の観念と密接な関わりを持つのが，南島（南西諸島）のニライカナイの信仰である。これは海上の道を通じて日本列島に伝わり，常世国の思想や海上世界の信仰の母体となった可能性も考えられる。甕棺の被葬者が南島産貝輪を着装したり，前期古墳に見られる腕輪形石製品の副葬，福岡県珍敷塚古墳(めずらしづか)で天鳥船を表わした彩色壁画が見られるなど，南島の海上他界観に起因するさまざまな儀礼や思想が，沖ノ島のような神体島の信仰の誕生に影響を与えたことは想像に難くない。沖縄の祭祀遺跡を取り上げた安里論文では，久高島(くだかじま)・斎場御嶽(せーふぁうたき)・浦添(うらそえ)ようどれを中心に，琉球王権と霊力を継承するための諸儀礼を纏めた。また，沖ノ島と比較して久高島とは本質的な違いがあることにも注意を促し，安易に南島の他界観と

結び付けることに警鐘をならす。他方，瀬川論文ではアイヌの祭祀に，縄文時代以来の飼養送り儀礼の伝統と，本州から移住した海民集団から受容した祭祀形式や修験道，陰陽道，民間信仰などを選択的に受容して複合化し，基盤を構成したと指摘する。春成論文でも言及されたように，動物を神と人の異次元交換の媒介手段にすることは，現在も漁師たちが沖津宮へ供物として魚を捧げたり，宗像・鐘崎における海女の起源とも触れ合う問題だろう。

沖ノ島が神体島とされた歴史背景には，玄界灘を行き交う海人たちの活動があったことは言うまでもない。宮本論文では沖ノ島の縄文・弥生時代の出土品を取り上げ，先史時代に遡る交流の諸相を明らかにした。九州北部は，縄文時代前期中葉には山陰と，前期後葉には瀬戸内と地域間関係が転換し，弥生時代以降も韓半島南部と瀬戸内との交流の結節点として機能したと指摘しつつ，沖ノ島の歴史的展開は先史時代の交流ルートにも起因したことを指摘する。第2次世界大戦中に出土した細形銅矛も，沖ノ島で軍道建設時に鉄製品などと共に出土したとされる。常松論文ではこの銅矛の型式学的な位置を検討し，弥生時代中期初頭に宗像に登場する青銅器文化と沖ノ島祭祀との関連性に言及する。しかし古墳時代の祭祀のはじまりが，それ以前とは隔絶した歴史的段階を迎えたことは疑いない。沖ノ島祭祀が始まる古墳時代前期後半は，近畿地方中央部の首長墓系列が大きく変動する時期で，副葬品組成の特徴からも中期古墳への胎動が認められる変革期に当たる。さらに地方の首長墓系譜を見ると，丹後・越前・伯耆など日本海側各地の潟湖に臨む位置や瀬戸内海沿いの港津を臨む拠点に巨大前方後円墳が出現し，くわえて畿内の四至を定めるかのように大型首長墓が単独で築かれる。要するに，この時期には規格的な前方後円墳が政治的なランドマークとして築造され，その背景には広開土王碑文に見るように，半島経営が本格化し，境界意識が芽生えたことの反映とも考えられる。さらに中央－周辺の関係が成立したため，古墳文化と非古墳文化（続縄文文化，貝塚後期文化）との境界が闡明となり，鹿児島県唐仁大塚古墳や宮城県名取雷神山古墳などの巨
(とうじんおおつか) (なとりらいじんやま)
大古墳が登場する。「倭国」や「倭人」に対する帰属意識の高まりの裏返しとして境界への意識が高まり，古墳に代わるランドマークとして神体島である沖ノ島祭祀が登場した可能性を指摘しておきたい。

沖ノ島祭祀をこのように捉えるなら，韓半島で沖ノ島と対比的に捉えられる竹幕洞遺跡についても
(チュンマクトン)
再検討が必要だろう。倭から百済への航路上に位置する辺山半島に立地し，海上交通の安全を祈願した祭場と考えられてきた。高田論文によれば竹幕洞遺跡の祭祀は，半島西南部や大加耶や倭などの地域集団や百済王権によって奉斎され，とくに子持勾玉や石製模造品の分布は5世紀前半の倭系古墳の分布と軌を一にする。またモガリ（殯）との関連が想定される羅州東水洞遺跡もあって，古墳も含めた面として倭との関連性を捉えるべきことが提示されている。これに対して，中国での海の祭祀はまったく様相が異なるようだ。岡村論文では河北省と遼寧省の省境付近に営まれた壮大な宮殿遺跡群を紹介し，皇帝たちが神仙思想に基づいて不死という個人の生命の永続性を希求したことを指摘する。文明化した漢人社会が認識した「海」とは，プリミティブな倭人の儀礼とは本質的に無縁なものであった。

4 奉斎の主体は，倭王権か在地豪族か

この問題は，沖ノ島祭祀の眼目として早くから議論されてきた。現在では，倭王権が奉斎した国家的祭祀で，在地首長であるムナカタ（胸形または宗像）氏が補佐したと考える意見が多い。祭祀のはじまりは，16・17・18・21号などの岩上祭祀である。下垣論文では沖ノ島出土鏡のあり方が九州北部の状況とまったくかけ離れ，宗像氏ではなく畿内中枢勢力の役割を大きく評価する。たしかに宗像地域で，沖ノ島祭祀を担うに相応しい副葬品内容を誇る前期古墳は今にいたるまで発見されていない。これに対して重藤論文では，構成資産である新原・奴山古
(しんばる) (ぬやま)
墳群を含む宗像古墳群の首長墓系譜を整理し氏族の動向を見出す。その中では中期の勝浦峯ノ畑古墳の築造が画期となって，須多田首長墓系列が族
(かつうらみねのはた)
長的な地位を固めた結果，「ムナカタ」のウジ名や君のカバネの成立したことに論究する。また，

桜京古墳の石屋形や須多田天降天神社古墳の形象埴輪などの存在から宗像氏の形成過程には，有明海沿岸地域（肥君）との関連を持ちつつ，複数の首長系列から構成されたことも忘れてはならない。さらに，北部九州ではきわめて出土例の少ない鍬形石の存在も軽視できない。腕輪形石製品は北陸に産出する緑色凝灰岩で製造されるが，鍬形石，車輪石，石釧の各々の副葬古墳を見ると，畿内を中心に同心円状に分布している。とくに最も分布が狭い鍬形石は，福岡県沖出古墳，大分県猫塚古墳とならんで沖ノ島からも出土している。要するに，これらの考古資料に基づいて考えるなら，沖ノ島祭祀は宗像氏が奉斎する神から出発して国家祭祀へと昇格したのではなく，はじめから畿内政権が勅祭した性格が強いと結論付けられる。滑石製形代も，糟屋地域で板状臼玉の製作遺跡が知られているけれど，子持勾玉は奈良県三輪山麓の出土品と共通する[8]。清喜論文では，奴山正園古墳の築造など王権との関係の中で石製祭器が導入され，律令期には祭祀が再編・刷新する様相が認められるという。国家による沖ノ島祭祀への関与の強弱を，石製祭器を通じて見ていく視角は重要である。

　沖ノ島祭祀が当初から国家的な性格をもって登場したとすれば，岩陰祭祀，半岩陰・半露天祭祀の段階はどのように考えたらよいだろうか。まず岩陰祭祀の祭祀具の系譜を考えるために，7号遺跡で出土した金製指輪を取り上げてみよう。韓国・皇南大塚南墳に類例があるように，この指輪を新羅系と見ることに異論は少ないだろうし，玉虫の羽を刺した帯金具や歩揺付辻金具・雲珠などの馬具にも新羅的な系譜が感じられる。5～6世紀の新羅は，積石木槨墳による王陵が最盛期を迎えており，国力を強めつつあった。高句麗に圧迫されて南下を続ける百済とは対照的に，加耶への影響力を強めていた。沖ノ島祭祀における新羅系の祭具の比重が高まることは，北部九州と新羅との強い結びつきを想定させる。

　ところで，6世紀における九州と新羅の関係と言えば，筑紫君磐井の乱が想起される。『日本書紀』によると筑紫君磐井は新羅と通じて半島への大和の派兵を妨害し，それが討伐の引き金であった と語る。磐井の乱の結末は大和の勝利に終わり，筑紫君葛子は糟屋屯倉を献じて終息を迎えた。この糟屋屯倉に関しては最近，大きな発見があった。福岡県船原3号墳の前庭部で検出された埋納土坑である。馬冑をはじめ，この遺構の埋納品については整理作業途次であり全体の評価は今後に委ねたいが，桃﨑論文では沖ノ島に奉献された馬具のセット関係を明らかにし，年代や系譜的な位置付けを明確化した上で，北部九州の在地首長と新羅や大伽耶との強い結びつきを指摘している。さらに九州北部では，福岡県大野城市周辺の集落や古墳群では新羅系遺物が陸続と出土しており，両者の繋がりは6世紀後半にいたってますます強まっていると言っても過言ではない。また，東論文では奉献された小型鉄鋌が，金官加耶を中心とする阿羅加耶，大加耶を含んだ地域で製作され，鋳造製の鉄鍬と共に宗像海人族による国際的な交流（交易・贈与・交通）関係を描き出している。

　ところが，それ以降の沖ノ島祭祀を見ても，記紀が語るような百済と強い繋がりをうかがわせるものは少ない。伝4号遺跡出土の金銅製透彫香炉状品が，複弁蓮華文形のモチーフから唯一の可能性ある品目と言える。それでも北魏様式の系譜をひく唐鞍で言う頸総金具とみる見解もある[9]。大和の政権中枢が仏教伝来などを通じて，百済との結びつきを強めるのとは対照的である。このように考えると，岩陰段階以降の祭祀を国家祭祀の性格が一層強まったと見るよりも，磐井の乱を乗り越えて力を付けた九州の在地豪族が沖ノ島祭祀を包摂したと見る可能性も浮上してくる。確かに岩陰祭祀では造形的に優れた奉献品も少なくないが，新羅系遺物の比重の高さを見る限り，北部九州の在地首長も初期に比べて沖ノ島祭祀の奉斎に一定の役割を担っていたと考える余地はあるだろう。

　これが半岩陰・半露天祭祀になると，交流はより広範囲に広がる。この段階では新羅よりも，中国大陸に系譜が求められるものも増えてくる。金銅製龍頭もその一つとされ，敦煌石窟壁画や天竜山石窟の龕の装飾と比較して，東魏時代（6世紀中葉）の作とされてきた。しかし弓場論文では，出土

した5号遺跡を再検討して，本品は7世紀後半から8世紀初頭に作られ統一新羅から直接大和朝廷に奉献されたと推定している。またカットグラスは寧夏回族自治区・北周李賢墓出土品と比較されるように，シルクロード交流をうかがわせるものが顕在化する。このような象徴的な文物は，宗像の玄界灘に面した地域でも宮地嶽古墳から出土した金銅壺鐙にオリエントに起源するパルメット文が表わされているように，半島からシルクロードを経由した西域への憧憬は，7世紀の九州北部の豪族が共有した可能性も考えておくべきだろう。

ところが，露天祭祀になると一転して律令祭祀の要素が色濃く表われる。これは，むしろ沖ノ島に都城で執行されてきた祭祀が導入されたと見るべきであり，唐や新羅への遣使に伴うものであることは論を待たない。庄田論文では，都城で奉斎された人形祭祀に着目し，沖ノ島出土の石製・金属製の人形は，律令祭祀以外からの影響も考えるべきとし，朝鮮半島の事例を紹介しつつ広い視野からの検討を提起する。また，小嶋論文では，大宰府管内の祭場の構造を分析して，現在の沖津宮社殿へと受け継がれる祭場の伝統に着目した斬新な切り口を提示している。しかし，遣唐使のルートが五島列島から直接東シナ海を越えるように変更されると，沖ノ島の重要性は低下したに違いない。遣唐使の廃止と共にこの祭祀も終焉を迎える。しかし，その後も宗像大社を中心とした中世の宗像神信仰について河窪論文に詳述されており，大宮司氏が社領内の生業に密着した神事斎行を通じて，支配を深めている様が示された。宗像・沖ノ島が，幾重もの禁忌によって守り伝えられた要因を見据えた実証的な内容で，みあれ祭のような，本誌に言及した以外の民俗儀礼や石村智が言及する[10]ような港と海人の活躍も考え合わせると，世界的にも特異なこの島の固有の価値がより鮮明に浮かび上がるだろう。

5 沖ノ島をめぐる普遍性と固有性

沖ノ島祭祀の特徴は，島自体が御神体であるだけでなく，それを遥拝するという儀礼行為も古墳時代に遡ることだ。たとえば白木論文では，中津宮境内で発見された御嶽山遺跡をはじめ，辺津宮境内にも祭祀遺跡が点在することを指摘する。世界文化遺産登録の中間答申では宗像三神を一体的に捉えることの真正性（authenticity）がネックとなったことを踏まえると，遺跡を複合体として面的に捉えることの重要性が改めて浮き彫りになったと言えよう。グローバルな視点で見ると，禁忌によって聖別化された島や山は沖ノ島だけではない。このような普遍性を踏まえた一方で，固有性をいかに伝えるかは文化の翻訳の問題でもある。

サイモン・ケイナー論文では，ポスト・プロセス考古学をリードしたイギリスでの考古学的実践を紹介する。ユーラシア両端の歴史的展開の比較を通じ，在地に根付いた信仰を考古学の調査成果から再評価することの重要性を強調している。松木論文では認知考古学の立場から，ヨーロッパと日本を比較史的視点で捉え，Y.N.ハラリを評価して物質的な差異化を聖俗両面で序列づける虚構（世界の体系化）を共有することが日本の古墳時代の特性と見る。その上で神そのものではなく，モニュメントはその往来を見せる舞台である，とする指摘は斬新で，今尾論文とも触れ合う。岡論文では，日露戦争時には日本海海戦の舞台となり，第2次世界大戦時には要塞が築かれた沖ノ島を取り上げる。沖ノ島が近代には国防の拠点として大きな役割を果たしたことが分かる。古代祭祀ばかりに光が当てられがちだが，沖ノ島の現代的な意義を考える上で無視できない点であり，2018年に中止されるまで5月27日は現地大祭が開かれ，島に上陸できる唯一の機会だった。

中村論文では，実際にポーランドのクラクフで取材した実績に立ち，ジャーナリストの視点から沖ノ島の世界遺産登録に到る紆余曲折を纏めている。日本考古学が今まで積み残してきた，普遍性と固有性を截然と峻別し，異文化へと発信することの困難さが露になっている。最後に「沖ノ島研究の歩み」を纏めた，岡寺・大高論文では，膨大な文献を整理しその評価も含めて手際よく紹介する。沖ノ島をめぐる研究が，神社・考古学・経済界が一体となって推進し，多岐にわたる成果が蓄積されていたことに驚かされると同時に，世界遺産登録が必ずしもゴール

ではないことを示している。今，まさに表紙の「空から望む沖ノ島」(中園研究室作成) が象徴的に示すように，「世界のなかの沖ノ島」が問われようとしている。

6　おわりに

収録論文の解題を兼ねつつ，本稿で概述した内容を纏めると次の通りである。沖ノ島祭祀は，葬祭未分離の段階から葬祭分離へと遷移したのではなく，岩上祭祀の当初から半島経営の交流と共に「倭国」に対する帰属意識の高まりが後押しし，王権勅祭による境界祭祀の意味をもって登場した。ところが，6世紀になると，北部九州は筑紫君磐井の乱による大きな動乱を迎える。岩陰祭祀では，新羅との交流を重視する九州在地豪族も祭祀の担い手として一定の役割を果たすようになった可能性がある。続く半岩陰・半露天祭祀段階に交流圏が拡大し，新羅を越えてシルクロードを通じてオリエントにまで延びる。これは必ずしも王権中枢だけでなく，九州北部の豪族たちも沖ノ島祭祀に関与する力を付けてきたことの証左とも考えられる。しかし，律令期になると都城と同様の祭祀が行なわれ，沖ノ島祭祀はふたたび国家的な性格を強めていくようだ。このような祭祀は，遣唐使の経路変更，廃止を通じて衰退したと考えられるが，中世以降も宗像大社の力は維持され，「御言わず様」として幾重もの禁忌によって島は守られた。江戸時代の福岡藩の国学者によって島は記録されるようになり，近代になって国防上の要衝として沖ノ島は重視された。そして2017年の世界文化遺産登録を機に，信仰と観光，文化財の保存と活用の問題に否応なく直面し，沖ノ島の価値の普遍性と固有性について世界に発信する責務を抱えることになった。

なお，詳しくは言及できなかったが，なぜ沖ノ島祭祀は当初から国家祭祀の性格を帯びたのだろうか。この問題提起は新谷論文の視座とも触れ合うもので，北部九州と出雲の弥生時代以来の関係[11] を踏まえた考古学的な検討が不可欠だろう。また沖ノ島を特徴付ける，岩上，岩陰，半岩陰・半露天，露天という4段階の変遷も，笹生論文が鋭く指摘したように祭場自体の変遷なのか，奉献品を収納（片付け）したのか，あるいは神饌・祭具を撤下したものが集積した状態なのかは，報告書を丁寧に読み込む必要がある。たとえば21号遺跡は巨岩上に方形の神籬（ひもろぎ）が再現されているが，岩上はいかにも狭小であり，秘儀だとしても岩上ですべての祭祀行為が行なわれたのだろうか。これは，神職など祭祀を実修する立場からの見解も聞くべきだろう。

祭祀遺跡・遺物に基づく原始神道に対する考古学研究は，古墳文化研究と表裏であり，今後の研究深化によってはさまざまな新しい視角が提言されるだろう。世界文化遺産登録がそのきっかけとなって，神宿る島・沖ノ島に対する多角的な再検討が加えられ，世界史的に見ても稀有なこの遺跡の実体の解明に繋がることを期待したい。

註

1) 九州国立博物館『開館1周年記念特別展　海の神々―捧げられた宝物―』2006年
2) 宗像神社復興期成会 編『沖ノ島―宗像神社沖津宮祭祀遺跡』1958年。宗像神社復興期成会 編『続沖ノ島―宗像神社沖津宮祭祀遺跡』1961年。宗像大社復興期成会『宗像沖ノ島』1979年
3) R.N. Bellah, "Religious Evolution," *American Sociological Review* 29, 1964
4) 葛西　実「無の意識とアメリカの現実―アメリカの知識人（R・N・ベラー）の危機意識―」『比較思想研究』8，比較思想学会，1981年
5) 井上光貞「古代沖の島の祭祀」『日本古代の王権と祭祀』東京大学出版会，1984年
6) 岡　崇「沖ノ島の自然―自然崇拝の根源を探る―」『沖ノ島研究』1，2015年
7) 岡崎　敬「総括編」宗像大社復興期成会 編『宗像沖ノ島』1979年
8) 河野一隆「解説　石の祭具が語ること」『宗像・沖ノ島と大和朝廷』九州国立博物館，2017年
9) 市元　塁「解説　金銅製香炉状品の再検討」『宗像・沖ノ島と大和朝廷』九州国立博物館，2017年
10) 石村　智『よみがえる古代の港　古地形を復元する』吉川弘文館，2017年
11) たとえば福岡県・潤地頭給（うるうじとうきゅう）遺跡の花仙山産碧玉や水晶による玉作や山陰系土器の流入などを評価して，九州北部の玄界灘沿岸地帯を日本海文化の西端として捉える視点も必要だろう。

第1章 沖ノ島と宗像女神

宗像氏と宗像の古墳群

佐賀大学教授
重藤輝行
（しげふじ・てるゆき）

1 はじめに

　『日本書紀』には，天武天皇に嫁いだ尼子娘の父，「胸肩君徳善」として，宗像氏が登場する。奈良時代には宗像郡は神郡として位置づけられ，「宗形」氏は古代の宗像郡の大領と宗像神社の神官を兼務したことが記録される。宗像氏が天皇の妃を出し，神職と宗像郡の郡司を兼務したのは，古墳時代以来の沖ノ島祭祀の国家的な重要性が基礎にある。したがって，宗像氏の形成は，首長墓級の大型古墳の展開から検討する必要がある。

　古墳時代前期に本格化する沖ノ島祭祀遺跡とそれを主導した古墳時代の首長墓との対応については佐田茂，花田勝広，池ノ上宏らによって，宗像市東郷高塚古墳などの釣川流域の古墳群や，玄界灘に面した福津市津屋崎古墳群を焦点として，議論されている[1]。先に筆者もこれらの古墳群の編年，展開を論じたことがあるが[2]，ここでは古墳群と沖ノ島祭祀の展開，宗像氏との対応を問題として取り上げる。

　近年では福津市・宗像市の教育委員会により，各古墳の時期や規模などの解明が進んでいる。また，沖ノ島祭祀遺跡の世界遺産登録に関連し，沖ノ島祭祀遺跡や宗像氏に関して，研究が進展している。本稿では宗像神社辺津宮の位置する宗像市域のみならず，旧宗像郡の範囲にある福津市津屋崎古墳群も含めて，宗像地域の古墳時代首長墓の展開を整理し，九州北部におけるその位置づけを考えてみる。あわせて，近年，報告書が刊行された福津市勝浦峯ノ畑古墳および手光波切不動古墳における朝鮮半島との対外交渉を論ずる。宗像氏に関する研究の深化も参照しながら，宗像氏と宗像地域の大型古墳の関係を論ずることにしたい。

2 画期としての勝浦峯ノ畑古墳

　宗像地域の大型古墳の分布と編年　宗像地域の大型古墳は現在の宗像神社辺津宮に隣接する釣川の流域と，玄界灘沿岸に面する丘陵上の津屋崎古墳群に大きく分かれ，さらに地理的関係からいくつかの系列に細分される。図1に示すように大型古墳を分布から系列に分け，図2にその編年的な位置づけを示した[3]。

　宗像地域において，古墳時代前期に遡る古墳が存在するのは釣川流域（図1・2〈5〉・〈6〉）であり，中でも3期の東郷高塚古墳の存在が際立つ。古墳時代前期末以前に遡る沖ノ島祭祀の本格的な開始と関連する首長墓の可能性が高いが，それに後続する大型古墳は現在のところ知られない。一方，7期，古墳時代中期中頃以降になると，玄界灘に面した津屋崎古墳群（図1・2〈1〉～〈4〉）で大型古墳の築造が活発となる。

　勝浦峯ノ畑古墳の概要　このような津屋崎古墳群の大型古墳築造の大きな転機となったと考えられるのが福津市勝浦峯ノ畑古墳の築造である。勝浦峯ノ畑古墳は全長100m近い前方後円墳であり，その築造時期は鉄鏃，馬具などから前方後円墳編年7期，TK208型式頃と考えられる。

　後円部には，石室内に立柱上の玄武岩を立てることで知られる北部九州型初期横穴式石室があり，宗像地域でも出現期の横穴式石室の事例となっている。1976年に実施された後円部の横穴石室の発掘調査により，撹乱を被ってはいたが，古墳時代中期の同型鏡群を始めとする多数の重要な副葬品が出土した[4]。そのうち，金銅製装身具と馬具は，被葬者の対外交渉を物語る資料であり，ここで取り上げて，その意義を考えることにしたい。

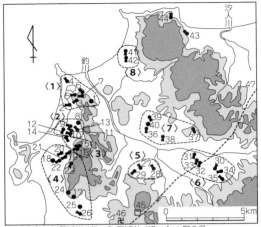

1. 上高宮　2. 勝浦峯ノ畑　3. 勝浦井ノ浦　4. 上野3号
5. 勝浦高原11号　6. 桜京　7. 牟田尻スイラ　8. 奴山正園
9. 新原奴山1号　10. 新原奴山22号　11. 新原奴山24号
12. 新原奴山12号　13. 新原奴山30号　14. 生家大塚　15. 大石岡ノ谷1号
16. 大石岡ノ谷2号　17. 井手ノ上　18. 須多田ニタ塚
19. 須多田上ノ口　20. 天降天神社　21. 須多田ミソ塚
22. 須多田下ノ口　23. 在自剣塚　24. 宮地嶽　25. 手光波切不動
26. 手光大人　27. 東郷高塚　28. 久原Ⅱ-3号　29. スペットウ
30. 徳重本村2号　31. 田久瓜ヶ坂1号　32. 田久貴船前1号
33. 田久貴船前2号　34. 徳重高田16号　35. 名残高田　36. 河東山崎
37. 城ヶ谷3号　38. 須恵クヒノ浦　39. 相原E-1号　40. 相原2号
41. 瀬戸4号　42. 瀬戸2号　43. 磯辺1号　44. 塩屋　45. 郡衙推定地
46. 神興廃寺　47. 古代駅路推定線

図1　宗像地域の首長墓級古墳の分布

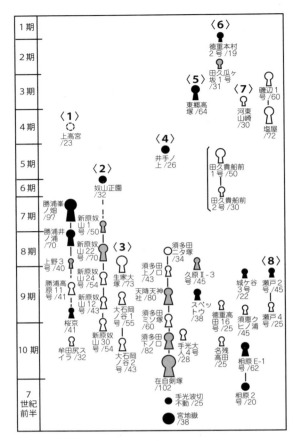

図2　宗像地域の首長墓級古墳の編年

〈　〉の番号は図1と対応する。黒塗りは時期を限定でき
るもの，灰色は時期が前後する可能性のあるもの，白抜き
は時期決定の根拠の弱いもの。古墳名のあとの数字は古墳
の全長あるいは直径を示す。

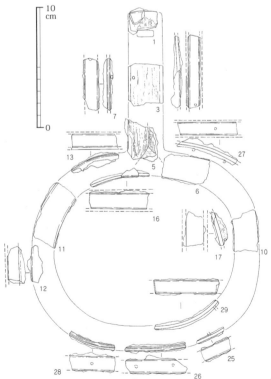

図3　勝浦峯ノ畑古墳出土木芯鉄板張輪鐙
（1/3，註4文献から転載）

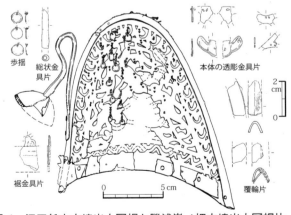

図4　江田船山古墳出土冠帽と勝浦峯ノ畑古墳出土冠帽片
（江田船山古墳1/3，勝浦峯ノ畑古墳破片1/2，
註4・5文献から転載）

金銅装身具 勝浦峯ノ畑古墳出土の金銅製装身具は，全形を知ることができない細片が多い。しかし，図4に示すようにほぼ全形を留める熊本県江田船山古墳出土の尖縁式冠帽[5]と同様の覆輪，総状立飾，裾板，透彫り金具の破片が抽出できる[6]。近年，同様の冠帽の出土が百済地域で増加しており，江田船山古墳，勝浦峯ノ畑古墳とも漢城期百済で製作された可能性が極めて高い。この他に，帯金具，銅釧，金製垂飾付耳飾と考えられる破片がある。

馬具 勝浦峯ノ畑古墳では豊富な馬具類も出土しており，その中でも鐙類が注目される。鐙は2組あり，1組は木芯鉄板張輪鐙，もう1組は木芯鉄板張壺鐙である。木芯鉄板張輪鐙は比較的，長い柄が付き，輪の縁板の破片には表，裏の鉄板が当たらないと考えられるものがあるので（図3-25～29），輪下部は前後両面に鉄板がなく，木芯が露出していたと考えられる。

図3の復元図はそのような特徴が一致する韓国・慶尚南道陝川郡玉田古墳群70・82号墳の例から外形を想定し，破片を配置して示したものである。ほぼ外形が合致することも，玉田70・82号墳などとの類似性の想定を補強してくれる。

九州北部の古墳から出土した類例としては前方後円墳編年6～7期の福岡県うきは市月岡古墳，福岡県筑後市瑞王寺古墳からの出土品が挙げられる[7]。この木芯鉄板張輪鐙と同時に副葬されたか，追葬時のものかは確定はできないが，出土した木芯鉄板張壺鐙も日本における最古級の事例であり，朝鮮半島との関係が想定される。

玄界灘沿岸における位置づけ 古墳時代中期後半，7期では勝浦峯ノ畑古墳が玄界灘沿岸で最大の規模である。また，勝浦峯ノ畑古墳に後続する勝浦井ノ浦古墳の前方部石室は加耶の竪穴系横口式石室と規模，形態が一致している。津屋崎古墳群，勝浦峯ノ畑古墳を築造した集団が，玄界灘沿岸に広く影響を及ぼすとともに，ある時期，朝鮮半島との交通を掌握していたと考えられる。

亀田修一は宗像地域の集落遺跡や首長墓級古墳以外の小規模な古墳にまで範囲を広げ，資料を検討し，宗像地域では5世紀になると全国的な動きと同調するように，急激に朝鮮半島系資料が増加したとする[8]。宗像地域，さらには玄界灘沿岸と朝鮮半島との関係において，勝浦峯ノ畑古墳，さらには勝浦井ノ浦古墳に埋葬された首長が主導的な役割を果たしたと推測されよう。

3 手光波切不動古墳の副葬品とその国際性

古墳の概要と時期 福津市手光波切不動古墳は直径25mの円墳で，畿内の横口式石槨との類似性が指摘される石室を有する7世紀の重要な古墳と認識されていた（図5）。一方，近接する時期，場所にある宮地嶽古墳との間の，前後関係が問題となってきた。発掘調査の結果，石室前面から須恵器などの遺物が出土し，7世紀前半でも古い頃と判明した。報告書では，石室については大阪府シシヨツカ古墳との類似性を指摘している[9]。

この調査によって，手光波切不動古墳に続いて，宮地嶽古墳が築造され，宮地嶽古墳がより胸形君徳善の時代に近いと判断されるようになった[10]。また，沖ノ島や中津宮のある大島の最高所に位置する祭祀場，御嶽山遺跡出土品と類似する須恵器有孔器台も出土している（図5-31～34）。津屋崎古墳群の最後の前方後円墳である在自剣塚古墳に続き，7世紀になると手光波切不動古墳が築造され，沖ノ島祭祀を担った津屋崎古墳群，さらには宗像氏一族の古墳が南に分布を広げることが確実となった点でも重要である（図1〈4〉）。

手光波切不動古墳と宮地嶽古墳 勝浦峯ノ畑古墳と同様に，手光波切不動古墳でも朝鮮半島系の器物が見られる。石室の前面からは新羅の陶質土器が出土している（図5-35・36）。また石室前面から出土し，柄上部の突起が特徴的な鉄製輪鐙（図5-6）は，慶州雁鴨池遺跡出土品との類似性が指摘されている。鐙以外の馬具などの遺物は小破片が多く，その全貌を知ることができないが，宮地嶽古墳に匹敵する華麗な馬具，階層の高い副葬品構成であったと推測される。

宮地嶽古墳は直径34mの円墳で，全長23mの日本最大級の横穴式石室をもち，頭椎大刀，金銅

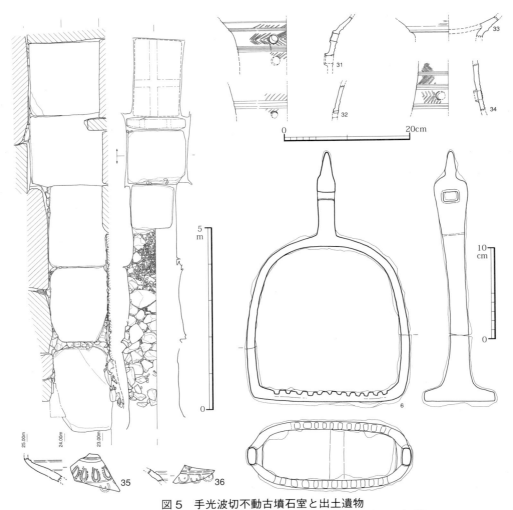

図5 手光波切不動古墳石室と出土遺物
（石室は1/100，6・35・36は1/4，31〜36は1/6，註9文献から転載）

製の馬具類，金銅製冠，板ガラスが出土している。馬具類は新羅系の鏡板・鞍金具などを多く含み，金銅製冠は高句麗との関連が指摘され[11]，板ガラスは百済から舶載されたと推測される[12]。

150年近い時間の隔たりはあるが，朝鮮半島系の器物を多く含む点で，勝浦峯ノ畑古墳と手光波切不動古墳，宮地嶽古墳は共通する。その共通性の背景には国際色豊かで，ヤマト政権との密接な関与が想定される沖ノ島祭祀への宗像氏の関わりがあったと考えられる。

横穴式石室の石材　勝浦峯ノ畑古墳，手光波切不動古墳，宮地嶽古墳，さらには新原奴山1号墳の横穴式石室の石材は，津屋崎古墳群の西方の海上にある相島産のオパサイト玄武岩を使用したことが解明されている[13]。海を通じた巨大な石材の運搬は，宗像氏とその周辺の集団の海とのつながり，高い航海技術の存在をうかがわせる。また，津屋崎古墳群における横穴式石室石材がすべて解明されているわけではないが，勝浦峯ノ畑古墳から手光波切不動古墳，宮地嶽古墳への首長系譜の連続性を裏付けてくれる事象であろう。

4　宗像における古墳の展開

勝浦峯ノ畑古墳と沖ノ島祭祀　上で論じたように，津屋崎古墳群の展開の大きな画期となった勝浦峯ノ畑古墳，7世紀前半に位置する手光波切不

動古墳，宮地嶽古墳はいずれも朝鮮半島との関係の深い器物を含む首長墓であった。そして，これらの共通性，連続性の背景にあるのは沖ノ島祭祀であり，それを担ったのが，古墳時代〜飛鳥時代の宗像氏と推測される。

宗像地域の首長墓級の古墳は，津屋崎古墳だけではなく，宗像市中央部を流れ，宗像神社辺津宮の東を北流して玄界灘に注ぐ，釣川の流域にも分布する。勝浦峯ノ畑古墳に先行する首長墓では，古墳時代前期，前方後円墳編年3期の東郷高塚古墳の存在が際立ち，その時期に王権祭祀としての沖ノ島祭祀が本格化したと考えても良いと思われる。また，5〜6期の奴山正園古墳や井手ノ上古墳は円墳ではあるが，陶質土器が出土し，朝鮮半島と宗像地域の首長との関係の活発化をその時期にまで遡らせて認めても良いと思われる。

しかし，図2に見るような宗像地域の首長墓級古墳の展開，津屋崎古墳群での大型古墳築造の本格化において，勝浦峯ノ畑古墳が大きな転機となったことは間違いない。小田富士雄は沖ノ島祭祀の始まりは大王直祭に近い性格であるが，やがてこの海神を祭る宗像氏が祭式を習熟してくると，大王家の信任も厚くなり，政治的地位ととも現地の司祭者としての地位も向上し，委託されて祭祀を行なうようになると解釈する。そして，勝浦峯ノ畑古墳の被葬者はそれに関わる首長と推測している[14]。また，辻田淳一郎は勝浦峯ノ畑古墳出土の同型鏡の構成がこの時期以降の所産と考えられる沖ノ島21号遺跡出土と共通することから，勝浦峯ノ畑古墳築造の頃から，ヤマト政権とともに，宗像地域の集団の主体的関与の下に沖ノ島祭祀が行われるようになったと指摘する[15]。

宗像の首長墓級古墳の展開　勝浦峯ノ畑古墳以降，福津市北部の勝浦（図1・2〈1〉），新原奴山（図1・2〈2〉），生家（図1・2〈3〉），須多田（図1・2〈4〉）という狭い範囲に，前方後円墳など大型の古墳が相次いで築造され，津屋崎古墳群の形成が進む。図2に示すように，これらは4つの系列に分かれるが，勝浦峯ノ畑古墳・勝浦井ノ浦古墳と相前後して，新原奴山の系列では新原奴山1号墳が築造される。時期の不詳なものもあるが，4つの系列は階層的な差をもちつつ，同時期に並行して築造されたと考えられる。

古墳時代後期，前方後円墳編年9〜10期になると須多田の系列中に，副葬品詳細は不明であるが，全長80m以上の前方後円墳が築造されるようになる。

この時期の勝浦の系列と周辺の古墳群では装飾古墳である桜京古墳や金銅製飾履が出土した牟田尻中浦A03号墳がある。また，古墳時代後期には釣川流域でも複数の系列で前方後円墳が築造され，金銅冠を出土したスベットウ古墳や，巨大な横穴式石室を有し，甲冑や新羅土器を出土した相原古墳群など目を引くものも少なくない。しかし，墳丘規模に注目すれば，須多田の系列が，6世紀の宗像地域の盟主的存在と考えられる。6世紀の玄界灘沿岸地域各地を見渡しても，須多田系列の前方後円墳は，最上位に位置すると判断できる。

森公章は筑紫君磐井の乱，それに続く那津官家設置が，磐井とも連携していたと目される筑後の水沼君が宗像奉祀に関与する状況を解消し，宗像氏のみが沖ノ島祭祀を担当する立場を決定する上で大きな画期になったものと推定している[16]。須多田系列での盟主的な大型古墳の築造は，その時期に相当している。

古代になると，宗像郡の郡衙は福津市の八並周辺に推定され，近接する場所に神興廃寺がある。これらは古代駅路（図1-47）に沿って位置するが[17]，津屋崎古墳群における勝浦，新原奴山の系列から須多田の系列への盟主的立場の移動，さらには7世紀における手光波切不動古墳，宮地嶽古墳の築造という展開とも合致すると言えよう。

5　おわりに

津屋崎古墳群，宗像地域の首長墓の展開において古墳時代中期の勝浦峯ノ畑古墳の築造が大きな画期となり，それ以後，継続的に首長墓級の大型古墳の築造が確かめられる。篠川賢は，勝浦峯ノ畑古墳の段階，すなわち5世紀後半において，宗像氏が実質的にウヂとして成立した可能性はあるが，その段階においてはいまだ「ムナカタ」のウ

ヂ名や君のカバネは成立していなかったとする。そして，須多田の系列が津屋崎古墳群を造営する集団全体の長としての地位を固定化していった6世紀に「ムナカタ」のウヂ名や君のカバネの成立を求めている[18]。本稿で見た津屋崎古墳群の展開は，沖ノ島祭祀に深く関わった宗像氏の形成過程と不可分であると考えておきたい。

しかし，宗像地域では津屋崎古墳群のみならず，釣川流域にも古墳時代後期の首長墓系列が形成されることも事実である。また，須原祥二は古代において，郡領資格者は多数存在し，一郡内に拮抗している郡司候補者たちこそ「郡司層」の実態であったと論じている[19]。手光波切不動古墳，宮地嶽古墳から宗像郡衙，という展開は連続的に捉えられるが，宗像氏を構成する集団を単純化して理解することはできないと思う。釣川流域の首長墓系列の後裔の人々も，郡司層，さらには沖ノ島祭祀や宗像神社に関わる神職を構成した可能性を考慮する必要があろう。

本稿では津屋崎古墳群に焦点をあてたが，釣川流域の古墳群や集落遺跡の意義を踏まえて検討を進めれば，さらに沖ノ島祭祀や宗像神社の展開を踏まえた宗像氏の成立の解明へと問題を広げることができるだろう。

註

1) 主なものとして次のようなものがある。佐田茂『沖ノ島祭祀遺跡』ニュー・サイエンス社，1991年。花田勝広「沖ノ島祭祀と在地首長の動向」『古代学研究』146，1999年。池ノ上宏・花田勝広「筑紫宮地嶽古墳の再検討」『考古学雑誌』85―1，2000年

2) 重藤輝行「宗像地域における古墳時代首長の対外交渉と沖ノ島祭祀」『宗像・沖ノ島と関連遺産群』研究報告』Ⅰ，2011年

3) 時期区分の基準は次の文献による。近藤義郎 編『前方後円墳集成』九州編，山川出版社，1992年。なお，1～3期は前期，3世紀後半～4世紀後半，4～8期は中期，4世紀末～5世紀末，9・10期は6世紀と考えている。

4) 池ノ上宏・吉田東明 編『津屋崎古墳群』Ⅱ，福津市文化財調査報告書4，2011年

5) 本村豪章「古墳時代の基礎研究稿―資料編（Ⅱ）―」『東京国立博物館紀要』26，1991年

6) 尖縁式冠の分類および部分名称については次の文献を参考にした。毛利光俊彦「日本古代の冠―古墳出土冠の系譜」『文化財論叢』2，同朋舎出版，1995年。土屋隆史「古墳時代における広帯二山式冠の出現とその意義」『日本考古学』40，2015年

7) 次の文献を参考にした。張允禎「日本列島の鐙にみる地域間関係」『考古学研究』51―3，2004年。諫早直人「筑後市瑞王寺古墳出土馬具の再検討」『筑後市内遺跡群』Ⅸ，筑後市文化財調査報告書73，2006年。張允禎は，近畿地方で生産された可能性の低い鐙などは，独自のルートにより朝鮮半島諸地域から導入されたと考えている。

8) 亀田修一「古代宗像の渡来人」『宗像・沖ノ島と関連遺産群』研究報告』Ⅲ，2013年

9) 井浦 一 編『津屋崎古墳群』Ⅲ，福津市文化財調査報告書7，2013年

10) 小嶋 篤「「前方後円墳の終焉」から見た胸肩君」『沖ノ島研究』4，2018年

11) 前掲註6 毛利光1995に同じ

12) 小田富士雄「福岡・宮地嶽古墳の板ガラス」『鏡山猛先生古稀記念 古文化論攷』鏡山猛先生古稀記念論文集刊行会，1980年

13) 井浦 一・森 康・石橋秀巳「福岡県津屋崎古墳群に用いられた玄武岩石材の供給地」『九州考古学』90，2015年

14) 小田富士雄「沖ノ島祭祀遺跡の再検討2」『宗像・沖ノ島と関連遺産群』研究報告』Ⅱ，2012年

15) 辻田淳一郎『同型鏡と倭の五王の時代』同成社，2018年

16) 森 公章「交流史から見た沖ノ島祭祀」『宗像・沖ノ島と関連遺産群』研究報告』Ⅲ，2013年

17) 郡衙，官道の位置は次の文献を参考にした。木下 良「律令制下における宗像郡と交通」『宗像市史』通史編2，1999年

18) 篠川 賢「古代宗像氏の氏族的展開」『宗像・沖ノ島と関連遺産群』研究報告』Ⅲ，2013年

19) 須原祥二『古代地方制度形成過程の研究』吉川弘文館，2011年

沖ノ島祭祀の実像

國學院大學教授
笹生 衛
(さそう・まもる)

1 はじめに

宗像・沖ノ島の祭祀遺跡は，4世紀後半に始まり，9世紀代まで続いた神祭りの跡で，島の南側斜面，標高約85mにある巨岩群とその周辺に残されている[1]（3頁図2参照）。

その祭祀の形は，発掘調査の成果にもとづき，次の4段階で変遷したとの解釈が定説となっている。つまり，最も古い巨岩の上の「岩上祭祀」（4世紀後半から5世紀）から，巨岩のもとの「岩陰祭祀」へ，そして巨岩から少し離れた「半岩陰・半露天祭祀」（7世紀後半から8世紀）となり，最終段階には，巨岩から離れた「露天祭祀」（8・9世紀）へと変化したという[2]。

これは，祭祀で捧げ使用した品々が出土した場所は，そのまま祭祀の場であるとの前提に立っている。はたして，そう考えてよいのか。また，この解釈では，いかに神を祀ったのか，祭祀の実態とは，どのようなものだったのか明らかにはされていない。そこで，ここでは，古代の神の考え方（神観）と祭祀の構成「祭式」から，宗像・沖ノ島祭祀遺跡を残した古代祭祀の実像を考えてみたい。

2 古代の神観と祭祀の意味

古代の神観 そもそも，人々は，なぜ神を信じ祭祀を行なうのだろうか。そこには，人間の脳の認知機能が大きく関係している。最近の認知宗教学の研究によると，人間は，特定の現象の背後に，それを起こし司る「行為者（Agents）」を直観的に感じ，自らの姿や性格と同じように人格化して考えるという[3]。

これは，『記紀』や『延喜式』祝詞などが記す古代日本の神々にも当てはまる。それが「坐（居）す（ます）神」の考え方である。人間は，特定の現象が現われる環境・場所には，それを起こし司る神が居られると直観する。『延喜式』の「祈年祭」や「大忌祭」祝詞にある「水分に坐す皇神」，「山の口に坐す皇神」は，その典型例である。

『記紀』が伝える沖ノ島（沖津宮），大島（中津宮），釣川河口の海浜（辺津宮）に坐す宗像三女神も同じである。玄界灘の自然環境の働き，海上にでる霧や激しい潮流の動きにもとづく神名「タゴリヒメ（タギリヒメ）・タギツヒメ」，玄界灘のただ中で真水が湧く神聖な島の女神を意味する「イツキシマヒメ」の神名は，それを示す。沖ノ島の巨石群は，そこに坐す神を象徴する存在といえるだろう。

祭祀の意味 では，このような神々への祭祀とは，どのような考え方で成り立っているのだろうか。人々は，神が坐す（居られる）場所で，自らが貴重とする品々，美味しいと感じる酒食を供え，人々が望む神の働きを願う。すると，神は返礼として，それを聞き入れ叶えてくれると直観する。これが，祭祀の基本的な形である。ここにも，脳の認知機能が働いている。神は人間と同じ姿・性格を持つと考えるため，神と人間の関係にも何かを提供すれば，何かが返されるはずとの人間関係の直観が当てはめられている。

その一方で，神の意に沿わぬ非礼な行為，穢れた品や酒食を捧げ供えれば，怒り祟るという危険への直観も同時に働く。だから，非礼とならぬよう，祭祀には厳重な潔斎と厳格な作法・祭式の遵守がもとめられる。古代の神祇祭祀に伴う潔斎・祓と，細かな祭式の規定は，これに対応する。

3 古代の祭式と『皇太神宮儀式帳』

古代日本の神祇祭祀の祭式は，804年（延暦23）

に成立した『皇太神宮儀式帳』（以下，『内宮儀式帳』）に残る[4]。成立年代から考えて，8世紀代の神宮祭祀の実態を伝えているといってよい。その年代は，宗像・沖ノ島祭祀遺跡の5号遺跡（半岩陰・半露天祭祀），1号遺跡（露天祭祀）と重なる時代である。この神宮の古代祭式を整理し，古墳時代の祭祀遺跡などと比較することで，その歴史性や普遍性について検証してみよう。

祭祀の場　祭祀の場となる神宮内宮の建物と施設の配置は，概ね次のように整理できる[5]。
① 御形（みかた）（神を象徴するもの）の宝鏡を奉安し，神宝・幣帛を収納する高床倉構造の「正殿」「東・西宝殿」を板垣（瑞垣）で区画・遮蔽して大宮院（内院）の中核とする。
② その南に儀礼空間の「第三重・第四重」が位置し，そこには斎王と女孺（にょじゅ）の侍殿が建つ。
③ 建物配置は，南北の中心軸上に正殿を置き，東・西宝殿，侍殿等は東西にシンメトリーに配置，五重の板垣で区画・遮蔽される。
④ 垣内への出入り口は，主に中心軸上に設けられた門（於葺御門（うえふくごもん），於不葺御門（うえふかざるごもん）＝鳥居の原形）となる。外と接する門の前には蕃垣が立つ。

これら4つの要素のうち②から④までの建物配置と儀礼空間の特徴は，『日本書紀』が652年（白雉3）に完成したとする難波長柄豊碕宮（前期難波宮）に対応させた形であり，7世紀中頃，倭国が律令国家へと転換する過程で整備された結果と考えられる[6]。

これに対し，①の高床倉と区画・遮蔽施設については，古墳時代の祭祀遺跡で確認できる要素である。列島内の5世紀から7世紀代の複数の祭祀遺跡で，閂穴付きの扉材と楣（まぐさ）（扉を装着する部材），梯子材といった部材が出土する。このことから，多くの祭祀の場には，高床建物，とくに門で扉を固定し封ができる高床倉が建っていた可能性が高いと考えられる[7]。

また，高床建物を塀などで区画・遮蔽した遺跡が存在する。4世紀代の奈良県御所市秋津遺跡[8]，5世紀代の兵庫県神戸市松野遺跡[9]のほか，5世紀末期から6世紀初頭頃の群馬県渋川市金井下新田遺跡[10]があり，いずれも，祭祀・儀礼との関連が指摘できる。高床倉と塀・垣などの区画・遮蔽施設は，4世紀以来，祭祀・儀礼の場と密接に関係していたのである。この区画・遮蔽施設は，人間の認知機能，とくに危険への直観に対応するもので，神や祭祀へと穢れなどの悪影響が及ばないようにする一方で，神霊の強い霊威が周囲へと悪影響を与えないようにする機能を果たしていたと考えられる。神を象徴する御形を奉安した高床倉を，塀・垣で区画・遮蔽した形が，神宮の原形「神籬（ひもろき）」の実態と考えられる[11]。そして，それは古墳時代の4・5世紀以来の伝統をもち，古代祭祀に広く当てはまる要素といってよいだろう。

祭祀の構成　次に，祭祀の流れ・構成「祭式」を，主に内宮の「三節祭（6・12月16日の月次祭と9月16日の神嘗祭）」で確認してみよう。『内宮儀式帳』が記す，9世紀初頭当時の三節祭の祭式は，次の三段階の構成となっている。
① 祭祀は「祭祀の準備」から始まる。祭祀で使う祭具や供献品の作成，御饌（神饌）の調理

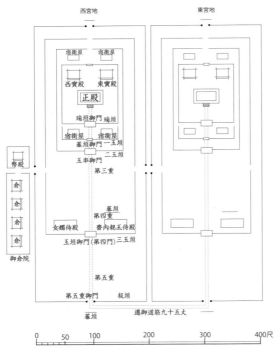

図1　皇太神宮大宮院建物・垣配置推定図
（『皇太神宮儀式帳』による。註5）

が行なわれる。禰宜，土師器作物忌，御箪作内人，忌鍛冶内人，陶器作内人などが，鍛冶，木工，土師器・須恵器の製作，養蚕と紡織を行ない，大御饌(おおみけ)の調理具や供膳用の食器類など祭具，大神に捧げる神御衣を製作する。

大神に供える大御饌は，禰宜たちが磯に出て食材を調達するとともに，神田で収穫された米を臼・杵で舂き炊飯し，酒作物忌(さかとくのものいみ)，清酒作物忌による酒の醸造，御鹽焼物忌(みさきものいみ)による製塩などが行なわれ準備された。

②続いて「祭祀」となる。禰宜たちは御饌を持ち内院に入り正殿前に供え，拝と拍手の後に退出する。

神嘗祭の翌日（9月17日），斎王が参拝，駅使（勅使）により朝廷の幣帛が捧げられる。斎王は内院の第三重(だいさんのえ)へ参入し瑞垣御門に太玉串を捧げ拝・拍手。忌部は第三重で幣帛と神馬を捧げる。勅使の中臣と大宮司は告刀（祝詞）を奏して，太玉串を捧げる。

③祭祀の後，「祭祀後の対応」がとられる。三節祭で正殿前に供えた大御饌は，夜に夕大御饌を供えた後，未明に改めて朝大御饌が供えられているので，禰宜たちの拝・拍手後の退出に伴い撤下されていたと考えられる。

神嘗祭の翌日，第三重で捧げた朝廷の幣帛は正殿内へ，神馬の鞍（馬具）は正殿に隣接する東宝殿へ，それぞれ禰宜たちの手により納められる。

まず，①「祭祀の準備」については，5世紀以降の列島内各地の祭祀と関連する遺跡・遺構で共通点を認めることができる。この種の遺跡・遺構は，多くの場合，祭祀で使用した模造品（石製・鉄製・木製・土製）などと飲食を供えたと考えられる土器類が，まとめられ集積した状況で確認される。これら遺物とともに，鍛冶，石製模造品の製作，紡織，調理に関係する遺物が出土している。このことから，祭祀で使用したり，捧げたりした鉄製品や石製模造品，布帛類を製作し，神へ供えた食膳の調理が行なわれたと推測できる。日本列島内，各地の祭祀遺跡を残した祭祀は，地元の人々の手により，神祭りの場の近くで準備されていたと考えられる。これは，古代の神宮祭祀が，禰宜・内人・物忌など地元の祭祀者により，最終的に準備されていたことと一致し，その伝統は，祭祀遺跡と共通するため，5世紀代まで遡るといってよいだろう。この「祭祀の準備」の目的は，神のための品々を特別に製作し，その清浄性を確保することにあったと考えられる。

続く，②「祭祀」では，地元の祭祀者である禰宜たちが，直接，大御饌を神前に供える。これは，①「祭祀の準備」とつながるものであり，やはり伝統的な要素と考えられる。

一方，朝廷の幣帛の奉献では，神宮の第三重で大宮司，中臣・忌部氏による祝詞奏上，幣帛・神馬の奉献が行なわれる。この部分は，新旧，二つの要素から構成される。一つは，第三重の祭祀で版位(へんい)（宮廷儀礼で参加する官人の位置を示す）を使用する点である。大宮司以下の祭員（祭祀の参加者）は，版位に付き整列して祭祀は行なわれる。これは宮廷儀礼と共通し，神宮の建物配置が前期難波宮の配置にもとづき整備された7世紀中頃に導入された形と考えられる。

もう一つは，朝廷から供与された幣帛を奉献することで，これは伝統的な要素と考えられる。列島内各地の5世紀代の祭祀遺跡からは，当時，大和王権で集積・管理していたと考えられる鉄鋌，新しい技術で焼成された初期須恵器が出土しており，大和王権からの貴重で先進的な物品が，地方の祭祀の場へと供与されていたことが推測できる[12]。朝廷の幣帛の供献は，この5世紀以来の伝統にもとづくものといってよいだろう。

最後の③「祭祀後の対応」には，やはり，5世紀代以来の要素が色濃く認められる。まず，夕・朝大御饌は，神前へと放置されたのではなく，撤下されていたと推測できるが，それは同時に，神前から下げられた大御饌の食器が特定の場所にまとめられたことを示唆する。5世紀以降の祭祀遺跡は，多くの場合，土器類などの集積遺構として確認される。これは祭祀で使用された祭具や供えられた食器類が，最終的にまとめられた状態と考

えてよいだろう。

また，神宝類，幣帛や神馬の馬具など，貴重な御料，奉献品を高床倉構造の正殿や宝殿へと収納している点は，5世紀以来，複数の祭祀の場に存在した高床建物（高床倉）に対応する。

以上のように，神宮の三節祭の祭式を見ると，第三重での儀礼の形は，7世紀中頃から後半，宮廷儀礼の影響を受けて新たに加わった要素である。そのほかの要素は，多分に5世紀以来の古い系譜をひくといってよさそうである。この伝統的な要素は，地元の祭祀者が主体的に係わる大御饌を供える部分と，朝廷から供与される幣帛を捧げる部分の二重構造となっていた点に特徴がある。そして，このような祭祀の構成は，古墳時代の祭祀遺跡との対応関係から，決して，神宮の特有なものではなく，日本列島の各地で行なわれた古代祭祀が共有する要素であったと考えてよいだろう。

4 宗像・沖ノ島祭祀の復元

これまで見てきた古代祭祀の構成（祭式）と沖ノ島祭祀遺跡とを比較することで，古代の宗像・沖ノ島での祭祀の具体的な姿を復元してみよう。

巨岩へ納めた神宝　沖ノ島祭祀遺跡では各段階の祭祀で共通した状況が認められる。特定の場所に，奉献品と考えられる遺物が，まとめられた状態で出土するのである。岩上祭祀の17号遺跡（4世紀後半）では，I号巨岩の隙間に銅鏡・刀剣・石製腕輪などが，まとめられ差し込まれた状態で出土。同じく21号遺跡（5世紀）では，F号巨岩上の石で区画した中に鉄製の武器・武具，鉄鋌などが集中して置かれていた。岩陰祭祀の7号遺跡（6世紀）では，D号巨岩の岩陰に馬具，胡籙，弓矢，倭系飾り大刀・剣，鉾，盾，挂甲などが整然と並べられており，南側は緩やかな斜面となっている。いずれも祭祀を行なうには狭い場所であり，出土した品々は，祭祀で奉献したままの状態というよりは，捧げた品々を祭祀後にまとめ納めた状況と考えるほうが妥当だろう。

また，岩陰祭祀の22号遺跡（7世紀）では，M号巨岩の岩陰に石で囲みが作られ，その中から金銅製雛形の紡織具や高杯・壺などがまとまって出土した。半岩陰・半露天祭祀の5号遺跡（7世紀後半〜8世紀）では，B号・C号巨岩の隙間の最も奥まった部分から鉄刀，金銅製雛形の琴，紡織具，高杯・壺がまとまって出土した。神宮の神宝と共通する刀剣，紡織具，琴は，巨岩のもとへ納めるという意志が明らかに窺える。

沖ノ島祭祀において巨岩群は，沖ノ島に坐す神を象徴する「御形（みかた）」であり，そこへ神宮の神宝と共通する品々が納められていたのである。これは，神宮で神宝と朝廷の幣帛，神馬の馬具を，天照大神の御形の宝鏡を奉安する正殿，隣接する宝殿へ，祭祀の後に納めることと共通する。神へと捧げた貴重な品々は，最終的に神を象徴する御形の近くへ納められたのである。神宮の祭祀の構成は，古代祭祀の一般的な形であり，神宝と共通する品々が捧げられた沖ノ島の古代祭祀においても同様であったと考えてよい。

図2　7号遺跡遺物出土状況
（註1宗像大社復興期成会編1958に加筆）

図3　5号遺跡遺物出土状況
（註1宗像大社復興期成会編1979の出土状況図を合成して作成）

つまり，神宮の古代祭祀を参考にすれば，古代の沖ノ島祭祀では，神の御形の巨岩群を仰ぎ，一定の広さが確保できる場所での祭祀において奉献品を捧げた後，貴重な奉献品は宗像氏などにつながる地元の祭祀氏族の人々の手により，神の御形の巨岩群へと持ち込まれ納められた。巨岩群からの出土品の多くは，このようにして残されたと推定できる。そして，祭祀で捧げた貴重品を収納するという意味で，5世紀以降の祭祀の場に建っていた高床倉の存在に対応するといってよいだろう。

祭祀と土器生産　酒食を供えたと考えられる土器類にも，神宮祭祀との共通点が認められる。沖ノ島祭祀で使用する土器は，圧倒的に須恵器が多数を占める。この傾向は，7世紀後半頃から始まる5号遺跡や，ほぼ同時期と考えられる22号遺跡で明確となる。須恵器には特殊な鉢や有孔土器といった祭祀用の器種が含まれ，特定の須恵器の工人が祭祀用に作った土器が，沖ノ島の祭祀の場で使われていたのである。これは，神宮の古代祭祀で，大御饌を供える須恵器・土師器を，陶作内人と土師作内人が作ることと一致する。

神宮の土師作内人の土器製作の伝統は，三重県明和町（神宮の土器を製作する地域）の北野遺跡で6世紀代に土器焼成土坑が成立するため[13]，6世紀後半まで遡る。宗像・沖ノ島祭祀の場合，神宮の陶作内人のような特定の工人が，祭祀用の須恵器を生産し祭祀の場へと供給する体制は，5号遺跡が始まる7世紀後半頃に確立したのだろう。

祭祀と製塩　さらに，5号遺跡と露天祭祀の1号遺跡からは，玄界灘式の製塩土器が出土している。地元の製塩の場から，直接，塩が沖ノ島祭祀の場に持ち込まれていたことを示唆する。神宮の月次祭などの大御饌に添えられる塩は御塩焼物忌が特別に焼いたもので，製塩の場から持ち込まれていた。これと，玄界灘式の製塩土器の存在は一致する。

このように，7世紀後半を画期として，神宝・祭具だけでなく，土器・塩の供給といった祭祀の準備の形まで，宗像・沖ノ島祭祀は神宮祭祀との共通性を高めていったのである。

祭具・土器の撤下・集積　神宮と沖ノ島祭祀に多くの共通点があるならば，宗像・沖ノ島の女神に供えた神饌（食膳）も，神宮と同様，祭祀の後に撤下されたと推定できる。そうすると，撤下した土器は一定の場所へとまとめて集積されたはずである。これに対応すると考えられるのが，露天祭祀の1号遺跡である。1号遺跡では，多量の土器と石製模造品や金属製雛形などが混在して出土しており，金属製雛形などと土器類が分別されて出土し，年代も近い5号・20号・22号遺跡とは明確な違いがある。5号・22号遺跡と同時代か続く年代の祭祀で供えた土器類，さらに交換・廃棄された祭具類を集積した結果，1号遺跡は形成されたのではないだろうか。1号遺跡を，そのまま祭祀の場とするのは，その雑然とした遺物の出土状況からは難しいと考えられる。

沖ノ島祭祀の祭式　宗像・沖ノ島における祭祀は，次の三段階からなる古代祭祀の基本的な祭式で行なわれていたと考えられる。三段階とは，ま

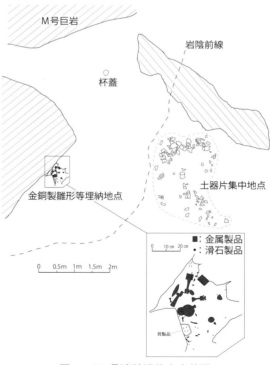

図4　22号遺跡遺物出土状況
（註1宗像大社復興期成会編1979の出土状況図を合成して作成）

ず①「奉献品・祭具を製作し神饌を調理する祭祀の準備」，続いて②「奉献品と神饌を供え，神へと願意を伝えて拝礼する祭祀」，最後に③「奉献品を神の近くへと収納・安置し，神饌を撤下する祭祀後の対応」である。

初期の岩上祭祀や続く岩陰祭祀の遺跡での遺物出土状況は，祭祀の後，最終的に奉献品を収納・安置した結果と理解でき，三段階の祭式の流れは，沖ノ島祭祀の初期から行なわれていたと考えられる。また，祭祀遺跡が集中する巨岩群から距離を隔てた正三位社前遺跡では，鉄素材の鉄鋌16枚がまとまって出土している。ここは，5世紀代の「祭祀の準備」に関連する遺跡だった可能性が考えられる。

そして，7世紀後半，金銅製雛形類が成立するのと同時に，地元で神饌用の特別な須恵器や塩を生産し供給する，神宮の祭祀と共通する体制が沖ノ島祭祀でも整えられたのである。

5 国家形成と『記紀』神話との関連

4世紀後半以来の歴史をもつ宗像・沖ノ島祭祀。その祭式を考える上で大きな画期となるのが7世紀後半である。それは，沖ノ島祭祀のみの問題ではない。7世紀中頃，皇祖神を祀ってきた「神籬」は，前期難波宮の建物配置にならい「神宮」へと再編成された。650年代から660年代には，出雲の神と香島（鹿島）の神の祭祀の場は「神宮」として整備された。いずれも，神宮とともに神郡が設置され，国家的に重要とされた神々である。

宗像の神々にも神郡の宗像郡が置かれており，5号・22号遺跡からうかがえる7世紀後半頃の祭祀体制の整備は，年代が近似するため，同じ歴史的な背景のもとで行なわれたと考えられる。この時代，倭国が律令国家「日本」へ，大王が「天皇」へと転換する古代国家の形成期である。この過程で，皇祖神と列島内の主要な神々の祭祀は整備され，その神々の物語は，7世紀後半に編纂が始まった『記紀』神話の中核部分として位置づけられたのではなかろうか。宗像三女神と宗像・沖ノ島祭祀も，その一つだった。沖ノ島の古代祭祀は，日本の国家形成のプロセスと密接に関係していたのである。

註

1) 宗像大社復興期成会 編『沖ノ島 宗像神社沖津宮祭祀遺跡』宗像大社復興期成会・吉川弘文館，1958年。宗像大社復興期成会 編『続沖ノ島 宗像神社沖津宮祭祀遺跡』宗像大社復興期成会・吉川弘文館，1961年。宗像大社復興期成会 編『宗像沖ノ島』宗像大社復興期成会，1979年
2) 小田富士雄「報告編第4章 沖ノ島祭祀遺跡の時代と祭祀形態」『宗像沖ノ島』宗像大社復興期成会，1979年
3) パスカル・ボイヤー（鈴木光太郎・中村潔 訳）『神はなぜいるのか？』NTT出版，2008年。スチュアート・E. ガスリー（藤井修平 訳）「神仏はなぜ人のかたちをしているのか 擬人観の認知科学」『〈日本文化〉はどこにあるのか』春秋社，2016年
4) 胡麻鶴醇之・西島一郎 校注『神道体系 神宮編一 皇太神宮儀式帳・止由氣宮儀式帳・太神宮諸雑事記』神道体系編纂会，1979年
5) 福山敏男『神宮の建築に関する史的調査』造神宮使廳，1940年
6) 笹生 衛「神の籬と神の宮—考古学からみた古代の神籬の実態—」『神道宗教』238，2015年
7) 笹生 衛『日本古代の祭祀考古学』吉川弘文館，2012年
8) 米川仁一「奈良県御所市秋津遺跡の祭祀関連遺構」『考古学ジャーナル』657，特集祭祀考古学の現状，ニューサイエンス社，2014年
9) 神戸市教育委員会 編『松野遺跡発掘調査概報』神戸市教育委員会，1983年
10) 原 雅信「金井下新田遺跡の囲い状遺構と祭祀遺構について」『平成29年度遺跡発表会 金井下新田遺跡の謎にいどむ』公益財団法人群馬県埋蔵文化財調査事業団，2017年
11) 前掲註6に同じ
12) 前掲註7に同じ
13) 三重県埋蔵文化財センター 編『北野遺跡（第2・3・4次）発掘調査報告書』三重県埋蔵文化財センター，1995年

＊本稿の内容は，平成30年1月20日，九州国立博物館で開催されたシンポジウム「知られざる沖ノ島祭祀」（九州国立博物館・福岡県主催）で筆者が行なった基調講演にもとづいている。

コラム
大宰府管内の巨岩と社殿

九州国立博物館
小嶋　篤

1　沖ノ島1号遺跡と遺跡形成過程

沖ノ島1号遺跡は，巨岩群と沖津宮社殿から南方にのびる緩斜面に形成された祭祀遺跡で，巨岩のまわりの約10mの範囲に遺物が広がる。発掘調査の結果，巨岩の南側と東側で角礫を石敷状に敷いた祭壇状遺構と夥しい数の土器片・滑石製品が検出された。この遺跡を紐解くには，「遺跡形成過程」に着目した研究が必要である。

2　大宰府管内の祭祀遺跡

奈良時代の大宰府管内では，巨岩と本殿をそれぞれ核とする「社」が存在する[1]。

巨岩を核とする後野・山ノ神前遺跡（那珂川市）は，福岡平野を見下ろす片縄山の山頂付近（山頂標高253.9m，遺跡標高221〜230m）に位置し，奈良〜平安時代（8世紀後半〜9世紀）に祭祀遺跡（祭祀遺構23基・参道状遺構1条）が形成された。3号祭祀遺構では，巨岩の岩陰部分に完形土器の安置，巨岩から離れた位置で土師器甕と須恵器坏の埋納を確認できる。埋納土坑の前面には灯明皿が置かれており，夜間に祭具の収納・埋納がなされたと推定できる[2]。また，同遺跡では，製塩土器や甑，さらには炉跡（支脚と焼土）も確認されている。以上を総合すると，この祭祀遺跡には，「①神饌の調理を行なった場所」も含まれていると判断できる。また，出土遺物の9割以上を占める土器類は，「②巨岩の前面で神饌を捧げる」際に用いたものを中心に「③巨岩の岩陰に収納」したものも含まれる。

本遺跡は巨岩祭祀の典型的事例である一方で，灯明皿という原始神道にはもともと見られなかった祭具も加わる。同遺跡では灯明皿に加えて，香炉状の土師器蓋や鉄鉢形須恵器も出土しており，古代寺院跡出土遺物とも類似する。実は，後野・山ノ神前遺跡に隣接する大薮池遺跡群では複数の瓦片が発見されており，周囲に小規模な山林寺院（短期型山寺）が存在すると見られる。つまり，古

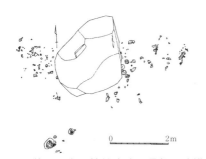

図1　後野・山ノ神前遺跡3号祭祀遺構

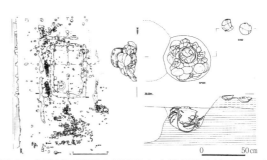

図3　金武城田遺跡の社殿跡と土器埋納土坑（SP555）

図2　片縄山山頂付近の「社」（異時同図法で描写）

図4　飯盛山山麓の「社」（異時同図法で描写）

代の片縄山山頂付近では，社と山寺が一体となった宗教空間が形成されていたと考えられ，巨岩祭祀の場でも祭具の一部が習合する実態が窺える。

本殿を核とする金武城田遺跡（福岡市）は，飯盛山山麓に位置し，眼下に福岡平野を一望できる。社殿が築かれた8世紀後半〜9世紀は役所と社が隣接する。本殿と見られる中心建物（SB30）は，南北約18m×東西約10mの基壇状盛土上に築かれた2間3間の総柱建物で，南北に独立棟持柱をもつ[3]。基壇状盛土の四方は幅0.5m×深さ0.2mほどの区画溝（内溝）が巡り，さらにその外側にも幅0.5m×深さ0.2mほどの二つ目の区画溝（外溝）が「コ」の字状に巡る。そして，これらの二重の溝の外側には，柵列が巡る。

本殿を巡る区画溝の内側は，玉砂利風に花崗岩礫などを敷き詰めており，「境内」に近い空間が形成されている。この「境内」の南端に方形祭壇状遺構（南北約1.8m×東西約2.4m）がつくられており，礫積み内部から多くの土器片・鉄器片，さらに礫積みの下からは土器埋納遺構8基が検出された。最も大規模な埋納事例（SP555）を見ると，土坑の中心に土師器甕を埋設し，その周りを囲むように須恵器坏を重ねて配する。土師器甕の器面には煤が付着し，底部内面には炭化物が焦げ付いており，確実に調理を行なっている。また，土坑の縁に灯明皿として用いた須恵器坏2点が置かれたまま埋められていた。土坑縁の灯明皿の存在を素直に評価すれば，これらの埋納は夜間に実施されたと想定できる。つまり，この埋納土坑に関わる遺物は，「①神饌の調理，②神饌の奉納，③祭具の埋納」の3つの場面に由来したものが含まれている。

以上のように，奈良時代の大宰府管内には，「神の存在を象徴する巨岩」と「神の占有空間である本殿」をそれぞれ核とする「社」が同時並存していた。巨岩と本殿の前面において類似した痕跡を確認できることから，双方で行なわれた祭祀行為も共通点が多く，両者の強い連続性が認められる。また，この祭祀行為には灯明皿を用いるなど仏教的要素が習合されている。古くから人々の暮らしに寄り添ってきた福岡平野周囲の山林には，生活林や墓域だけでなく，国神が鎮座する聖域も存在する。この聖域に仏僧が修行の場を求めて入山し，奈良時代以降に次々と山林寺院が造営されていく。片縄山山頂付近の巨岩祭祀・短期型山寺の存在は，その初期の事例と評価できる。そして，同じ聖域に神仏が同居する宗教空間は，地域の有力者である郡司・郷長の承諾により成立し，聖域維持の秩序・人材・財源についても担保されていたと考えられる。

3　沖ノ島祭祀遺跡の空間構成

大宰府管内の社において，巨岩や本殿の前面で「祭祀執行の空間」を確認できた。加えて，祭祀執行の空間に接する位置で「祭具収納施設（岩陰・神庫・祭壇状遺構・埋納土坑）」の存在も認められた。

以上をふまえて，沖ノ島1号遺跡を中心に律令期の祭祀空間を考える。廃棄場所とも評価されてきた1号遺跡は他を圧倒する規模であるが，大宰府管内の社にも見られる「本殿・巨岩から離れた祭具収納施設」と同じ空間配置にある。とくに1号遺跡の下層にある祭壇状遺構は，社殿をかまえる金武城田遺跡でも類似遺構が存在する。同遺跡では，石積み内部で複数の鉄器片・土器収納，石積み下では土器埋納（調理具・供膳具・照明具）が確認された。律令期の1号遺跡において，巨石・祭壇状遺構を基点に祭具収納がなされたと，大宰府管内の社の様相からも裏付けられる。

巨岩から離れた祭具収納施設の存在は，社における社殿（建物）の有無を決定づけない。しかし，沖ノ島祭祀遺跡において，沖津宮本殿直下から1号遺跡に挟まれた空間が，他の大宰府管内の社にも見られる「祭祀執行の空間」であったことを示す。つまり，現在の沖津宮社殿は，古代からの祭祀場の上に存在しているのである。

註
1) 小嶋　篤「山岳霊場と山林利用の考古学的研究」『首羅山をとりまく聖なる山々』九州山岳霊場遺跡研究会，2013年，54-68頁
2) 小嶋　篤「巨岩と本殿」『知られざる沖ノ島祭祀』九州国立博物館，2018年，12-17頁
3) 福岡市教育委員会『金武4』福岡市埋蔵文化財調査報告書927，2007年，7-96頁

中世の宗像神と祭祀

宗像大社
河窪奈津子
(かわくぼ・なつこ)

　中世の宗像地方の人々の宗像神信仰を，中世の宗像大宮司家のもとで独自の祭神礼賛に基づいて著された縁起の内容と，社領支配の根幹としての祭祀から示す。本稿で用いる史料は断らない限り宗像大社所蔵史料であり，『宗像大社文書』一～三巻に収録されている。また，歴史記述における社号は，史料表現を用いて「宗像社」と表記する。

1　宗像神信仰

　宗像大社が所蔵する『宗像大菩薩御縁起』(以下『御縁起』と略記)は，蒙古襲来に備えて鎌倉幕府が全国の主要な社寺に命じた異国降伏の祈祷を契機に，多くの寺社が記紀の神功皇后説話を題材にして作りあげた縁起のひとつ，と評価されるものである[1]。宗像社に即して評価すれば，祭神である宗像神信仰のあり様を最も生き生きと我々に語りかける史料である。

　以下，『御縁起』にみえる宗像の人々の独自の祭神崇拝を示していこう。

(1)　『御縁起』の成立以前

　蒙古襲来という国難を背景に成立したことは前述したが，書誌学的には，神奈川県立金沢文庫が所蔵する『宗像記』，『宗像社口決』が『御縁起』に先行し[2]，また『八幡宇佐宮御託宣集』や石清水八幡宮社僧の著作かと考えられている『八幡愚童訓』との共通点もすでに指摘されている。

　『宗像記』は「当宮留記者」と筆を起こしており，宗像社には『御縁起』に先立つ「留記」があったことがわかる。新たに縁起を作成するにあたり，「留記」に当時の口伝を取り込み，発展させて書きあげられたのが『御縁起』であるということになろう。なお『宗像記』，『宗像社口決』が，沖ノ島祭祀，祭祀奉献品についての最古の記録であることを，特筆しておこう。『宗像記』には「息御島は，仁皇十六代より文永年中に至り，高麗より祭祀を致して怠らず。然る間，彼の御在所は，異朝の神宝・祭物等谷に埋め山の如し。是等の次第，鎮西に其の隠れ無きものなり。」(原文漢文)とある。『宗像社口決』には「日本海上中心息島」では「高麗人モ来テ毎年ニ奉祭，日本朝貢ノ時祭始メケルトカヤ」とある。沖ノ島における祭祀斎行者についての手掛かりとなろう[3]。

(2)　『御縁起』の成立

　『御縁起』は内容から三つの段落に分けられる。祭神の誕生・降臨の前段，神官・社殿・神事の中段，本・末社列記の後段である。前段で語られる祭神崇拝は，七回の異類征伐(本稿では「七箇度合戦」と称す)と「三韓征伐」において，宗像神が人として現れた強石将軍が，いかに力を発揮し活躍したかを誇っており，宗像の人々の高い自意識を示すものととらえられる(図1)。

　この二つの合戦記述は，東京国立博物館所蔵の『香椎宮御縁起』と，石清水八幡宮所蔵の『宮寺縁事抄』の第十三に収められているもので，『宮寺縁事抄目録』には「住吉御事」と書かれたものと共通する部分が大きい。「住吉御事」と共通することはこれまで未紹介であった。

　『宮寺縁事抄』を編纂した田中宗清は1237年に入滅しているから，「住吉御事」の内容を香椎宮や宗

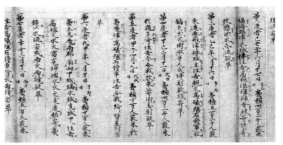

図1　宗像大菩薩御縁起「七箇度合戦」記述の一部
(宗像大社所蔵)

像社が縁起に取り込んだものと考えられる。七箇度合戦の地が大宰府，博多湾沿岸地域であることから，この住吉は筑前国那珂郡に鎮座する住吉社であり，「住吉御事」は筑前の住吉社縁起抄録と考えられる。国難に迫られて各社が縁起を作成するにあたって，住吉社，香椎宮，宗像社の連携の存在がうかがわれ，当時の貿易港博多を核とした南宋交易のあり方もからめて，神社間のつながりを明らかにしていよう。

(3) 宗像神信仰の特徴

『御縁起』では宗像大菩薩が垂迹した宗像神の化身である強石将軍が，七箇度合戦と三韓征伐においていかに戦って勝利したかを繰り返し語る。この強石将軍は「住吉御事」では「住吉親父高磯強石将軍」として七箇度合戦の三度目に登場し，『香椎宮御縁起』には登場しない。七箇度合戦で宗像大菩薩と同体とされた神々を列記すると，住吉高祖源禅師命，住吉親父高磯強石将軍，住吉高祖父水火雷電神である。神功皇后説話をテコにして八幡神信仰が隆盛となるなかで，一般にはこの説話に強石将軍＝宗像神は登場しないがゆえに，かえって湧き上がってくる宗像神への絶対的信仰を見る思いである。『御縁起』では神功皇后が主役ではなく，まして八幡神でも，住吉神でも，高良神でもなく，強石将軍を主役にして軍功を語って神威を謳いあげる。この宗像社の人々の心情，作成に至った必然性をどこまで理解することができるのだろうか。

例えば『八幡愚童訓』について，川添昭二が「異国降伏の霊威に対する報賽を期待する精神が基調になって作成されたもの」，「異国降伏祈祷の軍忠状であった」と評価したような[4]，また桜井好朗が「宇佐託宣集」について「八幡神は大帯姫＝神功皇后を母神とすることで，神功皇后の神威を利用しながら，この母子関係を基軸として，北九州を中心とする神々の世界を再構成していった」と評価したような[5]，縁起が外に向かってエネルギーを発することで一層，縁起の持つエネルギーが増幅されるような事を，『御縁起』は意図していたであろうか。『御縁起』独自の内容は決して他には受け入れられるものではないことを考えれば，否である。『御縁起』のエネルギーは内に向かっていたので

はないだろうか。祭神＝宗像神に対する絶対的評価を共通認識として，ゆるぎない信仰を共有することが，社内結束の精神的支柱となったと考えられる。大宮司長氏は蒙古襲来当時の在任で，防御に欠かすことのできない人物であることにより，大宮司任命を確認する旨の関東下知状を得ている[6]。実際に蒙古軍との合戦に加わった大宮司長氏の自負が，宗像神に対する絶対的信仰を謳う『御縁起』に反映したのであろう。そこに語られる宗像神の姿からは，宗像神を祭神とする宗像の人々の強い自意識，高い自尊心を読み取ることができる。たとえ誰も認めなくとも，我々は，神功皇后でも，住吉神でもなく宗像神が最強の国防の神であることを知っている，というメッセージを私は受け取った。『御縁起』を当時の神国思想の中で評価すれば，神功皇后説話による八幡神信仰の高揚に対するアンチテーゼといえるであろう。

『御縁起』からは，鎌倉期における北部九州の神社間の交流を確認することができるが，そこに描かれた宗像神の姿には普遍性が無く，宗像社だけが持つ認識である事も明らかにした。『御縁起』が語る宗像神信仰は，宗像の人々に自尊心を与え，さらなる強固な社内結束をもたらしたのである。

2 宗像社の祭祀

宗像地方の一元的リーダーとして強力な在地支配をなしとげた宗像大宮司家は，1545年に宗像氏貞が病没したことにより嫡流家は断絶した。続く豊臣秀吉の九州統一，徳川家康の江戸幕府開府，黒田氏の筑前入国と相次ぐ為政者の交替の中に宗像社は埋没し，その力を失ってしまった。神事においても，中世の神事次第のままを引き継ぐ祭礼は斎行されずに現在に至っている。中世の祭祀は文献史料に残されるのみである。ここでは，いくつかの大祭と社領内の生業繁栄祈念の神事を紹介し，宗像地方の在地領主であった宗像大宮司家が司祭者でもあり，神事を通じて社領を支配していたことを確認する。ここでの記述の根拠となる主な史料は，1368年成立の『宗像宮年中行事』(『年中行事』と略記)，1375年成立の『応安神事次第』(『神事次第』と略記)である[7]。

(1) 大祭

　大祭は正月の元旦神事に始まり、七日には宮廷祭祀を移入した白馬節会、十五日からは踏歌神事が斎行された。二月、十一月の二季神楽も、宮中の内侍所神楽を移入したものと思われる。また宮中祭祀である、九月の重陽節会、十一月の豊明節会につながる大祭も斎行されており、地方神社の宮廷祭祀移入、継続の具体例としても貴重である。

　五月の大祭である五月会(さつきえ)は、近江の日吉社を1160年に京都に勧請した、新日吉社での小五月会を模したもので、三日から五日まで斎行される。五月会と八月の放生会では、宗像三神と従神二神の神輿が一堂に会する五社神輿渡御が行なわれる。この神事には三社一体の認識に加えて、支配圏拡大の自負が意図されている。五社とは、第一宮・第二宮・第三宮と宗像社の東の海岸に鎮座する織幡(おりはた)社、南の山の頂に鎮座する許斐(このみ)社を合わせ称するものである。

　織幡社は宗像社の東側、玄界灘に突き出して響灘と玄界灘とをわける岬の突端に鎮座し、式内社に挙げられる由緒を持ち、祭神は武内宿禰である。鎮座地を含む一帯の地は上八村(こうじょう)と称し、織幡社の神官である津守氏が所領を有していた。岬一帯の海岸部と南側の内陸部を合わせた上八村には、宗像三女神を祭神とする宗像一族とは異なる人々、住吉神を祭神とする津守一族が盤据しており、宗像大宮司家が宗像郡一帯を一元的に掌握する以前の姿として認識できる。しかし、1175年以前には津守氏は宗像氏の配下となり、織幡社は宗像社の末社に組み入れられて、祭祀権は宗像大宮司家が掌握するところとなっていた[8]。

　許斐社は宗像社の南の許斐山に鎮座する。初見史料は1209年であるが、神主には大宮司一族が就いており、織幡社が宗像社末社となる以前は神官が津守氏であったことと対比して考えたい。

　織幡社神輿と許斐社神輿が、宗像三社の神輿と合流して五社神輿が揃うのであるが、織幡社の神輿渡御が神事のみを淡々と記すのに比して、許斐社の渡御は丁重な神迎えと賑々しい行列を伴っている。宗像三社及び一族が神官を務める許斐社の神輿渡御と、織幡社の神輿渡御の相違は意図的な差別化によるもので、大宮司の在地支配者としての力の誇示であると考えられる。織幡社の祭神は武内宿禰、神官は津守氏であり、同じ海神でありながら宗像神・宗像社とは異なる神系・伝統を有していたことは前述した。また、織幡社も宗像社と同じく大和朝廷の認識を得る神社であり、宗像地域における宗像神―宗像氏に相対する勢力であった。宗像大宮司家が、織幡社を津守氏と共に末社に取り込んだことの意義は大きく、織幡社神輿を宗像三社神輿に付き従わせる神事には、支配圏拡大の誇示があったと考えている。

　八月の大祭は十三日から十五日の三日間にわたる放生会で、この神事においても五社神輿渡御がある。十五日には五社の船による船競(ふなくらべ)神事が行なわれる。常に許斐社の船が勝利するこの神事の意味するところは不可解であるが、許斐社は宗像氏一族が神官を務める社であり、宗像神に従属する末社である織幡社との立場の違いが背景にあったと思われる。

　十二月大晦日には、境内の西神殿(にしのこうどの)に大宮司に代わって禰宜が籠って内陣の扉が閉じられ、新年の元旦神事へつながる。

　中世宗像社では、上述の神事の他にも一年を通して大祭・小祭が途切れることなく斎行されており、職能集団の神官・僧官を大宮司が束ねて宗像社を主宰していたのである。

(2) 生業の繁栄祈念

　宗像社の年中行事には、生業の始まりである事始め神事と、終わりの収穫祭でもある事納め神事とがある。四月吉日良辰の御作礼(みさくれい)神事と、十二月十七日

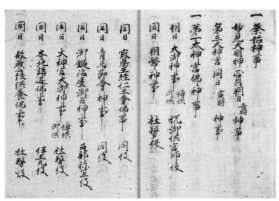

図2　宗像宮年中行事　正月朔日神事部分
（宗像大社所蔵）

から二十日の新嘗会である。これらの一連の神事に，大宮司家が社領内の生業である農業・漁業・林業を確実に掌握していたことを見ていきたい。

御作礼神事 四月の吉日良辰を選んで御作礼神事が斎行される。

御作礼神事は，漁業の事始め神事と，正月の田打ちに続く田植神事を合わせた神事で，十二月の収穫祭・事納めまでの期間の豊漁・豊作を祈念するものである。『年中行事』では政所社で四月朔日に「御祭礼神事　事始勝浦役」，『神事次第』では四月一日の次行に「御作礼事，吉日良辰撰祭也」とある。四月朔日から勝浦地域の所役で御作礼神事の準備を始めるが，本祭は良い日を選んで斎行されたのである。『年中行事』でも御作礼神事を行なう年毛社の行事を「四月　御祭礼神事」と記して日付を特定していない。御作礼神事は，木皮社での祓い，年毛社での漁業始め，宗像社政所社での農業始めという三つの神事と，庁座で行なわれる直会からなる。この直会に饗される海産物を確実に調達するために，日付を特定することができなかったと思われる。海産物による直会を確実に行なうこと，つまり御作礼神事の一環としての神人共食が重視されていたことがうかがえる。

地図を広げると宗像郡の海岸線は，北から順に鐘崎，草崎，渡半島と三つの岬が突出し，その間はゆるやかにU字形に湾曲した砂浜である。地島に向かって突き出した鐘崎の先端には織幡社が鎮座する。勝島に向かって突き出した草崎の東側が神湊，西側は勝浦浜から渡半島に続き，渡半島の南の海岸線が津屋崎で糟屋郡新宮浜に隣り合う。この位置関係を念頭に御作礼神事の次第をたどろう（図3）。

まず，禰宜の所役で神湊に祓い社となる木皮社を建てて修祓，献饌。木皮社は末社ではなく御作礼神事のための仮社であるから，『御縁起』や『年中行事』に列記された末社には含まれていない。設営の日について，『年中行事』では四月一日を「事始」とするにとどまる。室町時代の成立と考えられる『吉野期神事目録』には「同（卯月）二日，神湊木皮社」とあって，次第に祓社である木皮社を四月二日に設営するようになったのではないかと思われる。

図3　宗像郡地図

『神事次第』では，木皮社での修祓後に宗像社の庁座で直会を行ない，饗される海産物は「貝・蚫ハ湊浦ノ役，魚ハ小開浦ノ役，冨葛ハ小勝浦ノ役」である。小開浦には「ヲツヒノウラ」とルビがあり，1683年成立『織幡宮御縁起』[9]の社殿周囲の地理を記した中に「右の方塩井待を京泊といふ，おついの浦につらなり」とあって，鐘崎浦の地名であることがわかる。なお「魚」左傍に鰤の幼魚名である「ワカシ」と書かれていて，旧暦四月ごろから九州北部沿岸をワカシが北上する生態と合致している。

次は，草崎半島西側の勝浦浜に鎮座する年毛社に移動しての神事となる。年毛社での神事は御作礼神事の中核をなす海開き神事である。神事の直会は再度宗像社の庁座で催されるが，そこに供される海産物は『神事次第』によると「魚・蚫・蛸・穂垂小勝浦役，懸魚ハ浦々ノ役」であり，別写本では浦々を「湊浦・今久家・勝浦浜・渡・津屋崎・同久家」と具体的地名を挙げている。先述した木皮社での修祓後の直会と合わせると，宗像郡の海岸線全体から海産物が持ち寄られていることがわかる。年毛社での海開き神事は宗像大宮司家の海の支配を反映したもので，年毛社が漁労民の信仰を受ける神社であったこと，宗像大宮司家にとっては漁労民掌握のための宗教的核となる神社であったことがうかがえる。勝浦浜を北側に望む丘陵

地には古代胸肩君の奥津城である新原(しんばる)・奴山(ぬやま)古墳群があり，奥津城と海との境目に鎮座するのが年毛社であるという位置関係に，宗像社と年毛社との深い関係をうかがうことができよう。

海開き神事と直会を終えると，宗像社の政所社で農耕儀礼である田植神事が斎行される。『年中行事』では「四月十五日　田殖神事」とある。これは正月一日に行なわれる田打神事に続くもので，『年中行事』では大宮司館浮殿(うきどの)で行なわれることが記され，『神事次第』では「御内田打事(みうち)」と書かれる。『神事次第』によると田打神事では，国侍四人が畔塗り，牛と馬鍬での田起こし，種まきの所作をする。四月の田植神事では，田神に扮した禰宜が見守る中，頭禰宜が調達した苗を大宮司が植える所作をする。楽人の笛・拍子に合わせて忌子禰宜が「冨草ノ花，エアイコ」という歌を三度繰り返すという，田遊びを伴っている。

以上のように御作礼神事とは，漁業の事始め神事と農業の予祝神事を行なうものであり，宗像社が社領における漁業・農業従事者の宗教的核であり，彼らが大宮司に従属していたことを神事において確認できた。

新嘗会　十二月十七日，十八日，十九日，二十日にわたって，宗像社領内各末社で収穫祭・仕事納めの神事が行なわれる。『年中行事』・『神事次第』では「新生会祭」と表記し，「シムシヤウエノマツリ」とルビが付けられている。四月の御作礼神事に対応しているが，十七日に宗像社第二宮・政所社で包括的な新嘗会，十八日から二十日に生業，末社ごとの神事を行なうという二段階の神事となっている。また，農業，漁業の収穫祭・仕事納めに加えて，御作礼神事にはなかった林業の収穫祭・仕事納めである嶽祭(たけまつり)が山々に鎮座する末社ごとに行なわれる。

各末社での神事では般若心経供養と「ウケノ歌」と「饗膳」もしくは「酒肴」と書かれる直会が行なわれる。ウケノ歌は「祈りこし神はまつりつ明日よりは　みつのかしはのひろき遊びせむ」という歌詞で，「みつのかしは」は小学館『日本国語大辞典』によると「宮中の豊明節会や神供などに，酒や飯を盛るのに用いた葉」で「三角柏」という字をあてる。まさしく，新嘗会翌日の豊明節会を歌ったもので，ウケは「食」であり，豊穣による豊かな酒宴を誇り，祝う歌である。末社神事ごとにウケノ歌を歌って直会を催すことから，宗像社での新嘗会と，末社での神事は，宮中の新嘗会と豊明節会に対応していることがわかる。

一連の神事を順を追ってみてみよう。『年中行事』によると十二月十七日に第二宮で「新嘗会神事，東屋神事」，政所社で「新嘗会神事」が斎行される。翌十八日から始まる末社ごとの神事に先立って，まず禰宜の所役で第二宮に隣接して設営された東屋において修祓が行なわれた。御作礼神事の木皮社での修祓に対応している。新嘗会神事は第二宮と政所社で斎行されるが，『神事次第』には，御供が列記されるのみで神事の次第は記されず詳細は不明である。また，第二宮で斎行される神事であることの意味，必然性も理解が及ばない。

十八日，まず宗像社の南に位置した稲庭上社(いなばけ)で神事が斎行される。社名から推察すると農業神であって稲作の収穫祭・農作業納めの神事であると思われる。『年中行事』には「大神事　諸郷巡役」とあり，稲庭上社は宗像郡内の農業神を代表する神社であって，この神事を各郷持ち回りで担っていた。『神事次第』から次第をたどると，出仕する神官・僧官が大宮司館に参集して修祓，「大御門ニテ」とあるから，惣社神門で舞を舞った後に全員で稲庭上社に参進する。稲庭上社に献饌，祝詞奏上，般若心経供養のあとに忌子禰宜の音頭取りによってウケノ歌を歌って榊を手にした榊舞を舞う。「饗膳如孔大寺(こだいじ)」とあり，二月朔日から三日にわたって斎行される孔大寺会同様の酒宴が催された。次いで，稲庭上社の程近くにあった吹浦社(ふけうら)でも同様の神事，直会が行なわれている。

さらに，神湊に鎮座する津加計志社において，般若心経供養，ウケノ歌，饗膳がある。津加計志社での神事は海神への感謝，漁業の収穫祭であった。

最後に宗像社に帰社して第二宮と政所社幡殿(はたどの)で神事となる。第二宮神事については『年中行事』に「黒粢(くろしとぎ)・白粢(しろしとぎ)神事」，『神事次第』でも御供に

白粲・黒粲を献じている。幡殿での神事は夜に行ない秘密の歌を歌う。『年中行事』には「其儀式秘事也」，『神事次第』には「歌ノ橋ニテ忌子ノ密歌詠ス」とあって，詳細は秘されている。

十九日は，宗像社とは釣川を挟んで東側に位置する田野郷の与里嶽社と森社，さらに織幡社で神事斎行。『年中行事』ではその神事を「嶽祭神事」と記しており，与里嶽，森という山神を祀ると思われる社号からも林業・山仕事の収穫祭である。織幡社は玄界灘と響灘を分ける岬の小高い山の上に鎮座しており，海神であると共に航海における山当の役割も担う神社であった。『神事次第』には織幡社の嶽祭にウケノ歌と神楽に続いて，大梶取役の忌子禰宜と小梶取役の執行による「申事」という問答が記されている。『神事次第』では四月の御作礼神事においても，最後に「庁座前ニテ忌子・執行有申事」とある。「申事」の内容は記されておらず不明であるが，この嶽祭での「申事」に対応していると思われる。正木喜三郎は織幡社で斎行される航海安全祈願の神事ととらえているが[10]，この問答の中で東の方に与里嶽というくだりがあって，与里嶽は織幡社からみると南にあたり，宗像社からみると東にあたるから，この問答は織幡社ではなく与里嶽を東に望む宗像社に移動して行なわれたとするべきである。内容は，大梶取が東の与里嶽，南の許斐嶽，西の大島嶽の雲のかかり具合を問い，小梶取がいつも「吉候」と答えるものである。この問答を交わす神事の意味するところは，嶽祭の一環であること，有視界航行においては山が航海の目標として重要であったことから，航海の安全を祈るとともに，航路を導く山の神への感謝を捧げるものであったと思われる。宗像海域の航行を統括するのは宗像大宮司家であることからも，この神事は末社である織幡社ではなく，本社である宗像社で行なわれるべきものであった。

最終日の二十日は，許斐社小神の的原社と宮地嶽社で嶽祭が行なわれる。的原社は山頂に許斐社が鎮座する許斐山の中腹の社であり，宮地嶽社は宗像社の西側の宮地嶽山頂に鎮座する。次に宮地嶽南麓に降って，在自郷の牧口社で粥を進上する神事が続く。1585年在自郷天正拾参年御米注進状[11]に「壱斗　牧口社立用之，五升　粥立用之」とあり，この神事が16世紀末まで継続していたことがわかる。最後の嶽祭を奴山の縫殿社で斎行，その後第一宮庁座で直会となって一連の神事が終わる。

以上，事始めの御作礼神事，事納めの新嘗会から社領内の各末社の鎮座地，各社をめぐって神事を斎行していること，直会に用いる神饌を捧げた地域を確認することで，宗像社を主宰する大宮司家が社領全体にわたって農業・漁業・林業従事者を掌握している様を示した。

3　おわりに

本稿では，中世の宗像社における祭神に対する絶対的信仰を，『御縁起』に描かれた宗像神の化身である強石将軍の活躍として確認し，祭祀では，社領内の生業に密着した神事斎行をたどることで，宗像大宮司家の社領支配の一面を具体的に示した。

註
1) 『宗像大社文書』第三巻，宗像大社復興期成会，2009年（森茂暁執筆）
2) 津田徹英「金沢文庫の中世神道資料覚書」『金沢文庫の中世神道資料』金沢文庫，1996年
3) 河窪奈津子「宗像大社所蔵の神事史料」『神道宗教』212，2008年
4) 川添昭二「蒙古襲来と中世文芸」『中世文芸の地方史』平凡社，1982年
5) 桜井好朗「八幡縁起の展開―『八幡宇佐宮御託宣集』を読む」『中世日本文化の形成』東京大学出版会，1981年
6) 応永十六年卯月十四日宗像社家文書惣目録「社務職安堵文書」（『宗像大社文書』第二巻収録）
7) 河窪奈津子「中世宗像社の神事と宗像大宮司の社領支配」『神道宗教』222・223，2011年
8) 承安五年四月二日津守三子解（『宗像大社文書』第一巻収録）
9) 宗像大社所蔵社務書類，奥書によると吉田神道家の吉田定俊の著作
10) 正木喜三郎「付論二　梶取の神事史料」『古代・中世　宗像の歴史と伝承』岩田書院，2004年
11) 嶺家文書参考四号（『宗像大社文書』第三巻収録）

沖ノ島の鏡

京都大学准教授
下垣仁志
（しもがき・ひとし）

　「宝庫の島」とも讃えられる沖ノ島。なかでも多種とりどりの銅鏡が，ひときわ光彩を放って，人びとを惹きつけてやまない。しかしその異彩さが，かえって全体像と歴史的評価を困難にしている。そこで本論では，近年の鏡研究の成果をふまえて，沖ノ島出土鏡群の全体像と評価を提示する。

1　出土鏡群の概要

　沖ノ島の鏡群は，調査と報告が複数次にわたり，しかも流出品や細片が少なからずあるため，これまで全体像を把握しにくかった。しかし近年，森下章司らが丹念な整理作業をおこなったおかげで，本鏡群の様相がかなり明瞭になった。すなわち，本鏡群には①古墳時代のほぼ全時期の副葬鏡がみとめられ，②確実な漢鏡は1面にすぎない反面，三角縁神獣鏡の占める割合が高く，魏晋鏡を中心とする三国鏡も一定量あり，③中期後半〜後期の同型鏡群も4面あり，④倭製鏡（仿製鏡）では前期のものが種類と数量に富み，北部九州の副葬鏡とはちがって大型品が多く，⑤中期後半〜後期の倭製鏡も比較的多い，などの様相が明らかにされた。同笵・同型品が「遺跡」間で共有される事実から，発掘調査時の「まとまり」（「〇号遺跡」）を祭祀の単位とする従説の再検討が提言されたことも興味深い[1]。

　以下，上記の知見を足がかりにしつつ私見を提示する。なお本論では，鏡の舶倭区分および時期比定，そして古墳編年および暦年代比定などの基準について説明する紙幅がない。関心のある方は筆者の別稿を参照されたい[2]。

　森下らの作業を参考にしつつ，沖ノ島（および同時期の近隣地域）の出土鏡群を一覧表にまとめた（表1）。総数は約75面，伝出土鏡と推定出土鏡をあわせると約85面になる。この約85面のうち，舶倭を判別できる77面の内訳をみると，中国製鏡25面・倭製鏡52面となり，倭製鏡が約3分の2を占める。少数派の中国製鏡にしても，魏晋鏡（〜）に位置づけうる三角縁神獣鏡および「仿製」三角縁神獣鏡がそれぞれ3面・10面，魏晋鏡（〜）ないし三国鏡（〜）と判断しうる方格T字鏡や夔鳳鏡などが5面以上，中期末葉以後の同型鏡群が5面以上になり，確実な漢鏡は1面もないというかたよりがある。（末期段階の）「仿製」三角縁神獣鏡と同型鏡群の多さ，そして漢鏡の稀薄さが目を惹く。倭製鏡は，前期倭製鏡（≒前期前葉〜中期前葉）・中期倭製鏡（≒中期前葉頃〜末葉頃）・後期倭製鏡（≒後期前葉頃〜）が各30面・2面・10面となり，倭製鏡の時期別面数からいえば後期倭製鏡がめだっている。

2　出土鏡群の特徴

　せっかくの機会なので，本鏡群の特徴をもう少し掘りさげてみよう。もっとも顕示的な特徴は，早くから指摘されてきたとおり，大・中型鏡がかなり多いことである。古墳時代の鏡，とくに倭製鏡では，面径の大きさがすこぶる重要な意味をもっていた。中国製鏡では面径20cm超の三角縁神獣鏡と同型鏡群が多数あり，前期倭製鏡も14cm超の中型鏡と20cm超の大型鏡が顕著である。どれくらい顕著かを表で明示しよう。表2は，九州北部と近畿諸府県から出土した倭製鏡の面径を比較したものである。沖ノ島をのぞく九州北部の諸県は，倭製鏡の面径において列島の頂点に君臨する奈良県の足下にもとどかず，京阪2府にもはるかにおよばない。ところが沖ノ島だけは，九州北部の状況とまったくかけ離れ，大・中・小型鏡の比率の点で奈良県に非常によく似た様相を呈している（表2）。

表1 沖ノ島の鏡

出土地	舶倭	鏡式・系列	面径	鏡の時期	出土地	舶倭	鏡式・系列	面径	鏡の時期
1号遺跡	—	唐式鏡	約10			舶	三角縁神獣鏡	21.9	魏晋
4号遺跡(御金蔵)(伝)	舶	三角縁波文帯三神三獣鏡	21.7	魏晋		舶	「仿製」三角縁神獣鏡	破片	魏晋〜
	倭	旋回式六獣鏡	12.2	後期	18号遺跡(推定)	舶	「仿製」三角縁獣文帯三神三獣鏡	21.8	魏晋〜
	倭	乳脚文鏡	11.2	後期		倭	方格規矩四神鏡	24.8	前(中)
	倭	七乳脚文鏡	9.3	後期		倭	六弧内行花文鏡	10.1	前(中)
	倭	〔四神四獣鏡〕	8.9	後期		倭	捩文鏡	7.9	前(中)
4号遺跡(御金蔵)	倭	珠文鏡	破片	—		倭	素文鏡	約3.7	—
	倭	不明	破片	後期	19号遺跡	倭	八弧内行花文鏡	24.8	前(中)
	倭	不明	破片	後期		倭	不明	破片	—
	—	唐式鏡	14〜15			舶	獣文縁浮彫式獣帯鏡	17.6	同型鏡群
7号遺跡	舶	盤龍鏡	破片	同型鏡群		舶	獣文縁浮彫式獣帯鏡	17.6	同型鏡群
	倭	珠文鏡	9.2	後期		倭	獣像鏡	13.0	前(中)?〜
	?	不明	破片	—		倭	四獣鏡	12.1	中期
	?	不明	破片	—	21号遺跡	倭	乳脚文鏡	8.5	中期
	?	青銅片	破片	—		倭	乳脚文鏡	11.7	後期
8号遺跡	舶	盤龍鏡	11.6	同型鏡群		倭	素文鏡	2.2	—
	倭	方格規矩渦文鏡	14.1	前(新)		倭	素文鏡	破片	—
	倭	六乳脚文鏡	10.0	後期		?	不明	破片	—
15号遺跡	倭	六神像鏡	9.2	前(新)		?	不明	破片	—
16号遺跡	舶	「仿製」三角縁唐草文帯三神三獣鏡	20.5	魏晋〜	23号遺跡	?	不明	破片	—
	舶	方格T字鏡	9.1	魏晋		倭	珠文鏡	6.0	前(中)〜
	倭	六弧内行花文鏡	6.9	前(中)		舶	双頭龍鏡	9.1	—
	倭	素文鏡	3.0	—	沖ノ島(伝)	倭	珠文鏡	8.8	後期
17号遺跡	舶	「仿製」三角縁唐草文帯三神三獣鏡	24.3	魏晋〜		倭	〔乳脚文鏡〕	6.1	—
	舶	「仿製」三角縁唐草文帯三神三獣鏡	21.6	魏晋〜		倭	〔乳脚文鏡〕	不明	—
	舶	「仿製」三角縁獣文帯三神二獣鏡	20.0	魏晋〜	沖ノ島(推定)	舶	「仿製」三角縁獣文帯二神三獣鏡	20.8	魏晋〜
	舶	夔鳳鏡	22.1	三国〜		倭	二神二獣鏡(四神四獣鏡)	14.1	前(新)〜
	舶	方格規矩鏡	18.0	三国〜		倭	夔鳳鏡	約18	三国〜
	倭	方格規矩四神鏡	27.1	前(中)	宮地嶽付近古墳(伝)(沖ノ島遺跡(推定))	舶	画文帯同向式神獣鏡	20.7	同型鏡群
	倭	方格規矩四神鏡	26.2	前(中)		倭	画象鏡	18.2	前(中)
	倭	方格規矩四神鏡	22.1	前(中)		倭	方格規矩四神鏡	約14	前(中)
	倭	方格規矩四神鏡	17.8	前(中)	宮地嶽神社境内(伝)(沖ノ島遺跡?)	倭	十弧内行花文鏡	20.5	前(中)
	倭	方格規矩(鳥文)鏡	16.6	前(中)	沖ノ島宗像神社辺津宮第三宮址	舶	細線式鳥文鏡	15.1	三国〜
	倭	十弧内行花文鏡	18.7	前(中)		舶?	四獣鏡	8.5	—
	倭	八弧内行花文鏡	17.6	前(中)	上高宮古墳(宗像市)	倭	神頭鏡	11.6	前(中)
	倭	八弧内行花文鏡	17.0	前(中)	久原Ⅲ-4号墳(宗像市)	倭	君宜高官蝙蝠座鈕八弧内行花文鏡	12.8	破鏡
	倭	鼉龍鏡	23.7	前(中)	大井池ノ谷3号墳(宗像市)	倭	捩文鏡	7.7	前(中)
	倭	画像鏡	22.0	前(中)	田熊下平井1号墳(宗像市)	倭	捩文鏡	8.2	前(新?)
	倭	六獣鏡	16.4	前(中)	稲元久保14号墳	舶	内行花文鏡?	14.7	破鏡
	倭	方格規矩渦文鏡	21.5	前(新)	渡(福津市)	舶	方格T字鏡	9.2	魏晋
	倭	鼉龍鏡	12.9	前(新)	勝浦(伝)	倭	尚方作鋸歯文縁方格規矩四神鏡	18.1	—
	倭	神獣鏡	16.7	前(新)		舶	画文帯同向式神獣鏡	約21	同型鏡群
	倭	〔画像鏡〕	15.0	前(新)		舶	画文帯同向式神獣鏡	約21	同型鏡群
	倭	四獣鏡	10.0	前(新)		舶	細線式獣帯鏡	約22	同型鏡群
18号遺跡	舶	獣文縁方格規矩四神鏡	18.0	—		倭	六弧内行花文鏡	10.0	前期
	舶	三角縁天・王・日・月・獣文三神二獣鏡	22.2	魏晋	勝浦峯ノ畑古墳(福津市)	倭	五弧内行花文鏡	9.2	前期?
	舶	「仿製」三角縁獣文帯三神三獣鏡	23.4	魏晋〜		倭	神獣鏡?	14.4	中期?
	舶	「仿製」三角縁獣文帯三神二獣鏡	20.9	魏晋〜		倭	獣像鏡	14.6	後期?
	舶	「仿製」三角縁唐草文帯三神三獣鏡	20.6	魏晋〜		倭	乳脚文鏡	10.0	後期
	舶	夔鳳鏡	破片	三国〜	手光長畑古墳(福津市)	倭	珠文鏡?	6.4	—
	倭	不明	破片	前(中)?	福間割畑1号墳(福津市)	倭	四獣鏡	7.3	中期
	倭	不明	破片	—					
	倭	不明	破片	—					
	倭	不明	破片	—					

* 沖ノ島出土鏡を集成した。古墳時代併行期の近隣地域の主要出土鏡も併載した。
* [註1重住ほか2010;註2下垣2016]を参考にして作成した。詳細は両文献を参照されたい。ただし本表は[註1重住ほか2010]より厳密性がゆるいので注意されたい。
* 面径の単位はcmである。
* 鏡の時期は以下のとおり。
　　前(中)=前期倭製鏡中段階(古墳時代前期後葉)、前(新)=前期倭製鏡新段階(前期末葉〜中期前葉)、前期=前期倭製鏡
　　中期=中期倭製鏡(中期前葉頃〜後葉頃)、後期=後期倭製鏡(後期前葉頃〜)、同型鏡群=中期末葉
* 時期について、筆者の前期末葉・中期末葉・後期前葉は、それぞれ中期初頭・中期後葉・中期末葉と表現されることが多いので注意されたい。
　筆者の時期区分を須恵器編年と照合すれば、中期末葉≒TK208、後期前葉≒TK23〜TK47、後期中葉≒MT15になる。

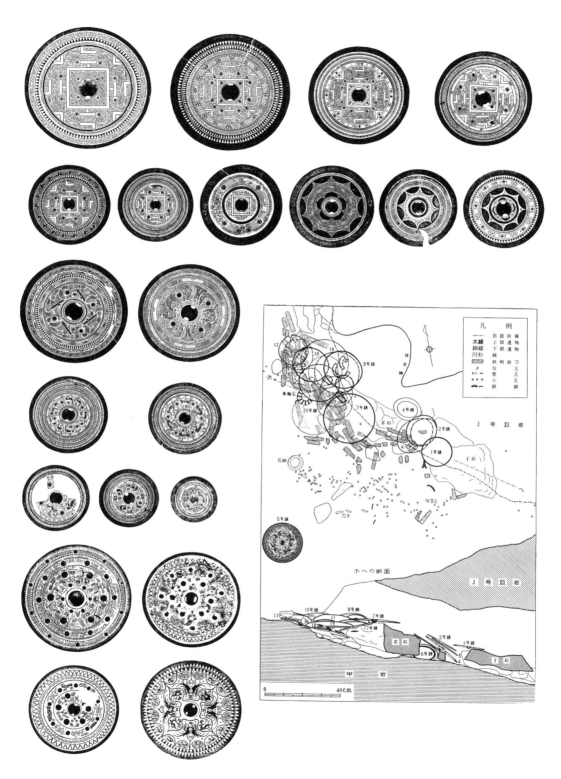

図1　沖ノ島17号遺跡の鏡と出土状況
（鏡はS=1/8。図は『続沖ノ島』1961より作製）

表2　沖ノ島と九州北部・近畿諸府県の倭製鏡の面径

	面径（cm）			
	25〜	20〜	14〜	〜14
沖ノ島	2面	7	12	23
福岡内地	0	2	6	125
佐　賀	0	0	1	52
長　崎	0	0	1	11
熊　本	0	1	2	35
大　分	0	0	1	31
奈　良	28	22	60	130
京　都	2	12	22	98
大　阪	2	5	18	89
滋　賀	2	2	5	39
三　重	0	0	16	64
兵　庫	0	0	15	124
和歌山	0	0	7	34

表3　沖ノ島出土鏡と祭祀遺跡の倭製鏡の面径

面径	祭祀	沖ノ島
〜10cm	57	13
〜14	1	9
〜20	0	12
20〜	0	9

※沖ノ島は伝出土鏡をふくむ。
※数字は面数。

祭祀遺跡としても突出している。祭祀遺跡出土の倭製鏡について，脇山佳奈が丹念な整理と考察を実施している[3]。ただ，住居内の出土事例は，「廃屋儀礼」によるものもあれば，焼失や崩落にともなう逸失に起因するものもある。また，「祭祀」遺構と認定するのが困難な単独出土例も少なからずある。そこで，沖ノ島出土の倭製鏡と，同時期（古墳時代）における「祭祀」遺構の蓋然性が高い屋外出土倭製鏡とを比較してみる。多種多様な系列を擁する前者とは対照的に，後者は素文鏡・珠文鏡などの（超）小型鏡が大半を占める。そのことは面径分布に明瞭に反映している（表3）。この対蹠的な状況は，住居出土例を追加しても変わらない。沖ノ島の中期倭製鏡と後期倭製鏡は，中・大型鏡が消えて小型化が顕著になるが，それでも「祭祀」遺跡出土鏡よりも大きい。

沖ノ島において，祭祀の場と方式が変遷をとげてゆくことが注目されてきた。当地の発掘・報告以後に進捗した鏡の編年研究に即して，鏡が出土した当地の各「遺跡」（○号遺跡）を整理したところ，きわめて興味深い状況がみいだされた（表4）。当地出土鏡のうち，時期的位置づけがほぼさだまっている倭製鏡の主要系列と中国製鏡（三角縁神獣鏡・同型鏡群）を，古墳時代前期前半・前期後半・中期前半・中期後半・後期前半に振りわけると，①「遺跡」ごとに出土鏡の時期がまとまる，②複数の「遺跡」を擁する巨岩単位で時期がまとまる，③出土鏡の下限が前期末葉と後期前葉〜中葉の2時期にまとまり，両者間に空白期がある，などの事実が判明した。②に関連して，④同笵（型）鏡の共有関係が巨岩内におさまること（16号遺跡と18号遺跡の「仿製」三角縁唐草文帯三神三獣鏡，7号遺跡と8号遺跡の盤龍鏡，21号遺跡の獣文縁浮彫式獣帯鏡2面）も重要である。

以上から，沖ノ島「祭祀」における鏡の使用は，巨岩を単位として前期末葉頃と後期前葉頃〜中葉頃という2時期に集中的におこなわれた，という可能性が浮上する。むろん，副葬品とはちがって開放状態で時をへたため，後世の攪乱や移動の可能性は十分にあるし，鏡と明らかに時期のちがう器物が混ざっている「遺跡」も少なくない。しかし，鏡にかぎっていえば，上記のような可能性を想定するのが，資料状況と整合する。

では，具体的にどのように鏡「祭祀」が実修されたのか。前期末葉頃を「第一期」，後期前葉頃〜中葉頃を「第三期」，その中間を「第二期」に三分して，考察をこころみたい。第三期以降に，鏡を欠く後期後葉以降の「第四期」，7世紀（中頃）以降の「第五期」を設定することも可能だが，本論ではあつかわない。

3　画期と評価

(1) 第一期 … 前期末葉（中期初頭）頃

「初現期」とよびかえてもよい。I（・J・K）号巨岩の諸「遺跡」から出土した鏡の時期は，前期後半にいちじるしくかたよっている（表4）。複数面が出土した「遺跡」の鏡群は，すべて前期末葉を下限としている。唯一の漢鏡と目されてきた獣文縁方格規矩四神鏡は，近年の再検討をつうじて，

表4　沖ノ島の各遺跡の鏡の時期

位置	遺跡	出土鏡の時期（上段＝倭製鏡、下段＝中国製鏡）					鏡の最新期
		前期前半	前期後半	中期前半	中期後半	後期前半	
I（J・K）号巨岩	18号遺跡		1				前期末葉
		1	3				
	18号遺跡(推定)		3				前期末葉
			2				
	17号遺跡		16				前期末葉
			3				
	16号遺跡		1				前期末葉
			1				
	15号遺跡		1				前期末葉
	19号遺跡		1				前期後葉
	23号遺跡		1				前期後葉？
F号	21号遺跡		1		2	1	後期前葉
						2	
D号	8号遺跡					1	後期中葉
						1	
	7号遺跡					1	後期前葉～
						1	
B号	4号遺跡(御金蔵)					2	後期前葉～
	4号遺跡(御金蔵)(伝)				4		後期中葉
		1					

＊数字は出土鏡の面数。
＊中国製鏡は時期比定が可能な三角縁神獣鏡と同型鏡群に限定した。
＊同型鏡群は中期末葉～後期前葉に比定した。
＊中期前半≒TG232～TK73併行期、中期後半≒TK216～TK208併行、後期前葉≒TK23～TK47併行期、後期中葉≒MT15併行期。
＊巨岩と「遺跡」の対応関係は小田富士雄（「遺跡の配置・構成」『宗像沖ノ島』I本文、1979）に準拠した。

同型鏡群と共通する特徴を有することが指摘されており[4]、そのとおりであれば漢鏡は皆無となる。

漢鏡7期の画文帯神獣鏡・吾作系斜縁神獣鏡・上方作系浮彫式獣帯鏡をふくむ漢鏡が沖ノ島に皆無であることは、いささか不可思議である。17号遺跡レヴェルの破格の鏡群を副葬する古墳であれば、多くの場合において漢鏡がふくまれている。偶然の可能性もあるが、鏡の古墳副葬に関する筆者の解釈からすれば、一応の説明はつく。筆者は、鏡の長期保有は有力集団の継続にとって根幹的な意味をもち、そうした長期保有鏡が諸地域の有力な初造墳や盟主墳に高頻度で副葬されるのは、卓越した被葬者に付託した形式での保有の継続だと解釈している。とすれば、沖ノ島に長期保有の漢鏡が欠落するのは、奉献主体の有力（諸）集団の同一性を付帯させる鏡ではなく、見栄えする大・中型鏡が選好された結果であろう。

沖ノ島で鏡「祭祀」が開始された時期と契機を明らかにする最良の手がかりを、最初期の「遺跡」であり、卓絶した鏡群を有し、しかもほぼ手つかずの遺存状況を呈していた17号遺跡があたえてくれる（図1）。本「遺跡」の奉献主体として、「大和王権」や「畿内政権」を想定するのが定説である。筆者もこの考えにおおむね異論はないが、せっかくの機会なので、出土状況と鏡群構成を加味して、もう少しふみこんだ検討をこころみる。

17号遺跡の報告において、精緻な出土状況図が提示され、出土状況や「集積」後の移動の可能性なども綿密に検討されている[5]。これらの有用な情報に依拠して検討してみたところ、報告者の原田大六が看破したとおり、集積された鏡群内に有意なまとまりをみいだせる。たとえば、集積中心部から「自然に移動し」ているものの、3面の倭製方格規矩四神鏡がまとまっている。また、魏晋鏡の可能性がある方格規矩鏡1面と「仿製」三角縁神獣鏡3面が重なりあっていることも示唆に富む。倭製内行花文鏡も相互に接する位置におかれている。そして、最底部と最上部の鏡はどちらも倭製方格規矩四神鏡である。少なくとも集積時に、鏡の鏡背文様や出自に一定の配慮がはらわれたことがうかがえる。他方、集積状況をみるかぎり、サイズの大小や製作時期を明確に区別しなかったようである。

17号遺跡の構成鏡群でもっとも際立っているのは、最大（27.1cm）の1号鏡をふくむ6面の倭製方格規矩四神鏡である。18号遺跡（推定）・8号遺跡・沖ノ島（推定）からも各1面が出土している。本系列はきわめて興味深い様相をみせ、濃密な政治的性格をただよわせる。列挙すると、①大・中型鏡で構成され、小型鏡がきわめて少ない、②製作時期は比較的長期におよぶが、各段階において集中的に製作された蓋然性が高い、③畿内地域に出土古墳が偏向する、④特定の古墳・遺跡からまとまって出土する（出土地が明確な約50面のうち20面が沖ノ島17号遺跡・奈良県佐味田宝塚古墳・同新山古墳・岡山県鶴山丸山古墳から出土）、⑤前期後葉前半のJD式の倭製方格規矩四神鏡と古相の「仿製」三角縁神獣鏡の共伴率が高い（④の3古墳・1

遺跡のすべてで両者が共伴），といったことを指摘できる。しかも④の諸古墳と沖ノ島17号遺跡は，倭製方格規矩四神鏡いがいの倭製鏡でも強い共通性を示し，「同工鏡」の共有関係も説かれている[6]。

以上のように，九州北部とは一線を画し畿内の有力古墳と共通する鏡を集積し，集積時に鏡の文様や出自があるていど意識されていることなどからすれば，やはり17号遺跡の鏡の「奉献」には，畿内の有力集団が関与したとみるのが妥当である。旧状を十分にとどめていないが，17号遺跡に比肩する鏡群の存在をにおわせる18号遺跡も，同様の「奉献」主体を考えるべきであろう。

では，宗像地域などの在地勢力は蚊帳の外におかれていたのか。おそらくはそうであったのだろうが，在地勢力が当該期における鏡の「奉献」に関与したという理窟もひねりだせないわけではない。ひとつは，大型・中型の倭製鏡は畿内の有力集団が「奉献」したにしても，17号遺跡やそれ以外のⅠ号巨岩周辺の小型鏡は在地集団が「奉献」した，という理窟である。第2の理窟は，17号遺跡に組成がもっとも類似する鶴山丸山古墳の出土鏡群が，岡山県出土の倭製鏡群に占める超大型〜小型鏡の比率が，ちょうど福岡県における17号（・18号）遺跡に相当することを重視して，在地集団がその保有鏡群を副葬に供さず17号（・18号）遺跡に「奉献」した，という解釈である。ありえないとは断言できないが，現状の資料状況から判断するかぎり，かなり無理な理窟である。

17号（・18号）遺跡を中心にⅠ（・J・K）号巨岩の諸「遺跡」に鏡が「奉献」されたのは，おそらく前期末葉に限定され，短期間の出来事であった可能性もある。筆者のいう「前期末葉」は，多くの論者が「中期初頭」とよぶ時期である。わかりやすくいえば，大阪府古市古墳群に超巨大古墳（津堂城山古墳）が出現する時期である。最近の実年代観からいえば，おおむね4世紀第3四半期に相当する。とすれば，傑出した多数の鏡群を沖ノ島に「奉献」した契機は，あえて説明するまでもなかろう[7]。

(2) 第二期 ・・・ 中期中葉頃〜後葉頃

「停滞期」とよびかえてもよい。主要な中国製鏡と倭製鏡の時期と照合すると，古墳時代中期はいちじるしく停滞する（表4）。中期末葉頃から隆盛する同型鏡群をのぞくと，空白に近くなる[8]。ただ，この期間に存在した蓋然性の高い資料で興味を惹くものがある。素文鏡と西村Ⅲ式[9]の双頭龍文鏡（伝出土）である。本型式の双頭龍文鏡は大阪府百舌鳥古墳群からの出土がめだち，カトンボ山古墳では両者が共伴している。そしてすこぶる興味深いことに，潤沢な倭系遺物が出土して注目を集めた全羅南道高興郡の野幕古墳からも両者が出土している。畿内中枢勢力と韓半島との政治的関係に，当期の沖ノ島がなんらかのかたちで関与していたことを示す証拠といえるかもしれない。このほか，中期後半の倭製鏡が数面あるので，当期にも鏡をもちいた「祭祀」は細々ながらも継続していたのだろう。

(3) 第三期 ・・・ 後期前葉頃〜中葉頃

「復興期」とよびかえてもよい。筆者は後期前葉≒TK23〜TK47併行期，後期中葉≒MT15併行期とみなし，一般説よりも後期を前倒しにとらえているので注意されたい。当期には，4「遺跡」に同型鏡4面をふくむ鏡がおかれた[10]。諸「遺跡」の鏡群の下限は後期前葉〜中葉頃である。しかし，中期末葉前後に隆盛する同型鏡群がどの「遺跡」にもふくまれており，鏡群の使用・設置時期については，①中期末葉頃と後期前葉以降の複数次にわたる，②後期前葉以降の比較的短期間，の2案が考えられる。つまり，同型鏡群と中期倭製鏡の解釈しだいで，復興期の時期が変わってくる。

21号遺跡の諸器物との時期的な対応性や，8号遺跡における同型鏡群と前期倭製鏡の出土地点の相違などを重視すれば①案が，諸「遺跡」における同型鏡群と後期倭製鏡の良好なセット関係を重視すれば②案が有望である。ただ，どの遺跡でも採集品・流出品が少なからず混在し，出土状況が判然としないため，断案はくだせない。しかし筆者は，②案に関する上記の事実にくわえて，21号遺跡と同様に複数面の同型鏡群が出土した熊本県

江田船山古墳に，21号遺跡出土のものと同種の中期倭製鏡が副葬されていたことなどを勘案して，②案がより有力だと判断しておきたい。

　韓半島出土の倭製鏡と同型鏡群のあり方も，論拠としてはさほど強くないが，②案に整合的である。韓半島では，確実な前期倭製鏡の出土は1例のみ，中期倭製鏡は未出土であり，古墳時代前期～中期に倭から当地に流入した鏡はごくわずかであった。ところが，同型鏡群は5面，後期倭製鏡11面というように急増する。同型鏡群のうち3面が後期中葉併行頃の武寧王陵からの出土であることと，当地における中期倭製鏡の不在とを考えあわせるならば，当地への鏡流入が活発化するのは後期前葉頃にくだるのではないかと思われる。近年，沖ノ島21号遺跡から2面出土したのと同型の獣文縁浮彫式獣帯鏡が全羅北道の斗洛里32号墳（後期前葉併行頃）から出土したことも興味を惹く[11]。

　近年，当期における沖ノ島への鏡の「奉献」者として，地元（宗像地域）の勝浦峯ノ畑(かつうらみねのはた)古墳の再整理報告にあとおしされるかたちで，在地集団の積極的関与を強調する見解がますます前面化してきている[12]。この主張はおおむね是認できるが，鏡の入手・製作主体は畿内中枢勢力だと想定できる以上，在地集団の主体性を強調することには一定の留保をもとめたい。また，同型鏡群は宗像地域にとどまらず九州地域に数多く分布するし，韓半島に後期倭製鏡をもたらしたのは九州北部地域の有力者である可能性があるので，宗像地域いがいの有力集団の関与も考慮すべきである。

　当期（後期前葉頃～中葉頃）の実年代は，おおよそ5世紀末～6世紀前半頃になる。中期末葉をふくめれば，5世紀第4四半期～6世紀前半頃になる。ここでも史料と節合しやすい年代がはじきだされたわけである。

　筆者は史資料の忽卒な繋合を好まないので，考察はここまでにとどめる。ただ，沖ノ島における鏡を使用した「祭祀」が，列島と韓半島との重要な政治的関係と深く結びついていたことは，本論の検討から明白であろう。

註

1) 重住真貴子・水野敏典・森下章司「沖ノ島出土鏡の再検討」『考古資料における三次元デジタルアーカイブの活用と展開』奈良県立橿原考古学研究所，2010年
2) 下垣仁志『古墳時代の王権構造』吉川弘文館，2011年，同『日本列島出土鏡集成』同成社，2016年，同『古墳時代の国家形成』吉川弘文館，2018年。筆者は「仿製」三角縁神獣鏡や方格T字鏡などを中国製鏡だと判断しているので注意されたい。
3) 脇山佳奈「祭祀遺跡・集落遺跡出土の仿製鏡」『千歳下遺跡発掘調査報告書』広島大学大学院文学研究科考古学研究室，2012年
4) 柳田康雄「沖ノ島出土銅矛と青銅器祭祀」『「宗像・沖ノ島と関連遺産群」研究報告』I，「宗像・沖ノ島と関連遺産群」世界遺産推進会議，2011年。ただそうなると，本鏡は18号遺跡の鏡群よりいちじるしく時期がくだることになる。本「遺跡」はI号巨岩上のめだつ場所に位置するので，本鏡はのちに追置された可能性もある。
5) 原田大六「十七号遺跡 遺物の出土状態」宗像神社復興期成会 編『続沖ノ島』1961年
6) 川西宏幸「前期畿内政権論」『史林』64―5，史学研究会，1981年
7) 沖ノ島をのぞくと，祭祀関連遺跡では大型はおろか中型の倭製鏡すら出土例がない。しかし近年，「大和石上神宮出土」と伝える径16cmの倭製方格規矩四神鏡が報告されており，その系列と出土地は暗示的である。鯨井秀伸編『木村定三コレクション研究紀要』2011年度，愛知県美術館，2011年
8) 中期～後期の倭製鏡の研究は最近になって躍進をとげており，本論の時期比定に変更が生じる可能性もある。とはいえ，大幅に変動することはないだろう。
9) 西村俊範「双頭龍文鏡（位至三公鏡）の系譜」『史林』66―1，史学研究会，1983年
10) ただし，21号遺跡をはじめ，採集品や流出品などが少なくないため，鏡群の設置状況が不分明な憾みがある。とくに4号遺跡には諸「遺跡」採集品が集積されている。しかし，鏡にかぎっていえば，4号遺跡は時期的によくまとまっている。
11) ただし，武寧王陵出土鏡をはじめ韓半島出土の同型鏡群が列島から当地へもたらされた確証はない。
12) 辻田淳一郎「九州出土の中国鏡と対外交渉」『沖ノ島祭祀と九州諸勢力の対外交渉』2012年　など

沖ノ島の金銅製龍頭

石洞美術館
弓場紀知
（ゆば・ただのり）

1 金銅製龍頭の発見

　沖ノ島祭祀遺跡の発掘は1953年に始まり71年までの3次にわたる調査で約3万点の遺物が出土し、すべて国宝に指定されている。出土品は4世紀から10世紀まで多岐にわたる。沖ノ島出土品を特徴づけている遺物が新羅製の金銅製馬具や金製指輪、中国産の三彩陶器、ササン朝ペルシャ産のカットグラスなどの外国製品。なかでも5号遺跡出土の金銅製龍頭（口絵10）はかつて日本国内の遺跡から出土したことがなく、韓国や中国でも出土例は極めて少ない。さらにいえばその発見には謎が多い。

　龍頭の発見は1969年4月4日。第3次調査の予備調査で渡島した隊員の一人、松見守道氏（当時出光美術館事務局長）が自身で考案した金属探知機を使って5号遺跡で遺跡の地表を操作していると探知機が強く反応した。『宗像沖ノ島』[1)]の調査記録には「操作を繰り返していると、探知音が反応を示し、電流計が大きく揺れた。もっとも反応の強い所を掘り下げていくと、深さ20cmのところから金銅製龍頭一対があらわれた。今回の予備調査では考古学的発掘は行わない建前であり考古学関係者もいないため処置に困ったが盗掘のおそれや本調査再開の時期などを考えて、これを辺津宮まで移すことにした」とある。この予備調査は同年4月2日から7日までの6日間。地形測量や、秋の調査のための事務所、宿舎、電気設備などの設営が行なわれた。考古学関係者はこの予備調査には参加していない。ただ一人、この予備調査に加わった宗像大社の宇都宮諄禰宜は、1958年8月の第2次調査にも参加しており、過去の沖ノ島祭祀遺跡や発掘について経験があった。私は宇都宮氏とも面識があり整理作業でもお世話になった。第3次調査のころ、氏は宗像大社文化財管理局の責任者であり、第2次調査関係者の原田大六氏（1917～1985年）とも親しかった。金銅製龍頭の発見地点は、5号遺跡の南側のB号巨岩の裾である。5号遺跡は、沖津宮社殿から伸びた参道を10mほど登った地点にあり神社関係者、参詣者などもよく通る所である。

　一対の金銅製龍頭は、地表下20cmの腐葉土の下で発見された（図1）。龍頭の1点はB号巨岩に頭を向けており、もう1点は横向きで頭は先の龍頭と反対向き（図2）。『宗像沖ノ島』[1)]の図版75に、発見時の龍頭の出土状態の写真が掲載されている。この写真は予備調査時の記録写真かと考えられる。し

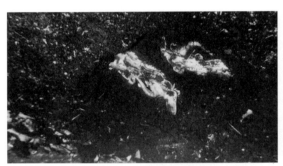

図1　5号遺跡の金銅製品龍頭の出土状態
（背後の岩はB号巨体岩、註1）

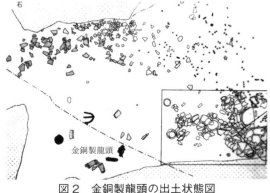

図2　金銅製龍頭の出土状態図
（右側の囲みは土器群の出土状態、註1）

かし発見時の出土状態が原初の「古代祭祀の時期」の状態であった可能性は低い。とにかく龍頭を発見した時点の記録写真を撮り，金銅製龍頭一対は辺津宮に持ち帰られたのである。翌月の1969年5月，岡崎敬団長，小田富士雄副団長も加わり第2回予備調査が行なわれた。しかしその時には，金銅製龍頭が発見された5号遺跡での調査や発見時の検証は行なわれていない。5号遺跡の本格的調査は，同年9月に行なわれた。調査団の佐田茂氏による「第3次調査の経過」にも5号遺跡の金銅製龍頭の発見時の記載があるが，予備調査団の記録と大きな差異はない。ただ「予備調査で金銅製龍頭が発見されたことは，まだまだ沖ノ島祭祀に未知の部分が多いことを推測させるに十分であった」と淡々と記している。金銅製龍頭について報告書に論文を寄せている岡崎敬氏も発見時の状況については予備調査の記録を踏襲しており，「一同息をのんで，声もなく驚くほかなかった」と記している。この4月の予備調査での金銅製龍頭の発見について，調査団の代表の岡崎敬氏に予備調査団からどのような報告がされたのかは記録がない。この5号遺跡から発見された金銅製龍頭発見に疑問を投げかけたのは，第2次調査団の原田大六氏である。それについては後述する。

2 金銅製龍頭が発見された5号遺跡

先述したように5号遺跡（図3）の本格的調査は，1969年9月に行なわれたのである。しかしこの5号遺跡は，1954年の第1次第1回調査でその存在が確認されているが発掘調査は行なわれておらず，遺跡の確認と表面採集だけが行なわれた。『沖ノ島』[2] 57～58頁に，鏡山猛氏（第1次調査現地主任・九州大学助教授）が遺跡の形態と採集遺物について報告している。採集遺物は，土師器9点，須恵器甕片49点，器台4点，鉄製の剣，刀，斧，金銅製品5点である。土器は第3次調査でB号巨岩の裾からまとまって出土しており，第1次調査出土の器台もこれにつながる遺物である。『続沖ノ島』[3] の第7章第3節に，「四号・五号その他の遺跡の遺物」（255～258頁）として調査担当者の原田大六氏が報告している。報告書では遺跡は「未調査」とされている。それには「用途不明の金銅製品」と「短冊形銅板」について報告と実測図（第124・125図），写真図版（図版103下段, 104）に金銅製榻，滕（たたり）, 円板, 麻筍（おけ）などが掲載されている。榻

図3 5号遺跡全景（金銅製龍頭は右側のB号巨岩の裾から出土）

と滕は紡織具の雛形であり，同一の遺物が第3次調査でも5号遺跡から出土している。円板は儀鏡である。金銅製品は先端が撥状で反対側が裾広がりになった板状の銅製品。報告書では「箱」のようなものかと記載しているが，この銅製品は第3次調査で注目された雛形五弦琴である。実測図では3点分の琴の先端と胴部であると思われる。第3次調査では金銅製五弦琴が1点完全な姿で出土しており前回の調査と合わせると4点の雛形琴が出土したことになる。第3次調査で金銅製の雛形祭具は5号遺跡の最奥部からまとまって出土しており，『続沖ノ島』[3] 報告の金銅製雛形品もこの地点から出土したと考えられる。しかし第1次調査の5号遺跡出土遺物は重要文化財から洩れており，その所在は今もはっきりしない。私自身もこの5号遺跡の遺物については実見していない。この1954年の5号遺跡の調査では，土器，金銅製品，鉄器などが採集されたが，金銅製龍頭は発見されていない。

3 2つの金銅製龍頭

第3次調査で出土した2点の金銅製龍頭をA龍頭，B龍頭とする。大きさはA龍頭が長さ20cm, 重さ1,645g, B龍頭が長さ19.5cm, 重さ1,670gでほぼ同形同大で製作の時期，製作地は同じと考えてよい。2つの龍頭は基本的にはほぼ同形である。先端が龍頭で大きな嘴が上下にのび，上下の嘴の接点に鉄芯を差し込んだ径1cmの孔がありA龍頭には鉄芯が残っている。鉄芯を埋め込んだ孔は胴体の空洞

部につながっている。胴部上段には大きな眼窩と球形の龍眼，背には断面菱形の湾曲した角，横U字形に長く伸びた龍口と6本の歯列，裂けた龍口の前には上にそりあがった牙，湾曲した鰭が背に2本，腹の前後に2本ずつ，龍口の後部に重なりながら大小4本あり龍眼と共に龍頭の居丈高さを表わしている。鰭の付け根には瓢箪形の飾りが鰭の付け根から龍口下方部に5つつけられている。最後部は径3.1cmの円筒がのび本体とつながっている。円筒の先端には径2mmの釘孔痕が左右にあり，この釘孔が本体と柄が接合されていたのである。A，B2つの龍頭の形態，装飾はほぼ同じであるが細部の装飾や大きさは少し異なっており，同じ型で製作されたものではない。龍頭の地金は銅製，製作は鋳造で全面に金銅が施されている。経年のために部分的に緑青が吹いているが本体まで進行しておらず，龍頭が長く地中下していたのかどうか疑問である。地表下20cmの腐葉土から発見されたと報告されている。どの時期にこの地点に埋められたのかは興味ある問題である。

4 金銅製龍頭の製作地・時代・使用法

1969年に発見された一対の金銅製龍頭についての見解を最初に書いたのは，中国美術史家の杉村勇造氏（当時出光美術館顧問）である。氏は第3次調査概報（1970年），『海の正倉院―沖ノ島』[4]で製作地は中国，製作時代は東魏時代・6世紀中葉であることを，敦煌石窟壁画や天竜山石窟の龕の装飾の龍頭浮彫から推測している。天竜山石窟は北朝から唐時代に造営された石窟で，1922年に『天竜山石窟』として日本で出版されており，天竜山石窟伝来の仏教彫刻や龕の装飾浮彫品は戦前山中商会を通じて日本・欧米の美術館やコレクターの収蔵品として納められている。出光美術館にも，伝天竜山石窟の龕装飾とされている石製の龍頭浮彫が収蔵されている。収蔵の時期や収蔵経緯ははっきりしない。私は1974年に出光美術館の学芸員として勤務したが，その時にはこの龍頭浮彫は出光美術館に収蔵されていた。先の杉村論文にもこの龍頭浮彫が引用されている。龍頭浮彫は，1969年以前に出光美術館に収蔵されたと考えられる。

浮彫の材質は花崗岩で，龍頭浮彫の龍の形態は沖ノ島5号遺跡出土の金銅製龍頭とよく似ている。原田大六氏は，5号遺跡出土の金銅製龍頭は出光美術館が第3次調査を宣伝するために古美術商から購入したものではないかと『日本古代遺跡便覧』（社会思想社刊）の沖ノ島の項で書いている。その根拠についてははっきりしない。原田氏はその理由について，新聞発表時に金銅製龍頭が紫色の袱紗（ふくさ）に載せていたからと書いてあったように記憶しているがあまり積極的な論旨ではない。むしろ原田氏がこの龍頭の発見に疑問を呈したのは，原田氏自身が5号遺跡の調査者であったことだろう。しかし，5号遺跡は1954年の第1次調査で確認されており，鏡山猛氏が『沖ノ島』[2]で報告している。『続沖ノ島』[3]の原田報告は第1次調査の追加補報告と考えるべきで，この5号遺跡調査には原田氏は加わっていなかったのである。『宗像沖ノ島』[1]では岡崎敬氏が「金銅製龍頭」について論考を寄せている。主要な論旨は杉村論文を踏襲している。製作地は中国，製作時代は東魏時代。その伝来は『日本書紀』の「欽明天皇23年」（562年）8月の項の「五色幡二棹」とある「棹」の先端に金銅製龍頭が使われたのではないかという。これも杉村論文の踏襲である。岡崎論文では，この金銅製龍頭の類品として中国唐時代の金銅製龍頭や韓国新羅時代の雁鴨池遺跡出土の金銅製龍頭（図4）栄州郡出土の巨大な金銅製龍頭（図5，長さ91cm・重さ50kg）などをあげているが中国説という考えは変わらない。結論として「沖ノ島出土の金銅製龍頭が一対であり，龍の様式も東魏時代と一致する。この五色の幡二棹も東魏の交渉で得られたとは考えられず，高句麗を介して獲得したものを宗像大社に奉献」したものではないかとしている。

私はこの金銅製龍頭の製作地，時代について，製作地は新羅，製作年代は統一新羅時代ではないかという論文を『国立歴史民俗博物館研究報告』7に載せたのである。その根拠としたのが，岡崎論文にも引用されている韓国栄州郡出土の巨大な金銅製龍頭の形態と細部の装飾である。栄州郡出土の巨大な金銅製龍頭は1976年に発見され，1983

図4 慶州雁鴨池出土の金銅製
龍頭（長さ16.4cm, 統一新羅時代）

図5 栄州出土の金銅製龍頭
（長さ91cm, 統一新羅時代）

図6 金銅装石突
（長さ30.6cm, 8号遺跡出土）

年に開催された「韓国古代文化展」にも出品され、私もこの作品を詳しく観察することができた。現在韓国国立中央博物館で展示されており、そのレプリカが大邱博物館でも展示されている。統一新羅産なのか、中国唐時代産なのかははっきりしないが、その形式から見て統一新羅産と考えられる。統一新羅時代とすれば7世紀後半から8世紀と考えるのが妥当である。杉村説、岡崎説の6世紀後半説は時代や製作地について齟齬がある。両氏のいう金銅製龍頭の東魏→高句麗→大和朝廷説も再検討する必要がある。むしろ統一新羅から直接大和朝廷、もしくは奈良朝廷に奉献されたのではないかと考える方が妥当なのではないだろうか。

この一対の金銅製龍頭の使用法について杉村、岡崎氏は「五色の幡」の「竿」の竿頭として使用されたのではないかとする考えを敦煌石窟壁画や、新羅時代や高麗時代の仏事のしつらいなどの例から述べている。おそらくその通りであろう。この竿の石突と考えられるものが8号遺跡から出土している「銀装金銅矛鞘」（図6）とされている武具である。円筒形の金銅製矛鞘は鉄芯が詰まっている。報告書『沖ノ島』[2]では鉄芯は鉄矛とされている。鞘は長さ30.6cm、鞘径は3.1cm。龍頭の筒径が3.1cmでありこ

の矛鞘の径と同じである。この金銅製矛鞘は、1954年8月の第1次2回の調査で8号遺跡の西南部の地表下から出土している。8号遺跡は、参道に沿ったD号巨岩の裾の5号遺跡の北方10mにある。5号遺跡出土の唐三彩片は、8号遺跡の南側のD号巨岩裾の7号遺跡から出土しており、矛鞘も原初は5号遺跡に奉納されたと考えられる。

5 おわりに

金銅製龍頭の発見、出土の状況、作品などについて過去の報告書から改めて検証をしてきた。沖ノ島遺跡の出土品のいくつかは原位置を保っていないものがある。唐三彩片は5号遺跡と7号遺跡から出土している。金銅製龍頭を飾ったと考える竿の石突の装具が8号遺跡から出土している。唐三彩と金銅製龍頭はもともと5号遺跡に奉献されていたが、後世に人為的に移動されたのであろう。5号遺跡の年代は出土遺物から判断して7世紀後半、もしくは8世紀初頭と考えられる。金銅製の雛形祭具、祭祀用土器そして唐、もしくは統一新羅から将来された三彩陶器、金銅製龍頭などを奉献した祭祀の主体は大和朝廷であったと考えられる。

註
1) 第三次沖ノ島学術調査隊 編『宗像沖ノ島』宗像大社復興期成会、1979年
2) 宗像大社復興期成会 編『沖ノ島』吉川弘文館、1958年
3) 宗像大社復興期成会 編『続沖ノ島』吉川弘文館、1961年
4) 毎日新聞西部本社学芸部 編『海の正倉院 沖ノ島』毎日新聞社、1972年

参考文献
岡崎 敬・小田富士雄・弓場紀知「沖ノ島」『神道考古学講座5 祭祀遺跡特説』雄山閣、1972年
小田富士雄 編『沖ノ島と古代祭祀』吉川弘文館、1988年
九州国立博物館『宗像・沖ノ島と大和朝廷』2017年
九州前方後円墳研究会『沖ノ島祭祀と九州諸勢力の対外交渉』2012年
弓場紀知『古代祭祀とシルクロードの終着地・沖ノ島』新泉社、2005年

沖ノ島の滑石製品

宮内庁書陵部
清喜裕二
(せいき・ゆうじ)

1 はじめに

沖ノ島（沖津宮周辺）からは，多種多様な遺物とともに滑石製品も数多く出土している。これらは，「石製模造品」「石製形代」と呼ばれることも多いもので，祭祀で使う道具を「滑石」など軟らかく加工しやすい石材で製作したものである。すでに一連の報告書中で出土遺跡ごとに整理され，その変遷の様相も明らかにされており，沖ノ島研究の基盤として今も重要な位置を占める。

一方で，滑石製品に限らず，沖ノ島祭祀や出土遺物に関わる評価については，その後，新たな調査成果や研究の蓄積があり，その中に位置づける試みも必要であろう。すでに個別に行なわれているものもあるが，本稿では沖ノ島出土に限らず，中津宮・辺津宮近辺を含む宗像地域の様相も見ながら，概略的ではあるが，沖ノ島出土の滑石製品について考えてみたい。

2 研究略史

滑石製品は，沖ノ島出土資料への注目のごく初期から取り上げられてきた。それらは，製作技術に注目したものや，形態分類を行なうなど，研究の基礎部分に根差したものであり，その後の沖ノ島の報告書内での検討や，九州における滑石製品の製作遺跡や製作技術の研究に連綿と受け継がれているといってよいであろう。とくに臼玉は，「板チョコ状加工品」とも表現される特徴的な製作工程が推定されたこともあり，研究が進められている[1]。近年では，滑石製品や沖ノ島を主題とした研究会などにより，地域における資料の集成や再検討などが進んでいる[2]。また，韓国竹幕洞遺跡から滑石製品が多量に出土した事例（口絵18）は，沖ノ島祭祀と滑石製品について改めて検討する機会になった。

そのほか，世界文化遺産登録に向けた沖ノ島に関する総合的研究の中でも，俎上に載せられている[3]。

沖ノ島祭祀は，一連の調査の結果，出土遺物から各遺跡の年代が推定されて，そこから順次祭祀場の変遷が考えられており，現在も大きな流れとしては変更を要しないと考えられる。その中で，年代の異なる遺物が混在する状況などを踏まえて，各遺跡における祭祀について，同一箇所における回数の再検討や，手順とそれに対応する場を想定しながら，各遺構や遺物の出土状況を捉え直す検討が進められている[4]。

3 沖ノ島の滑石製品

ここでは，滑石製品に関する基本的な事項を確認しておきたい。

出土地 沖ノ島祭祀遺物というと，一般には沖ノ島の出土に限られると思われがちだが，宗像三社と言われるように，沖津宮（沖ノ島）・中津宮（大島）・辺津宮（宗像市田島）と3ヵ所に分かれており，滑石製品はいずれからも出土，あるいは伝世したものが知られている。年代によっては，より詳細な検討が必要であるが，おおむね各所で同様の祭祀が行なわれていた可能性が高いと考えられるようになってきた。

器種 各所から出土した滑石製品は，以下のとおりとなる。

　　a. 玉（勾玉・管玉・棗玉・臼玉・平玉)，b. 子持勾玉，c. 有孔円板，d. 剣形品，e. 斧形品，f. 人形，g. 馬形，h. 舟形，i. 石釧，j. 武具形（短甲形)，k. 器種不明品

必ずしも3ヵ所すべてで確認されているわけではない。その変遷の概略を図1に示した。

これらのうち、多くは古墳時代に属するものであるが、人形・馬形・舟形は律令期（奈良・平安時代）に属するものである。また、玉や円板類は時期により出土量に違いがあるものの、時代をまたいで使用されている。ただし、大型化が進む7世紀後葉頃からの5・20・22・1号遺跡出土品などは、古墳時代からのつながりが途切れて、新たな使用目的をもって製作されたと考えられている。

製作地　直接的に沖ノ島に供給した製作遺跡については、まだ明らかになっていない。剝片などの存在から現地での製作の可能性が指摘されるほか、辺津宮付近では、宗像市富地原神屋崎遺跡が5世紀後葉頃からの滑石製品製作遺跡として知られており、候補のひとつとして考えられる。また、滑石製品の製作遺跡は、糟屋地域に多く分布しており、石材産出地と製作地が近接しているとともに、宗像地域とも隣接していることが判明し

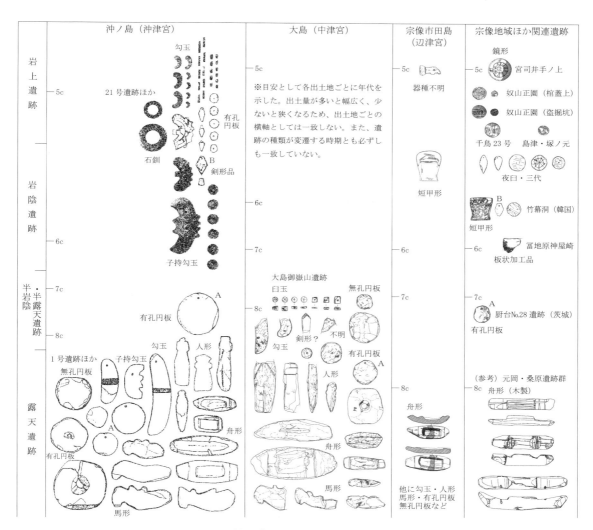

図1　沖ノ島ほか出土滑石製品の変遷
（沖ノ島出土品は『宗像 沖ノ島』I 本文 Fig121 から引用。
ほかの実測図は、各遺跡の報告書・資料紹介から引用。スケールは1/10）

ている。

石材産地 沖ノ島で使用されている滑石製品の石材産地としては，糟屋地域東部に広がる三郡山地が知られている。九州においては，そのほか長崎県の西彼杵（にしそのぎ）も滑石産地として知られるが，消費地までの距離などを考えれば，三郡山地から入手したと考えるのが適当であろう。

4　滑石製品の様相

ここでは，先に挙げた滑石製品のうち，有孔円板や剣形品，および滑石製形代とも呼称される人形・馬形・舟形などに焦点を当てていくつかの点について，現状を概観しておきたい。

(1) 新たな祭祀具の導入

5世紀中〜後葉に有孔円板や剣形品が加わる祭祀遺跡が広く全国的に展開するが，ここでは，主に宗像地域における導入期の様相と沖ノ島との関係についてみてみる。全国的にみた場合でも，出現期の資料を含めた5世紀前葉の資料は，続く時期と比較して多くはない。これまでの先学の検討を参考に抽出すると，北部九州でこの時期に該当する遺跡は，おおむね図2に挙げた事例となる。

ひとまず宗像地域でみると，いくつかの祭祀土坑や住居出土例を除くと，古墳もしくは古墳群内出土事例が多いようである。いずれも①小規模古墳，②土坑や周溝内から出土，③古墳（古墳との関係が強い遺構）の場合は1点の出土，と共通点が多いほか，単孔の個体が多い傾向にあるなど，一定の規範をもって導入されたと考えられる[5]。

その中で，一定の規模と豊富な副葬品を持つ福津市奴山正園（ぬやましょうぞの）古墳は，11点が出土しているほか，双孔の個体が多いなど，古墳出土例の中では異なる特徴をもつ。

(2) 奴山正園古墳の評価

次に，やや異質な様相の奴山正園古墳についてみてみよう。有孔円板は，7点が棺蓋上で原位置を保ち，4点が採集品で盗掘坑排土に含まれていたと考えられる。採集品の正確な位置や配列の状況はわからないが，棺外の別の場所にあったか，棺内にあったものと考えられる。興味深いのは，報告書では棺蓋上の資料と採集品での石材の特徴の違いが指摘されているが，加えて筆者が実見の結果，石材のみならず製作手法も異なると判断できる。この特徴から製作者が異なっていることは間違いないと思われるが，供給元としての製作地や製作された時期の違いまで示すか否かはわからない。いずれにしても，製作単位が配列上の違いに対応しており，かつ採集品の一群が極めて丁寧に製作されていることが注意される。近隣の有孔円板出土古墳のあり方と異なり，その製作体制や古墳における儀礼を考える上で基礎的な情報でもあり，今後の検討材料としたい。

滑石製品の使用だけでなく，刀剣類の大量副葬とその配列方法も特徴的である。近畿地方の古墳で比較すると，大阪府堂山1号墳のあり方との類似を指摘できよう。また，墳丘上での土器祭祀に須恵器が使用されている点も共通点として挙げられる。

一方で，肝心の滑石製品の使用に関しては，堂山1号墳では，紡輪（紡錘車）の存在が確認できるが，有孔円板の使用は認められない。ただし，この時期の近畿地方において，玉類を除く滑石製品の副葬事例じたいが必ずしも多くないことを考えると，器種というよりも副葬行為の共通性を重視すべきかもしれない。

ところで，同型の画文帯神獣鏡の存在から5世紀中葉とされる21号遺跡と勝浦峯ノ畑（かつうらみねのはた）古墳の関係性が指摘されるが[6]，奴山正園古墳は，それに先行して，以後一定の墓域を形成する周辺の古墳群とは距離を置いて築造されている。同古墳の被葬者は，その後全国的に展開していく有孔円板など新たな祭祀具（玉を除く）の，宗像地域と沖ノ島祭祀への導入に深く関わったと考えられ，その背景にはヤマト王権と一定の関係があったと考えられる。

なお，沖ノ島出土資料では，21・6号遺跡から有孔円板，剣形品が知られる。

(3) 石製形代の評価

滑石製品の最終段階に見られるものとしては，玉・円板などに加えて，「形代」とも呼ばれる人

図2 古墳時代後期の胸肩君（ムナカタ氏）の領域と有孔円板等導入期の範囲
（小嶋 篤「「前方後円墳の終焉」から見た胸肩君」『沖ノ島研究』4の図一を引用・改変。遺跡は，註2・5文献を参考に抽出。）

形・馬形・舟形があり，1・3・4号遺跡で知られる（口絵11）。

本来的には木製品・土製品であったと考えられるものであり，とくに木製人形は形態変遷が整理され，年代観も示されている。さらに，沖ノ島の石製人形は，木製人形や金属製人形と表現形態などでの共通性が指摘される[7]。この点は馬形・舟形にも同様のことがいえると考えられ，製作にあたって一定程度の情報を得ていたと考えられよう。また，律令の祭祀具としての木製形代の成立は前期難波宮に伴う7世紀中葉頃まで遡る可能性が指摘されており[8]，これは都城に限られるものではない。

これにより，1号遺跡の形成年代をもう少し引き上げられる可能性もあるが，個別の器種ごとで考えるよりも，沖ノ島の石製形代は，出土状況から3種がセットを成していると捉える方が合理的と思われる。静岡県伊場遺跡での器種ごとの出土状況や，層位的に捉えられた年代観[9]，あるいは近年調査された中津宮と関わる大島御嶽山遺跡の調査結果（口絵13）からも，少し遡る可能性は考慮しつつも8～9世紀とするこれまでの年代観を大きく変更する必要はないように思われる。

また，石製形代を含め，7世紀後半代以降の主要な遺物に対しては，それが厳密に律令的祭祀に伴うものであり，国家的祭祀としての評価につながるか否かについて，議論がある。金子裕之は木製形代（木製模造品）を積極的に律令的祭祀の反映と捉え，沖ノ島の石製形代も同様と理解する[10]。一方，文献史学の研究者を中心に，考古学の立場からも，一律的に律令的祭祀の反映と捉えることに疑義が示されている[11]。

律令的祭祀を直接的に実修するのであれば，まずは木製品である可能性が高く，素材としても入手に困難が伴うとは思われない。現に，福岡市元岡・桑原遺跡群第20次調査において，木製舟形が多数出土している[12]。同遺跡群中では，ほかにも「解除」木簡などが出土しており，まさに律令的祭祀を体現していることが知られる。よって，律令的祭祀に則るならば，沖ノ島においても木製形代の使用があった可能性があるかもしれない。石製品である沖ノ島の事例は，律令的祭祀具を基に宗像地域において模倣・製作しつつも，その使用方法は祓など律令的祭祀の実修とは区別されるものであったのだろうか。

ただし，木製形代は腐朽や使用方法により現地に残らない可能性が高い。石製形代の製作にあたって木製形代の存在が想定される点などからも，沖ノ島における木製形代を使用した律令的祭祀の可能性も考慮する必要があろうか。

さらに，従前沖ノ島に特有と考えられていた石製形代類だが，馬形や人形については関東地方を中心にいくつか類例が知られている。これらには，年代的に1号遺跡を遡ると考えられるものがあ

る[13]。滑石製品は，沖ノ島祭祀の終焉まで使用されるが，笹生衛は，律令体制への移行に伴い石製模造品の器種構成に，古墳時代の遺制としての側面に加えて，律令的祭祀具の一部として石製形代類が7世紀中葉に新たに出現したと理解している[14]。

石製形代類を国家的祭祀の一部としての律令的祭祀具として捉えるかどうかは，文献における品目の同一性，使用目的・方法など，多角的な視点からみる必要があり，考古学の側からは，まずは年代観を含めて，使用方法を反映するような情報を出土状況や遺物そのものから抽出できるのかどうか，さらに基礎的な検討を行なう必要があろう。

伊場遺跡で指摘されているような祭祀の階層性という視点も注意されるところである[15]。

5 滑石製品の分布

ここまで沖ノ島の滑石製品について，いくつかの論点を概観してきた。以下，近年の研究成果に照らして，分布に関する現状を確認することで，今後の議論の材料としたい。

(1) 沖ノ島出土滑石製品と他地域の関係

沖ノ島出土の有孔円板は，中央部に1孔のみ穿孔されたもので占められることが知られている。それ以外に，1号遺跡ほかで縁辺部に穿孔のみられる円板がある（図1-A）。また，剣形品では，沖ノ島出土品の中では21号・6号遺跡で確認されている，菱形を呈するものがある（図1-B）。これらについては，沖ノ島を含む北部九州と中・四国西部に分布することが指摘され，加えて玉の一大生産地である奈良県曽我遺跡や，大阪府池島・福万寺遺跡からも出土していることが指摘されている[16]。また，有孔円板については，宗像大社と同じく神郡が設置される茨城県鹿島神宮近辺の厨台No.28遺跡SB43からも出土しており[17]，剣形品は，韓国竹幕洞遺跡にも認められる。遠隔地間でも認められることや出土遺跡の性格などから，その分布の点と面についての背景と系譜関係などは今後の検討課題といえよう。

(2) 滑石製品と「ムナカタ氏」の活動領域

沖ノ島祭祀に主体的に関わった「胸肩君」（「ムナカタ氏」）の活動領域について，小嶋篤は石室と土器から詳細に検討してその範囲について示した[18]。Ⅰ～Ⅳに区分されるその領域のうち，池ノ上宏は核となる第Ⅰ領域が古墳時代における「胸形君」（「ムナカタ氏」）の領域とする[19]。そこに，先に有孔円板や剣形品の導入に関して触れた遺跡を落とし込んでいくと，比較的きれいに第Ⅰ領域内に分布するようである（図2）。あくまで現状であり，福岡平野や筑後平野にも分布のまとまりがみられるが，少なくとも沖ノ島祭祀に使用されるにあたって，後のムナカタ氏の活動領域内の中心部が，ある程度面的に導入された地域のひとつであったということがいえそうである。

また，石製形代に関しては，先にも述べた元岡・桑原遺跡群における律令的祭祀との関わりを考える上で[20]，福岡市西部の今津湾沿岸地域にも顕著な活動痕跡が認められることは見逃せないだろう。

6 まとめ

滑石製品は，その時代・時期の祭祀の特徴を示しながら，沖ノ島祭祀の始まりから終焉を迎えるまで，ほぼ一貫して使用された稀有な資料といえるであろう。

その中で，導入期にあっては，有孔円板の事例から，一定の密度をもって宗像地域に導入されたことが推定される。その中心的存在と考えられる奴山正園古墳の様相からは，近畿地方の古墳との共通性が看取され，ヤマト王権との関係性の中で理解し得るものであろう。しかし，有孔円板や剣形品の形態や，臼玉の製作技術にみられる特徴的な要素の系譜など，明らかになっていないことも多い。

一方，時代が下り，人形・馬形・舟形に代表される律令的祭祀に関わると考えられる器種については，製作にあたって木製形代の影響下にあると考えられるものの，使用方法などから推定される評価については，なお課題を残しているといえる。文献からは沖ノ島祭祀に関する国家の関与が，時代が下るにつれて相対的に低下することが指摘されるが，滑石製品では律令期に移行する段階で，

新たな特徴を備えて再編成，刷新される様相がみられる。その点では，国家の関わりの強弱の検討や評価を考える上での良好な材料となり得るかもしれない。

このようにみてくると，沖ノ島祭祀の滑石製品は導入期についても終末期についても，実は考古学的に検討すべき余地が多いことがわかる。滑石製品そのものからも，どのような情報が抽出できるのか，さらに研究を深めていくことが求められる。

沖ノ島に関しては，滑石製品に限っても分厚い研究史があり，そのすべてを挙げることができない非礼をお詫びしたい。下記に挙げたもの以外にも実に多くの文献から知見を得たことを明記しておきたい。

また，本稿作成にあたり，下記の方々，機関からは資料の実見や文献の探索にあたり大変お世話になった。記して感謝申し上げたい（敬称略）。
井浦　一，岡寺未幾，﨑野佑太朗，福嶋真貴子，
須恵町立図書館，福津市教育委員会文化財課，
宗像大社文化局。

註

1) 平尾明久「滑石製臼玉の製作工程」『古文化談叢』55，九州古文化研究会，2006 年　など
2) 糟屋地区文化財担当者会 編『糟屋の石』1998 年。第 54 回埋蔵文化財研究集会事務局 編『古墳時代の滑石製品』2005 年。平尾明久「日韓集落祭祀からみた変化と画期」『沖ノ島祭祀と九州諸勢力の対外交渉』第 15 回九州前方後円墳研究会資料集，2012 年　など
3) 篠原祐一「五世紀における石製祭具と沖ノ島の石材」『「宗像・沖ノ島と関連遺産群」研究報告』Ⅰ，「宗像・沖ノ島と関連遺産群」世界遺産推進会議，2011 年。福嶋真貴子「下高宮を中心とした辺津宮境内発見の祭祀品について」『沖ノ島研究』4，「宗像・沖ノ島と関連遺産群」世界遺産推進会議，2018 年
4) 仁木　聡「沖ノ島遺跡にみる古墳時代遺制について―出土遺物組成の再検討―」『出雲玉作の特質に関する研究』島根県古代文化センター，島根県埋蔵文化財調査センター，2009 年　など
5) 福本　寛「九州及び周辺地域における滑石製模造品」『古文化談叢』73，九州古文化研究会，2015 年
6) 小田富士雄「沖ノ島祭祀遺跡の再検討 2」『「宗像・沖ノ島と関連遺産群」研究報告』Ⅱ-1，「宗像・沖ノ島と関連遺産群」世界遺産推進会議，2012 年
7) 泉　武「律令祭祀論の一視点」『道教と東アジア―中国・朝鮮・日本』人文書院，1989 年
8) 金子裕之「考古学からみた律令的祭祀の成立」『考古学研究』47-2，考古学研究会，2000 年
9) 鈴木一有「伊場遺跡群における古代祭祀の変遷」『古代文化』65-3，2013 年
10) 金子裕之「都城と祭祀」『沖ノ島と古代祭祀』吉川弘文館，1988 年
11) 西宮秀紀「文献からみた古代王権・国家のカミマツリと神への捧げ物―沖ノ島祭祀の歴史的前提―」『「宗像・沖ノ島と関連遺産群」研究報告』Ⅱ-1，「宗像・沖ノ島と関連遺産群」世界遺産推進会議，2012 年　など
12) 菅波正人 編『元岡・桑原遺跡群』8，福岡市教育委員会，2007
13) 鹿沼栄輔 編『長根羽田倉遺跡』（財）群馬県埋蔵文化財調査事業団，1990 年
14) 笹生　衛「沖ノ島祭祀遺跡における遺物組成と祭祀構造―鉄製品・金属製模造品を中心に―」『「宗像・沖ノ島と関連遺産群」研究報告』Ⅰ，「宗像・沖ノ島と関連遺産群」世界遺産推進会議，2011 年
15) 前掲註 9 文献に同じ
16) 佐久間正明「武具形石製模造品考」『考古学雑誌』99-1，日本考古学会，2017 年
17) 笹生　衛『神と死者の考古学』吉川弘文館，2016 年
18) 小嶋　篤「墓制と領域―胸肩君一族の足跡―」『九州歴史資料館論集』37，九州歴史資料館，2012 年。小嶋は，この領域をあくまで石室と土器から捉えられる限られた時期のものとして提示している。
19) 池ノ上宏「胸形君の古墳と新原・奴山古墳群」『月刊考古学ジャーナル』707，ニューサイエンス社，2018 年
20) 楢﨑直子「筑前国志麻郡における律令期祭祀と卜部の関係―元岡・桑原遺跡群第 20 次調査から―」『伊都国歴史博物館紀要』4，伊都国歴史博物館，2009 年

沖ノ島の鉄鋌

徳島大学名誉教授
東　潮
（あずま・うしお）

1　沖ノ島祭祀場の鉄鋌

　鉄鋌の奉納祭祀は，正三位社前の土壌埋納と，21・6号・16号遺跡の巨岩・岩陰祭壇の祭場でおこなわれた[1]。

　正三位社前遺跡（5世紀前半）では，島の南の崖面の突端部に掘られた浅い土壌内で鉄鋌8枚の束と20cm離れて1枚の9枚，鉄刀子・鉄剣片，土師器がかたまっていた。土壌上部の石塊上から，長さ26cm以上で一辺1.5〜2.0cmの方形断面の棒状鉄製品（棒鉄）が伴出する。

　21号遺跡（5世紀中葉）で，鉄製武器（刀・剣・鏃・刀子・斧）・武具（衝角付冑）・農工具（鋳造鍬・鎌・斧・鉋）の実用品に鉄製模造品（刀・鑿・斧・有孔円板・環）・石製模造品（有孔円板，剣形・斧形）の祭祀品がともなう。

　6号遺跡（5世紀後半）では，鉄製武器（剣・刀・槍）・工具（斧・針・鉇）、馬具（轡）と鉄製模造品（円板・刀・刀子・斧・鉇・矛）・石製模造品（剣・斧）がくみあわさる。

　16号遺跡（5世紀末〜6世紀前半）では，鉄製武器（刀・剣・槍・鏃，蕨手刀子）・工具（斧）と伴出。石製模造品は確認されていない。

　沖ノ島では綾杉紋彫刻の蕨手刀子が，4世紀の17・18号遺跡，5〜6世紀の21・8・9，16号遺跡と辺津宮上高宮古墳で出土している。蕨手刀子は加耶・百済系のものであるが，宗像地域で模倣して鍛冶生産されたとみられる。

2　大和6号墳鉄鋌の形態と生産地

　沖ノ島鉄鋌が奉祭品としてどのように供給されたのか，具体的にさぐることにしたい。

　奈良佐紀古墳群のウワナベ古墳の陪塚，大和6号墳で872枚の鉄鋌が出土している。宮内庁書陵部保管の全資料を計測・計量し，型式学的分類をおこなった。その結果，大和6号墳の鉄鋌は長さ11.1〜17.6cmの範囲の小形品と30.0〜45.0cmの大形品に大別される。

　小形鉄鋌の平均値は長さ14.2cm，最小幅1.4cm，最大幅2.9cm，厚さ0.1cm，重さ20.8g，大形鉄鋌の平均値は長さ36.3cm，最小幅6.8cm，最大幅12.0cm，厚さ0.2cm，重さ428.3g。大形鉄鋌は小形鉄鋌の20枚分である。

　大和6号墳鉄鋌は，0.11〜0.62％（歴博分析）0.19〜0.71％（久野雄一郎分析）の低・中・高炭素鋼（極軟鋼・軟鋼・硬鋼）である。福岡福間割畑1号墳の鉄鋌の金属学的分析[2]によると磁鉄鉱由来の軟鋼（C炭素0.1以下）で，折返し曲げ鍛接の痕跡がとどめる。低温還元法による塊錬鉄と推定された。千葉南二重・愛媛出作・大分萩鶴・岡山窪木薬師・大分下山古墳例は極軟鋼，福岡西神町は軟鋼（浸炭），花笠古墳例は硬鋼である。軟鋼は熱処理で柔かくして鍛打し，農具（とくに鎌）をつくりえる。このように鉄鋌は地金（鋼材）である。

　日韓古代鉄の化学分析によると，高As（アンチモン）・低Sb（ヒ素）のグループ（A群）と低As・高Sb/のグループ（B群），低As・低Sbのグループ（C群）にわかれ，大和6号墳の大小鉄鋌はAグループに属する。A群には蔚山下垈，金海七山洞古墳の鋳造鍬，福泉洞11・21号墓，玉田8号墓の冑がふくまれる。

　蔚山の達川鉱山の鉱石は，0.04〜0.09のチタン（Ti），0.18〜0.24のヒ素（As）を含有する。達川鉱山は近現代にいたるまで操業されてきたが，近辺で三韓時代にさかのぼる採鉱遺構がみつかった。達川鉱山の北東3km，慶州に至る古道に沿う中山

洞製鉄遺跡があり，竪穴とともに溶解炉，鉄鉱石・送風管・鋳型（鍬）がある。近接する古墳群では鉄鋌，鋳造鍬・三本鍬・鎌などの農具，鉄製武器・武具などが副葬されている。加耶・新羅時代の一大鉄場があった。鉄器や鉄材は，金官加耶の東萊福泉洞墳墓群や新羅の慶州古墳群にも供給された。

大和6号墳鉄鋌は，洛東江下流域の釜山東萊福泉洞墳墓群，金海礼安里・加達4号墓，馬山県洞64号墓，宜寧礼屯里1号墳の鉄鋌と同形態であり，その供給地は金海・東萊の金官加耶であった。

大和6号墳の細型鉄鋌（14.2×1.4×2.9cm）は，大阪鞍塚，野中古墳，香川久米池，愛媛魚島大木（13.4～×3.0×3.8cm）や愛媛出作（14.7×1.7×2.9cm），大分萩鶴と同形である。大和6号墳に供給された同形態の鉄鋌が流通している。

奈良布留・南郷・脇田，大阪森・大県など倭政権下の専業鍛冶集落（鍛冶場・鉄所）で生産された。さらに各地に鍛冶集落が存在する。

愛媛出作遺跡は，大規模な鍛冶集落である。鉄鋌は30片以上で，縄紐の痕跡から束単位で供給されている。炉は確認されていないが，切断面のある鉄鋌片や鍛造剝片から集落内で鍛造されている。鉄製農工具（鋳造鍬・又鍬・鋤・鎌・手鎌・斧），鉄製模造品（斧），滑石有孔円板・臼玉の祭祀品が出土している。

3 沖ノ島鉄鋌の製作地

沖ノ島正三位社前の鉄鋌（長さ20.6cm，最小幅3.6cm，最大幅5.5cm）は，日韓出土の鉄鋌分類では

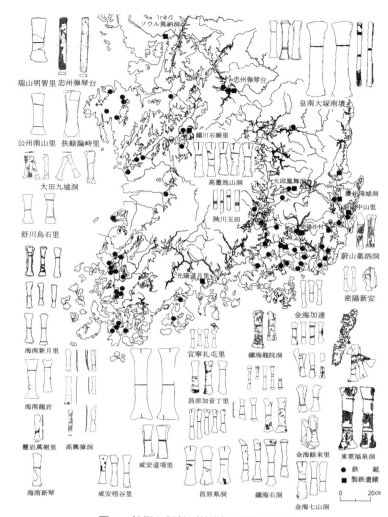

図1 鉄鋌と製鉄（鋳造）遺跡の分布

小型鉄鋌（10.0～22.0, 2.5～5.0）ないしは中型鉄鋌A（22.0～30.0, 2.5～5.0）に属する[3]。

小型鉄鋌は，奈良南山古墳（18.7×3.7×6.1），大阪鞍塚古墳（17.0×2.3×4.2）・野中古墳（16.7×2.8×4.2），滋賀新開2号墳（17.3×2.8×4.9），兵庫余部1号墳，岡山新市谷墓，福岡割畑1号墳（22.2×3.4×6.3），福岡福津丸西ノ後SX7（祭祀遺構）（19.8×2.7×5.5），大分下山古墳鉄鋌（19.8×3.6×6.3）がある。韓国では，釜山福泉洞11号墓（22.3×3.5×5.9），馬山県洞3号墓（19.9×3.2×6.2）。咸安梧谷里8号墳（19.3×3.2×5.7）。中型鉄鋌であるが，兵庫行者塚古墳（24.3×5.0×7.1，高霊池山洞30号墓（23.4×3.9×6.9）も

同一の範疇に属する。

小型・中型鉄鋌の供給地は，洛東江流域の釜山東萊，金海，昌原・馬山の金官加耶を中心として，咸安の阿羅加耶，高霊の大加耶の地域に及ぶ。

正三位卿前の鉄鋌は，大和6号墳の細型鉄鋌と異なるタイプである。福間割畑1号墳や福津西ノ後祭祀遺跡の鉄鋌と同形で，同時期に供給され，沖ノ島に奉祭された。大和6号墳鉄鋌との形態差は，輸入時期や生産地の差であろう。

沖ノ島16号遺跡は，長さ43.0cm，最小幅9.2cm，最大幅10.3cm，厚さ0.7cm，重さ826gである。大和6号墳大形鉄鋌に相当する。長さは大和6号墳の小形鉄鋌の3倍，幅は3.4倍で，大きさが約10倍，小形鉄鋌10枚分である。小形鉄鋌を鍛接して，大形鉄鋌が製作されている。

4 奉納された農具（鋳造鍬）

沖ノ島の奉祭品のなかで，鉄鋌とともに注目されるのは鋳造鍬の多さである。「鋳造鉄斧」とよばれるが，本来の用途は「斧」ではなく，鉄材ではない。

4号遺跡で10片，7号遺跡で12片，8号遺跡で21片（完形品3），21号遺跡で2片がある。

鋳造鍬は，慶尚南道昌原茶戸里1号墓のように三韓時代の紀元前1世紀に生産されている。戦国から前漢時代，農工具として鋳造された钁から発達する。袋部が梯形で刃部がバチ形にひらくようになり，鍬先，タビ（踏鋤）として発達した。鋳造未鍬で，近現代まで使用されてきた農具である。鋳造鍬は畑作用に有用な農具，開墾，耕起にも利用される。刃先が摩耗したものは農具として使用されたものだ。未使用のまま副葬されたもの，儀礼用の農具として奉納されたものがある。2個がセットで二又のタビ（未・踏鋤）に装着される。タビは正倉院の子日手辛鋤のような踏鋤に発展する。

近年新羅の慶州隍城洞，蔚山中山里遺跡，加耶の密陽林川里，加耶の全羅南道光陽道月里，百済の忠清北道石帳里などの製鉄所，製錬炉・精錬炉・溶解炉・鍛冶炉・焙焼炉とともに鍬・棒状品の鋳型が出土する。農具の鋳造生産がさかんにおこなわれていた。

4世紀末の岡山金蔵山古墳，5世紀初葉の兵庫行者塚古墳，5世紀後半の福岡クエゾノ5号墳・山ノ神古墳，5世紀末から6世紀の吉武古墳群，6世紀奈良葛城地域の兵家6号墳・寺口千塚15号墳・南郷佐田クノ木遺跡，橿原東坊城集落址など出土している。近在する奈良御所の室大墓で加耶の船形土器が出土している。これらの鋳造鍬は形態の比較から金官加耶，阿羅加耶の地域から流入したのであろう。

沖ノ島8号遺跡と金海礼安里49号墓のものは，同形である。倭は，5世紀後半代に金官加耶の東萊福泉洞地域集団をつうじて新羅と交渉していた。

5 沖の島祭祀と国際関係

沖ノ島の祭祀は，古墳時代の4世紀後半にはじまる。沖ノ島の鉄鋌をめぐる対馬・朝鮮海峡，玄界灘海域の歴史環境をみる。

『日本書紀』神功紀46年条に斯摩宿禰（しまのすくね）を卓淳国（とくじゅん）につかわす。卓淳の王末錦旱岐（まきむかんき）が斯摩宿禰に「甲子年七月中」に百済人久氏・弥州流・莫古の三人が卓淳国に来たことを告げる。「傔人（したがえるひと）爾波移（にはや）と卓淳人過古（つかこ）と二人を以て，百済国に遣して，其の王を慰労（ねぎら）へしむ。時に百済の肖古王（せうこわう），深く歓喜（よろこ）びて，厚く遇ひたまふ。仍（よ）りて「五色の綵絹（しみのきぬ）各一匹（いとむら），及び角弓箭（つののゆみや），幷（あは）せて鉄鋌（ねりがねそひ）冊枚を以て，爾波移に幣（あた）ふ」とある。

「甲子年」は364年で，百済が卓淳（慶尚南道昌原・馬山付近）などの加耶諸国と交渉を開いた年に

図2　忠州弾琴台土城の鉄鋌

あたる。百済記によるもので史実とされる[4]。

46年条は百済近肖古王の倭王（貴国）への西蕃として服属する朝貢譚で、「鉄鋌冊枚」は倭王が百済王を慰労した見返りの幣帛である[4]。『書紀』編者の造作とみられる。鉄鋌という語は皇極元年（642）条の蘇我大臣が百済の大使翹岐等に「鉄廿鋌」を賜う記事にみえる。神功紀46年条では、百済の近肖古王が倭の爾波移に「鉄鋌冊枚」をあたえる話となっている。

百済の近肖古王時代の鉄材（鉄鋌）が発見された。忠清北道忠州弾琴台土城[5]で4世紀代の鉄鋌40枚が一束となって埋められていた。その平均値は長さ30cm、幅4.1cm、厚さ1.4cmである。総重量は49.782kg、1枚1,245gである。細形厚手の長条形鉄板で、斧状鉄板（板状鉄斧）と薄手鉄鋌の中間にあたる。いわば薄手の鉄鋌の祖形といえる。弾琴台の鉄材の数は、『日本書紀』神功紀の「鉄鋌冊枚」と奇しくも一致する。百済においても10枚1束、10進法にもとづく単位で流通していた。

神功紀49年条によると、百済の将の木羅斤資と沙沙奴跪（不詳の人物）に命じて精兵を派遣、沙白・蓋盧（不詳）と共につかわし、卓淳（昌原）に集い、新羅を撃ちて破る。そうして比自㶱（昌寧）・南加羅（金海）・喙国（熊川、東莱？）・安羅（咸安）・多羅（陜川）・卓淳（昌原）・加羅（高霊）の七国を平定した。卓淳を拠点にして新羅を撃破するが、再び卓淳を平定するという。さらに兵を移して西に廻り、古奚津（蟾津江河口？）に至り、南蛮の忱弥多礼（全羅南道康津）を屠り、百済に賜う。その王肖古と王子貴須が軍をひきいてやって来た。そのとき比利・辟中・布弥支・半古（全羅南道）の四邑が「自然降伏」した。何の抵抗もなく、百済の軍に平伏したと記す。

いわゆる「神功皇后の新羅征討」の史料は、「新羅を撃ちて破る」とあるだけである。「加羅七国平定」記事にしても征服戦争とはいえない。

山尾幸久の神功紀の史料批判によると、「七国」平定記事は史実でなく、「七枝刀」・「七子鏡」献上の縁起をして神功紀編者が添えた作文にすぎない。それは、干支3巡（180年）をくりさげた429年のことである。つまり429年に百済の木羅斤資は沙沙奴跪らを率いて進軍し、大加耶に対する支配権を樹立したという。倭も大加耶と交流する。『書紀』の加羅「七国」とは4世紀ではなく、5世紀中葉のころの加耶諸国の境域関係にあらわす。412年の広開土王碑の「任那加羅」、金海（金官加耶）のことである。『宋書』倭国伝の438年の倭珍の遣使には「任那」とあるが、451年の倭済の遣使には「任那加羅」とある。任那は金官加耶、加羅は大加耶で、加耶諸国に二大勢力があった。『書紀』の「七国」の南加羅（金官加耶）と加羅（大加耶）にあたる。

平野邦雄によると神功紀49年条の加羅七国平定記事には干支もなく、王歴の関係もなく、信憑性のうすい外交関係記事である。末松保和の比定する七国は慶尚南北道の洛東江流域、「四邑」はほぼ全羅南北道の百済の領域にわたる。三品彰英のいう任那諸国を復興するための起原説話である。「四邑」も継体の「任那四県」を百済に割譲したという説話の投影である[6]。

神功紀の加羅七国の平定、忱弥多礼の百済への賜与、比利・辟中・布弥支・半古の四邑の降伏は継体紀の上哆唎・下哆唎・娑陀・牟婁の任那四県、己汶・滞沙の二地の百済への割譲と表裏一体のことである。

広開土王碑にみえる辛卯年（391）に倭が百済・新羅を「臣民」としたというのも、高句麗が侵略戦争の大義名分として倭を仮想敵国としたものである。永楽10年（400）の高句麗の新羅侵攻で男居城から新羅城にいた「倭賊」は敗退、任那加羅の従伐城（金海）は帰服した。永楽14年（404）の帯方郡の戦いで広開土王の親征で「倭寇」は潰敗する。かりに事実があったとしても、その後も倭が加耶や新羅、百済を支配したという事実関係が確認できない。『書紀』の継体紀6年（512）に上哆唎・下哆唎・娑陀・牟婁の任那の四県、継体紀7年（513）に己汶・滞沙を百済に賜与するという記事があらわれる。倭は任那を領域支配していたということである。

このように『書紀』神功紀の倭の新羅襲撃、加

羅七国平定は史実ではない。沖ノ島は海上交通の要所，航海ルート上の道標であり，風待ち・潮待ちの避難港でもあった。沖ノ島祭祀は，海上交通の航海安全を祈願するものである。沖ノ島の祭祀場に奉祭された鉄材（鉄鋌）も，倭と加耶・慕韓・百済との交易や贈与関係によって将来されたのである。沖ノ島は，道標としての海上交通の安全祈願の祭祀場となる

6　倭の五王時代の交流と航海

4世紀代には，金官加耶の金海大成洞や釜山福泉洞墳墓群で倭の巴形銅器（盾飾り）・筒形銅器（銅鐏）が集中して，出土する。倭政権から贈与されたり，鉄材と交換されたものだ。東萊から金海，昌原・馬山地域の諸集落で土師器がみつかる。倭人たちが集住し，鉄の交易などに従事していた。

5世紀代になると，三角板革綴短甲が金官加耶の福泉洞4号墓，阿羅加耶の咸安道項里13号墳，慕韓の海南外島1号墓，霊岩沃野里1号墳などに分布する。甲冑は兵（傭兵）と一体化したものでなく，武器として流通している。鉄材との交換，贈与などの関係をつうじて，ものが動いている。木浦沖の新安ペノルリ3号墓は南海岸から西海岸への沿岸航路上に位置する。倭から慕韓，百済をへて南朝への航路にあたる。

5世紀代の倭の五王の時代に，瀬戸内海の島々に祭祀遺跡が点在する。沖の島から対馬の北端をへて韓国の巨済島，南海岸に沿って，西海岸の百済の竹幕洞祭祀遺跡（全羅北道）に至る。

5世紀末葉，倭武（雄略大王）の時期，画文帯重列式神獣鏡Cの同型鏡が九州から関東地方に分布（現在28面）する。宗像地域で，伝沖ノ島21号遺跡と勝浦峯ノ畑古墳（2面）の3面は熊本江田船山古墳とつながっている。江田船山古墳の冠帽は，5世紀中葉ごろ百済の漢城政権から贈与されたものである。

『宋書』倭国伝の倭王武の上表文「東征毛人五十五国，西服衆夷六十六国，渡平海北九十五国」の東西の諸国は，同型鏡（画文帯重列式神獣鏡C）の分布域であろう。倭武期の倭国の境域といえる。

「海北九十五国」は，武の自称のとおり「使持節都督倭百済新羅任那加羅秦韓慕韓七国諸軍事安東大将軍倭国王」の六国で，宋が認めることはない百済をふくめている。倭武の天下観念があらわれている。「海北九十五国」平定の地域とは451年以来，宋から除正された都督諸軍事権，架空の軍事支配空間にほかならない。

5世紀末から6世紀初葉，栄山江流域に移住していた倭系集団によって前方後円墳が築造される。4世紀以来，七支刀の贈与関係に象徴されるように，百済近肖古王代からさまざまな交通関係が結ばれていた。4世紀末から5世紀初葉，栄山江流域の倭人集団は百済から鍛冶・製鉄技術，慕韓から窯業の技術を伝えた。宗像地域の津屋崎在地小田遺跡や沖ノ島で栄山江流域の馬韓土器（鳥足紋タタキ土器）が出土する[7]。

宗像海人集団は玄界灘から朝鮮海峡，黄海（西海），加耶諸国・慕韓・百済・南朝との海上交易交流にかかわっていた。

註
1)　第三次沖ノ島学術調査隊（岡崎　敬）編『宗像沖ノ島』宗像大社復興期成会，1979年。九州前方後円墳研究会『九州における渡来人の受容と展開』2005年。小田富士雄「沖ノ島祭祀遺跡の再検討―4～5世紀宗像地方との関連で―」『「宗像・沖ノ島と関連遺産群」研究報告』I，2011年
2)　東　潮「鉄鋌の基礎的研究」橿原考古学研究所『考古学論攷』12，1987年。同『古代東アジアの鉄と倭』渓水社，1999年，231頁
3)　大澤正己「福間割畑遺跡出土鉄鋌の金属学的調査」『福間割畑遺跡』福間町文化財調査報告14，1999年，22-28頁
4)　山尾幸久『日本古代王権形成史論』岩波書店，1983年，188-245頁。同『古代の日朝関係』塙書房，1989年，111-168頁
5)　中原文化財研究所『忠州弾琴台土城I』『中原文化財研究院調査報告叢書』81，2009年
6)　平野邦雄『大化前代政治組織の研究』吉川弘文館，1985年，191-245頁
7)　重藤輝行「宗像地域における古墳時代首長の対外交渉と沖ノ島祭祀」『「宗像・沖ノ島と関連遺産群」研究報告』I，2011年

沖ノ島の馬具

福岡大学教授
桃崎 祐輔
(ももさき・ゆうすけ)

1 はじめに

 宗像市沖ノ島は，宗像神湊から対馬北端を経由して釜山・蔚山に向かう国際航路上の要衝にあり，祭祀遺構23ヵ所から遺物約8万点が出土した。うち4・5・6・7・8・9号の6遺跡に馬具を伴い，多くは曝露状態で配列・放置されて出土した。江戸初期には黒田長政が切支丹に祭祀遺物を持ち出させて福岡城内に置くも，神職に返却して島内の谷に埋めさせた。また1888（明治21）年に江藤正澄も遺物の一部を持ち出した。江藤は神職の傍ら，福岡周辺で多数の遺物を蒐集し，一部は1896（明治29）年に伊勢神宮徴古館に納められた。同館蔵品の出土地不詳の金銅装馬具類に，沖ノ島出土品を含む可能性を検討する必要がある（図1）。なかでも双鳳凰文杏葉の文様板残欠は，藤ノ木古墳出土品よりも精巧な出来とされる。また心葉形十字文忍冬文透鏡板の残欠は，前者とセットの可能性が

ある。沖ノ島砲台の守備兵も遺物を持ち出した。調査当時，沖ノ島の祭祀遺物の一部は，石室状をなす御金蔵（4号遺跡）に二次的に集積されていたが，柴田常惠によると，「大正年間御金蔵の整理が行われ土器類は多く破損して完全なもののない為に其儘放棄され，金属類は一括して田島村の邊津宮社務所に保管することゝなったが，これらは大正七・八年頃銅の價格の高かった際に盡く目方にて賣却され，現存するものは其内で完全なものと偶々取殘されたものとに過ぎない。其折の價格で十數圓であった由で，相當の數量に達したものと察せられるが，すべて鑄潰されてそれらが如何なる種類のものか殆んど知る由もない。たゞ殘存の數點によって類推する以外には，銅鉢の如きもの，鏡の破損せるもの等々雜多なもので，其等の中には鍍金の殘存するものもあったと云う」[1]。

2 沖ノ島出土馬具の調査史

 『宗像沖ノ島』では，原田大六が馬具類を報告した。7号遺跡の王塚古墳と同タイプの棘付剣菱杏葉や辻金具，羽人透彫心葉形杏葉，棘葉形杏葉，歩揺付雲珠，鉄製銀象嵌鉢形雲珠，玉虫羽雲母入帯先金具，8号遺跡の金線象嵌鉄製鞍，歩揺付雲珠などからなり[2]，6世紀中葉～後半のものが主体である。『宗像沖ノ島　第三次学術調査隊』報告では，佐田茂が4号遺跡（御金蔵）の帯先金具残欠，鉸具，菊鋲辻金具，歩揺残欠を報告し，7・8号遺跡の遺物の一部が二次的に持ち込まれていたと判明した。また松本肇が報告した6号遺跡では，有蓋銅鋺・土師器とともに歩揺付雲珠1，鉄製銜などの7世紀前半代の馬具が出土した[3]。重住真紀子は上原孝夫氏藏の伝沖ノ島出土花形鏡板を報告した[4]。

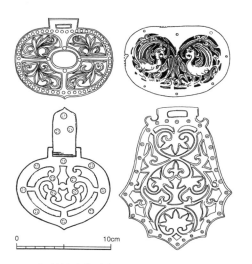

図1　伊勢神宮徴古館・出土地不詳金銅装馬具

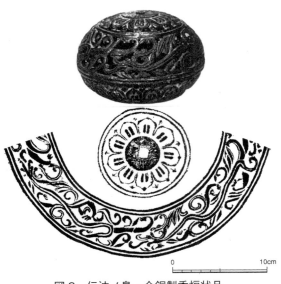

図2　伝沖ノ島・金銅製香炉状品

3　研究の現状と課題

　諫早直人は，沖ノ島の新羅系馬具のうち，沖ノ島A杏葉のような扁平な花形鋲は新羅古墳出土馬具にみられないことから，「新羅馬具の影響を強く受けつつも大加耶で製作された」とみた[5]。2017年に九州国立博物館で開催された『宗像・沖ノ島と大和朝廷』展では，沖ノ島出土の金銅製香炉状品が注目された（図2）。かつて岡村秀典はこの特異な遺物を北魏製とみた[6]が，市元塁は北朝～隋の絵画や俑にみられる馬の頸総と呼ばれる垂れ飾りの可能性を指摘した[7]。桃﨑は沖ノ島7号遺跡の祭祀遺物群は，様々な集団が，異なる祭儀神話に沿って執行した儀礼の集積であり，玉類・武器・馬具類は，『日本書紀』記載の宗像三女神誕生の情景を再現するモノザネであると考えた[8]。

4　研究の方法

　沖ノ島祭祀遺跡の馬具類は，セット関係がわかりにくく，その質の高さや，舶載品を含むという事実以上には，注目されてこなかった。本論ではまず，①現在知られる沖ノ島祭祀遺跡出土馬具・伝沖ノ島出土馬具を舶載・国産に大別し，②出土状態，ほかの類似セットとの比較から，個別の馬装セットに分離を試み，③それらの馬具が示す歴史的意義についても，若干の考察を試みたい。

5　馬具の出土状態

　沖ノ島D号巨岩は，沖津宮背後の巨岩群の北端に位置し，高さ6.5mを測る。この巨岩は，約60度の角度で参道に庇のようにせり出しており，その下の岩陰全域に遺物が散布していた。手前南側が7号遺跡，北側奥が8号遺跡である。庇の張り出した岩陰に沿って大小の割石が敷石か区画状に並んでいるが，人為的な配列ではないという。7号遺跡では東西約8m，南北約3.5mの平坦面全体に撒き散らされたように遺物が出土した。空間の中央部には鉄鏃，鉄刀，鉄剣やガラス小玉，滑石製臼玉，水晶製切子玉がとくに多く，東側には鉄矛や挂甲，盾状金具があり，その南東に離れて水晶製三輪玉17点が出土した。付近では捩環頭も出土し，倭装大刀が複数供献されていたと考えられるほか，純金製指輪や唐三彩など特殊遺物があり，総点数は約2,000点に上る。沖ノ島の中でも突出した質・量を誇る。益田勝実は7号遺跡の遺物の種類と出土状態を詳細に検討し，アマテラスとスサノオが誓約して宗像三女神が誕生した神話の情景を再現するため，盾を立て並べ，甲冑や弓矢で武装した人物と，金銅装馬具を装着した騎馬人物が対峙する儀礼の痕跡であると考察した[9]。

　西側（向かって左側）には，金銅装の馬具類が集中していた。以下暫定的に下記のように分類する。

A群：第4回調査で西端に棘葉形杏葉A4点が集中出土。菊鋲辻金具と併せA1セットとする。

B群：第1回調査で西半部の道総に接する地点より心葉形羽人文杏葉5点，棘葉形杏葉B1点，金銅製円形鞍鋲具に接して歩揺付雲珠，鉄製覆輪・鉄製磯金具鞍一式（図3-3），鈴類，環状雲珠片，楕円方形鋲具，大形円形雲珠，鉄鈴などが折り重なって出土。杏葉4～5種，鞍2種以上，多様な雲珠・辻金具より7セット前後に分離され，B1セット（金銅製円形鞍鋲具付鞍・花形半球座十本釣手歩揺飾雲珠4点以上，心葉形羽人文杏葉5点）・B2セット（棘葉杏葉B2以上・環状雲珠）・B3セット（棘付剣

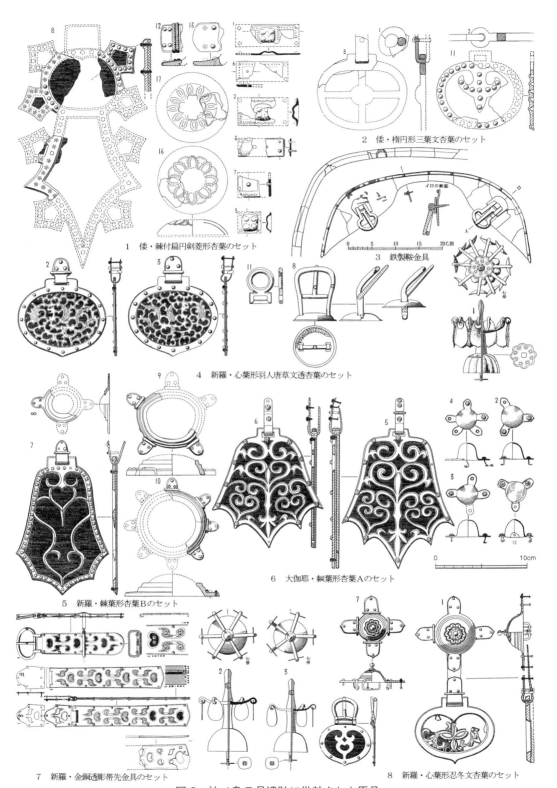

図3　沖ノ島7号遺跡に供献された馬具

菱形杏葉3以上・多脚雲珠・無脚雲珠）・B4セット（楕円形十字文鏡板・楕円形三葉文杏葉3）・B5セット（鉄地金銅張唐草文透彫杏葉砕片2個体分以上，埼玉将軍山に似る）。B6セット（心葉形十字文杏葉か鏡板5）・B7セット（八弁花飾十字形辻金具）となる。

C群：第1回調査でB群の南1mから透彫帯先金具，三脚菊鋲付辻金具，歩揺付雲珠が出土。8号遺跡では1.2m×1.5mの範囲から半球形歩揺付雲珠8個体分集中出土し，その東側から鉄地金象嵌鞍の破片が出土した。なお未発掘部分が残るとされる。鉄地金銀象嵌鞍は，韓国慶州鶏林路14号墳出土の龍文唐草象嵌鞍が代表的であるが，足利公園古墳群の鉄地銀象嵌鞍は，覆輪に鱗文，海金具に亀甲繁文・鳳凰文などを施すが国産品とみられる。8号遺跡金銀象嵌鞍・歩揺付雲珠の位置づけは難しいが，暫定的に新羅製の舶載品とみておきたい。

6　国産馬具の検討

B3セット：棘付剣菱形杏葉・責金具付十字形辻金具・長方形金銅張革帯金具（図3-1）　7号遺跡の棘付剣菱形杏葉片，方形脚辻金具片，鉢形象嵌雲珠片，隆起付革帯飾金具は，国産の棘付f字形鏡板付轡＋棘付扁円剣菱形杏葉のセットを構成していたと考えられる。

同様なセットに，福岡県寿命王塚Aセット・大阪府河内愛宕塚・奈良県條池南古墳・長野県開善寺古墳（飯沼雲彩寺古墳）を挙げる。このうち沖ノ島7号遺跡例と同形同大の棘付剣菱形杏葉を伴う河内愛宕塚古墳は，奈良県天理市塚穴山と石室築造企画を共有し，物部尾輿もしくは物部氏の有力者の墳墓と考えられる。條池南古墳は巨勢山古墳群の1基で，巨勢氏の古墳である。また近年，福岡県古賀市梅尾・瓜ヶ内27号墳で，剣菱形突起のある鏡板付轡が出土した。剣菱形や鉤形の突起を追加した馬具は，北摂津に集中し，継体・安閑・宣化朝ゆかりの馬具と考えられ，また韓国固城松鶴洞1A-1号遺構でも鉤付f字形鏡板付轡が出土している[10]。

銀象嵌辻金具・雲珠は，低い鉢形で，無脚かそこに単純な方形脚がつくが，鉢形部の上面に銀象嵌で花弁状の文様を象嵌する。類例で最も遡るのは，千葉県江刈田金環塚で，新式f形鏡板付轡・鍾形杏葉に伴って鉢形の銀象嵌雲珠・辻金具が出土し，MT15型式の須恵器を伴う。TK10期以降の寿命王塚古墳，TK43期の藤ノ木Bセットにもこの種の雲珠・辻金具が見られる。

革帯飾金具は，長方形金具の上面に半球を四つ組み合わせたような隅丸方形の隆起を伴う。福岡県花見古墳，大阪府河内愛宕塚古墳，奈良県市尾墓山古墳，藤ノ木古墳，埼玉将軍山古墳などに類品が見られる。同種革帯金具が70個体も出土した市尾墓山古墳は，継体朝の大臣，巨勢男人（529年没）墓とする説がある。花見古墳は無棘のf字形鏡板付轡＋扁円剣菱形杏葉セットに伴い，大阪府青松塚と馬具の規格が一致するため，継体朝の糟屋屯倉設置に伴って持ち込まれたと考えられる。藤ノ木古墳B組セットでも，鍾形杏葉・鏡板に伴って合計50個以上が使用されている。

B4セット：楕円形十字文鏡板・楕円形三葉文杏葉（図3-2）　楕円形三葉文杏葉は，楕円形十字文鏡板付轡とセットをなし，滋賀県鴨稲荷山古墳や京都府物集車塚古墳など，北摂を取り巻く琵琶湖・淀川水系に分布中心があり，奈良盆地に希薄な分布から，継体・安閑・宣化朝に関わる馬具と考えられる。ただし沖ノ島7号遺跡例は，三葉部に疑似鋲表現が施される[11]点でやや特異である。

花形鏡板を含むセット　6号遺跡では，歩揺付雲珠・鉄製銜・蓋付銅鋺が出土した。歩揺付雲珠は奈良県植山古墳・千葉県駄ノ塚古墳例（花形杏葉亜種の心葉形連珠文杏葉とセットをなす）に対比され，国産品の可能性もある。重住真紀子報告の花形鏡板残欠に対応する可能性がある。花形鏡板・杏葉は，福島県から熊本県までの範囲に約40例が散在し，福岡県下には7例が集中し，上宮王家に奉仕した壬生部の分布と重なる。

7　舶載馬具の検討

B1セット：羽人唐草文杏葉・円形座金具付鞍鞍・方円結合金具（図3-4）　7号遺跡西部の鉄製鞍に接し

て，5点の羽人唐草文杏葉が出土した。ただこの地点には国産・舶載馬具が折り重なっており，羽人杏葉と鉄装鞍がセットか否かは判断が難しい。

羽人唐草文杏葉は地板・透彫板・縁金共に金銅製で，この3枚の金属板を16個の笠鋲で留める。透彫板は人面に双翼・三尾翼を持った羽人と唐草文を組み合わせたもので，同一のデザインの表裏を利用して三枚は鳥人を右向き，二枚は左向きにしている。胸を張った鳥身に，双翼をつける肩が双方に張り出し，尾翼は二翼は後方，一翼は下向きに前方になびく。それ以外の鳥身を唐草文化し，ほかの空隙も唐草で埋めた結果，奇抜な隠文様となっている。唐草を縁取るように二重の列点を打っているが，顔面と双翼・尾翼には蹴彫を施す。なお中国甘粛省の嘉峪関壁画墓では，羽人の顔面に赤い線で隈取りがされており，これを蹴彫で表現したのかもしれない。

吊鉤金具の半円部が幅広で，立聞孔部で狭まる杏葉は，高句麗に多く，新羅にも受容されている。宮崎県百塚原古墳群出土の心葉形唐草文透彫杏葉も同様な構造で，楕円形双龍紋鏡板付轡とセットをなし，新羅製であろう。7号遺跡で多数出土した歩揺付雲珠のうちには，菊形座金具を伴うタイプが4点含まれるが，類例の多くは5～6世紀の慶州新羅古墳から出土する。日本列島では6世紀後半の綿貫観音山古墳で，新羅製と思われる馬具セットに伴って歩揺付雲珠が数十点出土しており，大部分は半球形座金具だが，菊形座金具も少数含む。以上，羽人唐草文杏葉と菊形座金具と歩揺付雲珠に加え，円形座金具を伴う金銅製鞍金具一対，方円結合金具2点も同一セットと考える。

B2セット：棘葉形杏葉 B・イモガイ嵌入環状雲珠
(図3-5) 7号遺跡の棘葉形杏葉Bは，五棘輪郭で内区は上端から垂下する二股蕨手文の下にハート形を組み合わせた文様をあしらう。立聞は小さく，細く短い舌状吊鉤金具に小鋲を3点打つ。類品は慶州壺杅塚・昌寧桂城Ⅲ地区1号墳など6世紀代前半の新羅古墳で出土しているが，それより大型で，吊鉤金具の形状は6世紀中葉の慶州皇南里151号墳に近く，両者の中間に位置づけられる[12]。慶州鶏林路14号墳では，棘葉形杏葉2種，心葉形杏葉1種，鉄地金銀象嵌鞍などの鞍金具，木心鉄板張輪鐙・鉄製輪鐙，イモガイ・ガラス嵌入環状辻金具・雲珠が出土しており，意匠は異なるが，部品の細部に共通点が多い。7号遺跡でも，イモガイが消失・離脱したと考えられる環状辻金具・雲珠で，舌状脚に小鋲を3点打つものが複数出土しており，棘葉形杏葉Bとセットであったと類推できる。以上，新羅慶州での製作で，本来は二条線引手心葉形十字文鏡板とセットであったと考えられる。

B5セット：上記とやや形状が異なる棘葉形杏葉が別にあり，文様板が剥離細片化している。こちらの輪郭は，固城松鶴洞1C号墳例や熊本県才園2号墳例に類似しやや新相を示す。

A1セット：棘葉形杏葉A・菊鋲打辻金具(図3-6)
棘葉形杏葉Aは小1・大3の4点からなり，肩が張るが立聞幅は極端に狭く，細長い吊金具には責金具を介して3点の菊鋲を打つ。裾が大きく広がり下縁が鋭く尖る五棘形の内部は雄渾な渦巻状のハート形唐草文で充填し，縁部に菊鋲12点を打つ見事な出来栄えである。金銅板をキャップ状に高く打ち出し，細い脚部に菊鋲を打つ小型辻金具とセットをなす。諫早直人によれば，扁平な菊形鋲の馬具は大伽耶製品の可能性が高いという。すると562年の大伽耶滅亡に先立つ年代となる。

C1セット：透彫帯先金具・歩揺付雲珠(図3-7)
7号遺跡中央南寄りでは金銅装透彫帯先金具・歩揺付雲珠が集中して出土した。透彫帯先金具の細工は非常に精巧で，コンマ形・屈曲した杼形・猪目形を組み合わせた透彫りの下に玉虫羽・雲母板を挟み，鋲留する。一端に帆立貝形の鉸具がつくもの2点と，小型の装飾吊鉤を伴う8点の2種からなる。類例は極めて稀で，藤ノ木古墳Aセットに屈曲した杼形を連続透彫する例がある。李漢祥の研究によれば，楼岩里型帯金具は新羅法興王代（514～540）の律令頒布（530年頃）に伴って出現し，眞徳王代の唐式衣制への転換（649）以降，皇龍寺型に移行する[13]。沖ノ島7号や藤ノ木古墳Aセットの透彫帯先金具の形状は，楼岩里型帯

金具でも新段階の鉸板・蛇尾と一致する。

なお伊勢神宮御神宝である鶴斑毛御彫馬（つるぶちげのおんえりま）は，檜材で馬体を彫刻し，そこに生糸のタテガミや尾を埋め込み，今は絶滅した鶴斑色といわれる毛並を彩色表現した精巧な飾馬の模型で，これに装着された唐鞍装には，鞍の後輪の部分に左右5本ずつ，合計10本の「八子」（はね）と呼ばれる短冊状の飾帯が懸垂され，それぞれ先端には金銅鈴が吊るされている。透彫帯先金具は，この「八子」に近い性格のものであったと考える。

歩揺付雲珠は7点分以上がまとまって出土し，半球形座金具上に5～8枝を派生させ花弁状の歩揺を垂らす。群馬県綿貫観音山古墳や高句麗丸都山城で類品が出土している。

以上，C1セットは，心葉形十字文忍冬文透鏡板＋金銅透彫杏葉＋金属装鞍＋金銅装帯先金具＋金銅装歩揺付雲珠などからなる藤ノ木古墳Aセットに匹敵する豪華な新羅製馬具セットであったと推定される。この種の馬具は北部九州の分布頻度が異常に高く，福岡県の8セット以上を筆頭に北部九州に偏在する。『日本書紀』には「新羅の調」の用語が見え，6～7世紀の新羅から倭国への贈答品とみられ，6世紀後半に集中する舶載金銅装馬具類をその具体的遺物とみる見解もある。しかし北部九州の偏在例は，倭王権からの二次的な分配とは考えにくい。外交使節の迎接にあたる北部九州の沿岸首長には，王権宛とは別個に，豪華な馬具などを贈られる役得があったと考えられる。

B7セット：十字形雲珠付心葉形忍冬文透杏葉・十字形辻金具（図3-8）　沖ノ島社務所には，十弁花状飾を伴う十字形雲珠に心葉形忍冬文杏葉を懸垂したものが保管されていた。7号遺跡では八弁花状飾を伴い，脚部が花弁状で3鋲を打つ同巧の十字形辻金具が出土しており，本来は7号遺跡に供献されていたと考えられる。縁部に鋲打ちがない点が特異だが，恐らく鋲の埋め殺しが行なわれているのであろう。

同様な構造の心葉形鏡板・杏葉・辻金具のセットは，広島県二塚・壱岐笹塚・兵庫県升田山15号墳にみられるほか，三重県高茶屋大塚・山梨県古柳塚・韓国昌寧末吃里退蔵遺構出土品の形状が強く類似するため，新羅で7世紀前半～中葉に製作された可能性が高い。

8　おわりに

以上，沖ノ島には少なくとも国産3セット，舶載7セット，合計10セットの豪華な金銅装馬具が供献され，実用的な素環轡などはない。6世紀中葉を上限，7世紀中葉を下限とし，継体・欽明朝の交替期から，舒明朝の間とみられる。また北朝もしくは隋・初唐前後の頸総を含む可能性がある。

註

1) 柴田常恵「沖ノ島御金蔵」『中央史談』13—4，1927年
2) 鏡山　猛・原田大六・坂本経堯・渡辺正気・嶺正男・仙波喜美雄『沖ノ島』吉川弘文館，1958年
3) 第三次沖ノ島学術調査隊『宗像沖ノ島』宗像大社復興期成会，1979年
4) 重住真貴子「上原孝夫氏所蔵沖ノ島出土品について」『宗像大社神宝館』2，宗像大社文化財管理事務所，2005年
5) 諌早直人「3．九州出土の馬具と朝鮮半島」『第15回　九州前方後円墳研究会　北九州大会発表要旨・資料集　沖ノ島祭祀と九州諸勢力の対外交渉』2012年，89-121頁
6) 岡村秀典「伝沖ノ島出土の透彫り金具について」茂木雅博　編『日中交流の考古学』同成社，2007年
7) 市元　塁「金銅製香炉状品の再検討」『宗像・沖ノ島と大和朝廷』九州国博物館，2016年
8) 桃﨑祐輔「沖ノ島祭祀遺跡からみた三女神伝説と舶載文物」『季刊邪馬台国』7月号，2017年，42-55頁
9) 益田勝実『秘儀の島　日本の神話的創造力』筑摩書房，1976年
10) 張允禎「韓国固城松鶴洞古墳出土馬具に関する検討」『朝鮮古代研究』6，2005年，21-34頁
11) 神啓　崇「擬似鋲を施す馬具」『アーキオ・クレイオ（Archaeo-Clio）』14，2017年
12) 桃﨑祐輔「棘葉形杏葉・鏡板の変遷とその意義」『筑波大学先史学・考古学研究』12，2001年
13) 李漢祥「6世紀新羅の帯金具—'樓岩里型'帯金具の設定」『韓国考古学報』35，韓国考古學會，1996年

コラム
沖ノ島の金銅製高機

宗像大社
福嶋真貴子

　全面に鍍金が施された煌びやかなミニチュアの織機。玄界灘に浮かぶ宗像大社の御神体 沖ノ島に鎮座する宗像大社沖津宮の社殿裏手にあたる御金蔵（4号遺跡）出土と伝わる（図1）。

　本品は，奈良～平安時代（8～9世紀）の国家祭祀の際に，宗像神への衣服調達の思いを込めてささげられた。構造からすると機台をもつ腰機「地機」で，精巧に忠実に造られている。そもそも，機の基本となる部品には，経を保持する経巻具と布巻具がある。さらに，操作に即して，保持した経を上下に開ける開口具，開口した経の隙間に緯を通す緯越具，緯を打ち込む緯打具がある。それぞれの種類と動かす方法の違いによって，原始機・地機・高機などに分けられるという[1]。古代の機の部品が一括で遺存することが難しい中，本品は部品がほぼ揃っており，組み立てると実際に織り成すことができる。地機本来の姿をそのままに残す最古の現存資料として大変貴重である。

　日本列島では，地機に先行して無機台の原始機が弥生時代から存在する。近年の発掘調査により，滋賀県能登川町斗西遺跡の5世紀以降の層位から出土した地機の経巻具とみられる部材，滋賀県五個荘町正源寺遺跡の6世紀中頃から後半の竪穴住居から出土した高機の経巻具（あるいは布巻具）に相当する部材の例など，地機や高機の部材が確認できるようになり，遅くとも古墳時代後期には後の地機や高機とほぼ同じ構造の機が存在したことがわかってきている[2]。近世の類書など文献をみると，当時，地機は木綿や麻の布を織る機であったと確認できる。一方で，高機は本来絹を織るものとして導入されたと考えられている[3]。

　金銅製高機の類例は，伊勢の内宮の年中行事・装束・神宝などの詳細をまとめた九世紀初頭成立の『皇太神宮儀式帳』「四所神宮遷奉時装束神財」に記された伊雑宮の神財九種の一つ「金高機一具」に求められる。この高機は，割り注の記述から，五色の糸で織布した金銅製雛形機と推定されている[4]。現在，1462（寛正3）年の式年遷宮の際に調進された伊雑宮古神宝の金銅製雛形の機が伝わるが，これは高機・空引機の構造をもつ機である。沖ノ島では，22号・5号遺跡（7世紀），1号遺跡（8～9世紀）から金銅製雛形紡織具（楉・桛・紡錘・麻笥）も出土しており，これらは『皇太神宮儀式帳』に記載された内宮神宝の紡織具と内容が等しい。沖ノ島から出土した武器・円板・容器・琴などの金属製雛形品を含め，いずれも律令祭祀の影響の下にささげられたとみられる。

　また，栃木県下野市甲塚古墳（6世紀後半）出土の国内初の機織形埴輪2点も注目される。織機

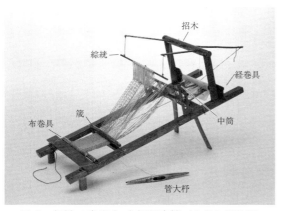

図1　伝沖ノ島出土　金銅製高機（宗像大社所蔵）

図2　甲塚古墳出土　織機形埴輪（復元）
（下野市教育委員会提供）

と機織りをする女性を表現しており，うち1点は沖ノ島出土の金銅製高機と構造が類似する機台をもつ腰機であった（図2）。織機形埴輪が形象埴輪列の中心付近に配置されていたことから，被葬者は機織りにかかわる人物と想定されている[5]。

機織りと宗像神とのかかわりを述べた記事として，『日本書紀』応神天皇四十一年是月（二月）条がある。縫工女を求めるために呉に派遣された阿知使主らが呉王から与えられた四人の工女（兄媛・弟媛・呉織・穴織）を連れ，呉から筑紫に帰ってきた時，「胸形大神」が工女らを乞うたので，兄媛を「胸形大神」に奉った。兄媛は織機の技術をもって奉仕し，筑紫国にいる御使君の祖になったとある。『日本書紀』応神紀から雄略紀には，この記事のほかにも，ヤマト王権の宗像奉祀にかかわる記事がいくつか存在し，宗像神がこの時期の王権の対外交渉政策に関与して神意を示す重要な神として崇敬されていた様子が読み取れる。したがって，宗像神が工女の奉献を求めた記事の背景として，宗像神が呉との交渉に関与していたことを想定し，呉への遣使の無事帰還に対する奉賽あるいは報賞，見返りとして工女がささげられたという捉え方で推考されている[6]。

御使君については，不詳であるが，宗像地域に機織や染料製造技術を伝え，宗像市鐘崎に鎮座する織幡神社に関連した氏族とみられる[7]。さらに，福津市奴山に鎮座する縫殿神社も兄媛・弟媛らを祀ると伝えられ，機織技術伝来に関係すると考えられている。ここで，宗像神が呉の工女を望んだ伝承を，神祀りと機織の関係を述べたいくつかの伝承とともに捉えなおしてみたい。

『古事記』では天照大神が神にささげる「神御衣」を服織女に織らせていたという記述があり，神に衣を織って献上する行為が表われている。ほかに『日本書紀』神代上・第七段宝鏡開始章の本文や，『常陸国風土記』久慈郡太田郷の長幡部社伝承などの事例もある。伊勢の神宮では，天照大神に和妙（絹反物）と荒妙（麻反物）を，御糸，御針などの御料と共に供える神御衣祭が行なわれる。5月と10月の14日に内宮と荒祭宮に神御衣を奉る祭で，神御衣は三重県松阪市に鎮座する神服織機殿神社で和妙を，神麻続機殿神社で荒妙を，5月と10月の初日から2週間かけて奉織する。一方，中世の宗像社においても，神衣の奉製が行なわれていたことが史料にみえている。『正平二十三年宗像宮年中行事』には宗像社本宮の政所社の附属施設として「機殿」とある。政所社は宗像社の行政と祭事を総管する政庁で，この中に設置された機殿は，神儀を象徴する幡（「御長手」）や神衣を織って奉安する御殿と推測されている[8]。機織りと織物（神衣）の奉献は，内宮神宝の紡織具を含めて神宮の神事が象徴的に示すように，日本の神祀りを構成する上で重要な意味をもっていたのだろう。

註

1) 東村純子「織物と紡織」『列島の古代史 ひと・もの・こと 5 専門技能と技術』岩波書店，2006年，231頁

2) 前掲註1文献，233頁

3) 東村純子『考古学からみた古代日本の紡織』六一書房，2011年，89・97頁

4) 笹生 衛『日本古代の祭祀考古学』吉川弘文館，2012年，218頁

5) 下野市教育委員会『甲塚古墳発掘調査報告書』下野市埋蔵文化財調査報告書11，2014年，153頁

6) 『宗像神社史 下巻』宗像神社復興期成会，1966年，621頁。森 公章「交流史からみた沖ノ島祭祀」『「宗像・沖ノ島と関連遺産群」研究報告』Ⅲ，世界遺産推進会議，2013年，81頁。西宮秀紀「文献からみた古代王権・国家のカミマツリと神への捧げ物―沖ノ島祭祀の歴史的前提―」『「宗像・沖ノ島と関連遺産群」研究報告』Ⅱ-1，2012年，67頁

7) 『宗像大菩薩御縁起』には，織幡神社の祭神は武内大臣，社号は神功皇后が征新羅の神勅を給われた際，紅白の旗を織り，宗像大菩薩の御手長（竹竿）につけたことに由来するとある。

8) 『宗像大社文書 第三巻』宗像大社復興期成会，2010年，103頁。同史料には「機殿神事」として新嘗会に関する「夜神事」があがっており，12月18日夜に秘事で行なう特異な神事であった（前掲註6『宗像神社史 下巻』244-245頁）。

御嶽山と下高宮の祭祀遺跡

宗像市郷土文化課
白木英敏
（しらき・ひでとし）

1　はじめに

沖ノ島祭祀を特徴づける舟・馬・人形などの滑石製形代，粗製の有孔壺や透かしと粘土粒を貼り付けた器台など[1]は，中津宮・辺津宮境内を中心に宗像地域（宗像市・福津市）の遺跡から確認されており，沖ノ島祭祀の成り立ちや地域の関与を考える上で貴重な資料である。そこで発掘調査が行なわれた御嶽山祭祀遺跡や下高宮祭祀遺跡などの採集遺物および宗像地域周辺での沖ノ島系祭祀遺物の出土例を概観し，古代祭祀の様相や地域の関与について若干の検討を行なう。

2　中津宮境内の祭祀遺跡

宗像大社三宮（沖津宮・中津宮・辺津宮）のうち，中津宮が鎮座する大島は福岡県下最大の離島である。中津宮の裏から始まる登山道（参道）を登りつめ，島の最高所御嶽山（標高223m）山頂に至ると中津宮境外末社の御嶽神社が鎮座している。御嶽山祭祀遺跡はその境内に分布しており，その存在が知られたのは，1970（昭和45）年に第3次第3回沖ノ島祭祀遺跡学術調査の際，第3次調査隊長であった九州大学の岡崎敬らが大島の現地調査で渡島し，御嶽山山頂で須恵器や金銅製品を採集したことによる。その後，宗像市の世界遺産登録活動に伴い注目され，2010（平成22）年に保存を目的とした発掘調査が行なわれた。

遺跡範囲は東西27m×南北28m程の不整円形をなし，出土遺物には須恵器（壺・甕・坏・皿・有孔土器・器台ほか），土師器（坏・皿・製塩土器ほか），奈良三彩小壺，八稜鏡，滑石製形代（人形・舟形・馬形・臼玉ほか），青銅製・鉄製雛形品など豊富な奉献品があり，7世紀後半から10世紀初頭，沖ノ島祭祀の5号遺跡・1号遺跡に時期と内容が酷似し，沖ノ島祭祀段階では半岩陰・半露天祭祀の一部と露天祭祀に相当する。

祭祀遺物の分布状況を見てみると，山頂付近の第1・2トレンチでは，各種の滑石製品や金属製雛形品，奈良三彩，有孔土器など多彩である。一方，山頂よりやや下った第3トレンチでは口径40～50cmほどの須恵器甕や長頸壺の出土が優位である。第1トレンチにおいても山頂部から下った東端部で，須恵器甕底部が地山を掘り窪め据え置かれた状態で確認されており，報告書では山頂部に主要な奉献品を供え，やや下った東南緩斜面で甕や壺を共献したものとの見解が示されている。

このほか発掘調査によるものではないが，大島小中学校周辺でヒスイ製勾玉が，中津宮の東方台地周辺（ろくどん遺跡）で銀製・銅製指輪や舟形・円板などの滑石製形代，土師器・須恵器などと採集され[2]，御嶽山祭祀遺跡を核としながら麓の中津宮近辺においても祭祀行為を想定することができる。大島での祭祀の起源に関わる例として，中津宮本殿裏の中津宮境内貝塚から3世紀末～4世紀

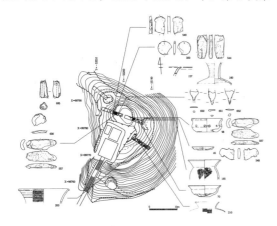

図1　御嶽山祭祀遺跡トレンチ出土遺物

前半頃の土師器鉢や二重口縁壺が採集されている。

3　辺津宮境内の祭祀遺跡

　宗像大社辺津宮には発掘調査によるものではないが，様々な機会によって境内各所から採集された祭祀遺物が報告されている[3]。辺津宮社殿裏に位置する丘陵付近を宗像市田島の小字で上殿（うえどん）といい，第二宮・第三宮，下高宮や上高宮などが位置する宗像大社にとって重要な神域である。ここから土師器鉢や把手付鉢ミニチュア，高坏脚部，滑石製臼玉など4世紀後半から6世紀後半頃の祭祀系土器が採集されている。上殿のうち辺津宮社殿裏南南西の丘陵を高宮といい，現在高宮祭場のある台地付近を下高宮，それより高位にある南側の丘陵付近が上高宮である。下高宮からはこれまでに大量の土師器，須恵器，滑石製臼玉，滑石製円板，滑石製形代（人形・馬形）など8～9世紀頃の沖ノ島露天祭祀段階の祭祀遺物が採集されている。

　また，下高宮から北東方向に延びた丘陵の先端付近，第三宮址近くの中殿山（なかどんやま）で1935（昭和10）年の土採りの際に変形画文帯神獣鏡2面のほか，滑石製短甲雛形品1点などが出土している。これは5世紀頃の鉄製短甲を模したもので，類例は韓国竹幕洞（チュンマクトン）祭祀遺跡，古墳では栃木県雷電山（らいでんやま）古墳のみとされる。

　さらに，境外ではあるが下高宮南西の斜面に位置する医王院（いおういん）裏では，滑石製臼玉・平玉各数千点をはじめ，滑石製舟形・大形円板，鉄片，土師器，須恵器が採集されているほか，宗像市教育委員会による詳細遺跡分布調査の際にも，医王院の西側造成地より滑石製臼玉や透かしと粘土粒を貼付けた器台片を採集している[4]。このほか下高宮祭祀遺跡採集品として市内高等学校が保管する庄内系土師器壺などがあるなど，辺津宮社殿成立以前は高宮丘陵が祭祀の中心地であった。

　宗像山とも称される高宮丘陵頂部に単独で立地する上高宮古墳は，在地的な箱式石棺を内部主体とする。ここに副葬された蕨手刀子（わらびて）は，福津市奴山正園（ぬやましょうぞの）古墳からも出土しており，沖ノ島16～18・21号祭祀遺跡出土例に類するものである。高宮丘陵を拠点とした地域首長と沖ノ島祭祀の関連性を示す一例である。

4　そのほかの祭祀遺物の出土例

　宗像市沿岸部に所在する玄海小学校に保管されている伝浜宮貝塚出土の器台は，鼓形を呈した多条突帯と透孔を持つ粗製品で沖ノ島5号遺跡などに酷似することから，6～7世紀前半に比定されよう。この器台が出土したと伝わる浜宮貝塚は，古墳時代中期から後期にかけて宗像市神湊の沿岸部に営まれた集落遺跡で，貝類や魚骨など自然遺物のほか，大量の土師器・須恵器，釣針やヤスなど漁撈具も出土する。古墳時代の大規模な漁村集落という評価であり，この器台の出土については疑義を抱いていたが，2017（平成29）年に遺跡の中心部に鎮座する宗像大社浜宮境内において沖ノ島祭祀に特有の大形滑石製臼玉が採集されたことから，伝浜宮貝塚出土が事実である可能性が高まった。近隣の新波止（しんはと）貝塚でも遺物の所在は不明だが，1号遺跡出土の土器と同種のものが発見されたことが知られている。今日でも大島へ渡るフェリーターミナルがある神湊（こうのみなと）地区は，古代においても沖ノ島祭祀へと向かう出港地として位置付けられていたことが考えられる。

　福津市在自下ノ原（あらじしものはる）遺跡のJ区包含層から出土した小形広口壺は，指ナデの痕跡を明瞭に残した粗製品で，沖ノ島1号遺跡出土品に酷似する。これらの事例からは，沿岸部の海人集団が祭主や祭器の運搬などに使役する際，偶然この地に留め置かれたのか，あるいはこの場で何らかの祭祀行為が行なわれていたのかは現時点では明らかにできないが，沖ノ島祭祀と宗像海人集団の関与を示すものとして注目される。また，同じく福津市久末の神興廃寺の北約300mの丘陵先端地の土取場で採集された小形器台片[5]は，透かしと粘土粒貼付けを有し，沖ノ島1号遺跡の出土品に類する。沖ノ島祭祀と神興廃寺との直接的な関係は考えにくいが，近隣の八並（やつなみ）・畦町（あぜまち）地区に宗像郡家（ぐうけ）を比定する見解もあることから，露天祭祀（8～9世紀）の行なわれた律令期においては内陸部に拠点を持つ宗像郡司の関与を示唆するものであろう。

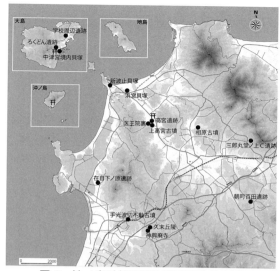

図2 沖ノ島系祭祀遺物関連遺跡分布図

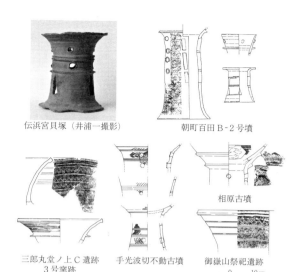

図3 沖ノ島系祭祀遺物

このほか沖ノ島祭祀遺跡出土品に類する特徴を有する遺物として、円形透かしを縦列に配する須恵器の器台がある。古墳からの出土例として、6世紀後半の円墳である朝町百田B-2号墳、6世紀後半の前方後円墳である相原古墳や福津市の7世紀前半頃の終末期古墳である手光波切不動古墳、6世紀末頃の多彩で豪華な馬具埋納坑を有する古賀市船原古墳など、宗像地域および隣接する古賀市に散見される。

近年の研究により、宗像地域とその周辺に限って6世紀頃から出現する器種で、沖ノ島祭祀遺跡と本土の関わりを示す物証の一つとなると同時に、その分布は胸肩君の領域を示す可能性が指摘されている[6]。なお、この種の器台は前方後円墳や大型円墳など、主に盟主墳より出土する点にも着目しておきたい。

5 まとめ

宗像神は元来宗像の海人が信仰する地域神であったが、4世紀後半に始まる大和王権の対外交渉政策の中で着目され、沖ノ島祭祀は航海安全・対外交渉での成就を祈る国家的祭祀へと昇格し、宗像氏の躍進へとつながる、とみるのが大勢の見解であろう。

考古学的には、沖ノ島、大島、下高宮の3ヵ所において国家的祭祀以前の3世紀後半～4世紀前半頃より二重口縁壺など土器などを主体とした祭祀行為の痕跡が確認されており、この頃には地域神としての祭祀を受けていたようである。

4世紀後半になると国家の関与する、いわゆる沖ノ島祭祀が始まる。半岩陰・半露天祭祀の最終段階にあたる7世紀末頃になると大島御嶽山山頂での祭祀が始まり、本土の辺津宮においても下高宮周辺で沖ノ島、大島同様の露天祭祀が執り行なわれたものと推定される。

なお、祭祀に用いた土器類、とくに須恵器については、甕や長頸壺など一般の須恵器とほぼ変わらない精製のものと粗製で焼成が甘い有孔壺や器台などがあり、いずれ宗像地域で窯跡が発見されることは大方の予想するとおりであろう。しかし粗製品については須恵器の技法と土師器の技法が折衷し稚拙に製作されるなど、製作者の姿が不鮮明である[7]。

一方で、須恵器甕や長頸壺などは、熟練した須恵器工人の手によるものと考えられる。とくに御嶽山祭祀遺跡から出土する大甕の口縁部に施された棒状工具による単純な波状文や縦方向のハケ目による文様は、6世紀末～7世紀前半頃の窯跡群である三郎丸堂ノ上C遺跡3号窯跡や4号土坑の出土品に酷似しており、これら精製品については釣川中流右岸に分布する宗像窯跡群での生産と考えておきたい。また、有力古墳から出土する円形透かし器台については、沖ノ島祭祀の粗製器台と文

表1 沖ノ島祭祀と沖ノ島系祭祀の変遷

西暦	沖ノ島祭祀	中津宮祭祀	辺津宮祭祀	沖ノ島系祭祀遺物出土遺跡
300	土器祭祀	中津宮境内貝塚	下高宮	
400	岩上祭祀 岩陰祭祀	ろくどん遺跡	上殿山 中殿山	高宮古墳　奴山正園古墳
500				
600	半岩陰・半露天祭祀 露天祭祀	御嶽山祭祀遺跡		相原古墳　　　三郎丸堂ノ上C遺跡（須恵器窯跡） 朝町百田B-2号墳 船原古墳 手光波切不動古墳
700			医王院裏 下高宮	浜宮貝塚
800				久末丘陵
900				

様構成に共通性が認められるなど，地域的特徴を持った特注品とみられる。その成形・施文は整っており沖ノ島とまったく同一のものではないものの，沖ノ島祭祀に用いる粗製品を認知した須恵器工人により製作されたものとみるならば，発注者である宗像領域の盟主クラスの人物が，沖ノ島祭祀に関与したことを傍証するものと言えよう。

このように，宗像大社三宮での祭祀の起源や宗像海人，地域首長層の関与が徐々にではあるが判ってきた。とくに宗像地域を中心に各所で沖ノ島系遺物が散見される6世紀後半以降から律令期にかけての沖ノ島祭祀は，国家神への昇格に伴う中央支配を受けながらも，地元豪族の配下にある宗像領民各々の技能を活かした奉仕によって準備・実施されたのであろう。

註
1) ここでは，便宜的に沖ノ島系祭祀遺物と称する。
2) 宗像神社復興期成会 編『宗像神社史』上巻，1961年ほか
3) 福嶋真貴子「下高宮を中心とした辺津宮境内発見の祭祀品について」『沖ノ島研究』4，2018年，53-58頁
4) 山田広幸『市内遺跡詳細分布調査報告書』宗像市文化財調査報告書63，2011年，11頁
5) 井浦 一「胸肩君の領域」『季刊邪馬台国』132，梓書院，2017年
6) 福津市在住の井上栄二氏採集品。
7) 想察するに，祭祀に関わる者が神事への奉仕として製作したものか。須恵器工人らの協力も考えられる。

参考文献

宗像神社復興期成会 編『沖ノ島』宗像神社沖津宮祭祀遺跡，1958年

宗像神社復興期成会 編『宗像・沖ノ島』本文，1979年

池ノ上宏『在自遺跡群Ⅲ』津屋崎町文化財調査報告書11，1996年

白木英敏『三郎丸堂ノ上C』宗像市文化財調査報告書50，2001年

花田勝弘『ヤマト政権と古代の宗像―地域考古学の提唱―』2008年

小田富士雄「沖ノ島祭祀遺跡の再検討―4～5世紀宗像地方との関連で―」『「宗像・沖ノ島と関連遺産群」研究報告』Ⅰ，2011年，39-70頁

山田広幸・福嶋真貴子・降幡順子『大島御嶽山遺跡』宗像市文化財調査報告書64，2012年

井浦 一『津屋崎古墳群Ⅲ』福津市文化財報告書7，2013年

宗像三女神

國學院大學教授
新谷尚紀
（しんたに・たかのり）

1 4世紀後半の沖ノ島創祀

　宗像三女神の祭祀という歴史的事実は，現在の宗像神社の存在によって確認できる。それは，宗像市の神湊港から約60km彼方の玄界灘に浮かぶ沖ノ島を奥津宮として，神湊港にほど近い大島村の中津宮，九州本土の玄海町田島の辺津宮の三社を合わせて，現在も宗像神社の祭神として三女神が祭られているからである。しかし，この現在の祭祀は，はるか古代から中世，近世，近代へという歴史の展開の中でつながれてきたものであり，その長い間，時代ごとの政治・経済・社会のありかたの激変を経る中で，その祭祀を構成する要素はもちろん，その構成の組み立て枠組み自体も大きく変化変容し，喪失した部分もあれば，新たに付加された部分もあり，それらが混然一体となって現在へと至っている。そこで，重要なのは，古代の宗像三女神の祭祀が創始された初期の段階での情報である。まずはそこから確認して，その後の歴史的な展開と変容とを時代順に追跡していくという方法が有効である。祭祀の歴史を静止画として捉えるのではなく，動画として捉える視点が歴史科学にとってはもっとも重要である。

　記録と存在とがどちらが先か，といえば，存在が先に決まっている。宗像三女神の祭祀も7世紀になって記紀の神話に記録された時点では，すでにその祭祀は長い歴史を経てきていたはずである。そこで，注目されるのが，一つには考古学的な実物情報である。宗像沖ノ島の祭祀が悠遠な太古の時代に始まったものではなく，朝鮮半島情勢が緊迫していた4世紀後半から始まったものであることは，17号遺跡の発掘によって考古学の成果として高い確度で推定されている。そして，その後の歴史的展開とその歴史科学的な意義についての，民俗伝承学の観点からの分析結果は，先に提出した拙稿[1]を参照していただきたい。ただし，これまでの考古学の発掘情報からは，沖ノ島祭祀の祭神が三女神であったか否かは明らかでない。したがって，祭祀の現実が先行しながらも，それに後続して記録されていった文献を読み解くという方法が残されているということになる。

2 記紀の記す宗像三女神

（1）基本史料は『古事記』と『日本書紀』

　宗像三女神祭祀の基本を考えるための史料は，『古事記』と『日本書紀』しかない。そのほかの西海道風土記逸文など後世の記録情報を混入させるのは混乱のもとである。この点を確認することがたいせつである。それがないままに，宗像三女神に関する古代・中世・近世・近代の膨大な歴史情報を混在させる議論には大いに疑問がある。そこで，宗像三女神の誕生についての記載のある，古事記，日本書紀本文，一書第一，一書第二，一書第三，の記事情報を整理してみる。すると，表1のとおりである。いずれも，天照大神が，天に昇ってくる素戔嗚尊の心が，清く赤いか，濁く黒いか，それを確かめるために，二柱の神の間で「うけひ・宇気譬・誓約」をして，子を生むという方法を採った。その展開について記すのが，記紀のこれらの5つの異伝である。

　古事記　天照大御神が，速須佐之男命の，十拳の剣を乞い度して，三段に打ち折り，天の真名井に振りすすぎて，さがみにかみて，吹き棄つる気吹きの狭霧に成れる神の名が，多紀理毘売命（奥津島比売命），市寸島比売命（狭依毘売命），多岐都比売命，の三柱であった。それに対して，速須佐之男命が，天照大御神の，八尺の勾璁の五百津美須麻流珠を

乞い度して，天の真名井に振りすすぎて，さがみにかみて吹き棄つる気吹きの狭霧に成れる神の名が，左の御美豆良に纒ける珠からは正勝吾勝勝速日天之忍穂耳命，右の御美豆良に纒ける珠からは天之菩卑能命，御縵に纒ける珠からは天津日子根命，左の手に纒ける珠からは活津日子根命，右の手に纒ける珠からは熊野久須毘命，の五柱であった。

天照大御神が速須佐之男命にいうには，五柱の男子は物実が我が物から生まれたのだから我が子である。三柱の女子は物実が汝の物から生まれたのだから汝の子である。その三柱の神のうち最初に生んだ多紀理毘売命は胸形奥津宮に坐す，次の市寸島比売命は胸形中津宮に坐す，次の田寸津比売命は胸形辺津宮に坐す，この三柱の神は，胸形君等之以伊都久三前大神である。それに対して，速須佐之男命が天照大御神にいうには，我が心清く赤きが故に，我が生める子は手弱女を得つ，といって，勝ち誇り天照大御神の営田の畔を放ち，その溝を埋めるなどの乱暴狼藉をはたらいて天照大御神が天の石屋に籠るという展開となっていく。

日本書紀 神代上第6段にその記事があり，本文，一書第一，一書第二，一書第三と4種類の異伝が，表1にみるような構成で記されている。それらを注意深く読んでみると，一書第二の記事が比較的豊かな情報を提示していることがわかる。

一書第二 素戔嗚尊が天に昇ろうとしたとき，羽明玉という神から瑞八坂瓊曲玉を進られた。素戔嗚尊はその瓊玉をもって天上に昇ってきた。天照大神は弟に悪心があるかもと疑い，兵を起こして詰問した。素戔嗚尊が答えていうには，姉に会い，珍宝の瑞八坂瓊曲玉を献上したいと思っただけでまったく他意はない，と。天照大神は，汝が言の虚実を何をもって験としできるか，と問う。素戔嗚尊が答えるには，姉と私とで共に誓約を立てましょう，その誓約の中で女子を生めば黒心と，男子を生めば赤心と思ってください。

そこで，天真名井三処を掘り，相与に対ひて立った。まず，天照大神が，自分の身に帯している剣を汝に差し上げよう，汝は自分が持っている八坂瓊曲玉を私に授けなさい，といってそのように約束してそれぞれを交換した。そして，天照大神は八坂瓊曲玉の瓊の端を齧ひ断ちて，吹き出づる気噴の中に神を化生した。それが市杵島姫命で，遠瀛に居す神である。次に瓊の中を齧ひ断ちて吹き出づる気噴の中に化生したのが田心姫命で，中瀛に居す神である。次に，瓊の尾を齧ひ断ちて吹き出づる気噴の中に化生したのが湍津姫命で，海浜に居す神である。合わせて三柱の女神であった。それに対して，素戔嗚尊は手にしていた天照大神の剣を以て，まず剣の末を齧ひ断ちて，吹き出づる気噴の中に神を化生した。それが天穂日命である。次に，正哉吾勝勝速日天忍骨尊，次に，天津彦根命，次に活津彦根命，次

表1 記紀の宗像三女神の記載

古事記		
天照大御神	速佐之男命の十拳の剣 三段打折	
	多紀理毘売命（奥津島比売命）	胸形奥津宮
	市寸島比売命（狭依毘売命）	胸形中津宮
	多岐都比売命（田寸津比売命）	胸形辺津宮
速須佐之男命	天照大御神の八尺の勾璁の五百津美須麻流珠	
左の御美豆良に纒ける珠	正勝吾勝勝速日天之忍穂耳命	→出雲国造……
右の御美豆良に纒ける珠	天之菩卑能命（建比良鳥命）	→凡川内造……
御縵に纒ける珠	天津日子根命	
左の手に纒ける珠	活津日子根命	
右の手に纒ける珠	熊野久須毘命	
日本書紀本文		
天照大神	素戔嗚尊の十握剣 打折三段	
	田心姫	
	湍津姫	
	市杵島姫	
素戔嗚尊	天照大神の髻・鬘・腕に纒かせる八坂瓊五百箇御統	
剣の末を齧ひ断ちて	正哉吾勝勝速日天忍穂耳命	→出雲臣・土師連等が祖
	天穂日命	→凡川内…等が祖
	天津彦根命	
	活津彦根命	
	熊野櫲樟日命	
日本書紀 一書第一		
日神 帯かせる		
十握剣	瀛津島姫	
九握剣	湍津姫	
八握剣	田心姫	
素戔嗚尊が 頭に嬰がせる五百箇統の瓊		
	正哉吾勝勝速日天忍骨尊	
	天津彦根命	
	活津彦根命	
	天穂日命	
	熊野忍蹈命	
日本書紀 一書第二		
天照大神	素戔嗚尊の瑞八坂瓊曲玉	
瓊の端を齧ひ断ちて	市杵島姫命	遠瀛に居す
瓊の中を齧ひ断ちて	田心姫命	中瀛に居す
瓊の尾を齧ひ断ちて	湍津姫命	海浜に居す
素戔嗚尊 天照大神の剣		
剣の末を齧ひ断ちて	天穂日命	
	正哉吾勝勝速日天忍骨尊	
	天津彦根命	
	活津彦根命	
	熊野櫲樟日命	
日本書紀 一書第三		
日神 自分の		
十握剣を食して	瀛津島姫命（市杵島姫命）	
九握剣を食して	湍津姫命	
八握剣を食して	田霧姫命	
素戔嗚尊		
左の髻の五百箇統瓊	勝速日天忍穂耳尊	
右の髻の瓊	天穂日命	
頭に嬰がせる瓊	天津彦根命	
右の臂の中より	活津彦根命	
左の足の中より	熯之速日命	
右の足の中より	熊野忍蹈命（熊野忍隅命）	

に，熊野櫲樟日命，合わせて五柱の男神であった。

この，古事記の記事と，日本書紀一書第二の記事との対照的な相違点は，①古事記では，清き心ならば女子を得る，に対して，日本書紀一書第二では，清き心ならば男子を得る，②古事記では，物実により親子の関係が決まる，に対して，日本書紀一書第二では，物実によらずに親子が決まる，の2点である。この両者の異伝の比較によるそれぞれの位置づけが必要である。

(2)「うけひ・宇気譬・誓約」の神話の意味

この「うけひ」の神話の意味を解読する上での基本として指摘できるのは，まずは次の5点である。(1)清き心という証明のため，(2)物実が交換される，(3)物実により親子が決まる，(4)男子が天皇の系譜へ，(5)天照大神の子が天皇の系譜へ，である。このうち，(4)・(5)の2点はこの神話の前提であり異同のありえない動かない事柄である。そこで，まず，(2)を条件として，5つの異伝を比較してみる。すると，物実の交換がなされているのが，古事記，日本書紀本文，一書第二，である。物実の交換がなされていないのが，日本書紀一書第一，第三，である。次に，(3)を条件として比較してみる。すると，物実の交換がなされている古事記，日本書紀本文，一書第二，の三者のうち，物実により親子が決定されると明記しているのが，古事記，日本書紀本文，であり，物実により親子が決定されると明記されず，物実によらずに親子が決定されているのが，日本書紀一書第二，である。

この事実から指摘できるのは，上記の(2)・(3)の条件を満たす，古事記，日本書紀本文，の伝承が基本的なものであり，その条件を満たさない，日本書紀一書第二，の伝承はのちの変化によるものであるということになる。したがって，前述の古事記の記事と，日本書紀一書第二の記事との，両者の位置づけという問題については，古事記の記事が基本的なものであり，日本書紀一書第二の記事がのちの変化によるものである，という位置づけとなる。

次に比較の対象となるのが，その，より基本的な，古事記の記事，と，日本書紀本文の記事，との両者である。両者の相違点は，古事記の記事では，清き心なら女子，であるのに対して，日本書紀本文の記事，では，清き心なら男子，であるという点である。そして，古事記の記事では，天照大御神が，速須佐之男命の，十拳の剣を乞い度して，三段に打ち折り，天の真名井に振りすすぎて，さがみにかみて，吹き棄つる気吹きの狭霧に成れる神が三女神である。速須佐之男命の十拳の剣を物実として生まれたのが三女神であり，上記の，(3)物実により親子が決定される，という条件と，清き心なら女子，という条件とが，いずれも満たされており，神話の文脈の上で矛盾がない。それに対して，日本書紀本文の記事では，(2)物実の交換，(3)物実により親子が決定，の2つの条件を満たしてはいるが，天照大神が素戔嗚尊の物実である十握剣から化生した神は三女神であった。つまり，物実によれば素戔嗚尊の生んだ子は女子であり，それは清き心なら男子，という本文の記事とは矛盾している。

構成枠組み これらの事実から，この「うけひ」の神話の，5つの異伝については，次のように位置づけておくことができる。まず，上記の(2)・(3)の条件による位置づけの可能な記述が欠落している，日本書紀一書第一，日本書紀一書第三，は，いったん類別しておく。ただ，この2つに，天照大神ではなく「日神」という記述が共通している点には，そのような伝承群が存在していたということで留意しておいてよいであろう。そこで，古事記，日本書紀本文，一書第二，の3つの異伝についてであるが，下記のように整理し位置づけることができる。

基本形 →	変化形1 →	変化形2
古事記	日本書紀本文	一書第二
清き心なら女子	清き心なら男子	清き心なら男子
物実により女子	物実によれば女子なのに男子と	物実によるとせずに男子と

つまり，「うけひ」についての，古く基本的な構成枠組みと構成要素と，を伝えているのは，古事記の伝承である，ということである。その主要なものは，上記の，(1)清き心という証明のため，(2)物実が交換される，(3)物実により親子が決まる，(4)男子が天皇の系譜へ，(5)天照大神の子が天皇の系譜へ，という

5点である。そして，清き心なら女子が生まれる，というのが古く基本的な伝承であったと考えられる。つまり，天照大御神が速須佐之男命の十拳の剣を物実として生んだのが三女神であるという伝承である。

それに対して，日本書紀本文では，清き心なら男子といっておきながら，物実からいえば素戔嗚尊の十握剣から生まれたのは女子という矛盾をかかえており，一書第二では，清き心なら男子といっておき，物実からいえば素戔嗚尊の八坂瓊曲玉の瓊から生まれたのは女子であったが，そのことには触れないままに素戔嗚尊の子は男子であったとしている。つまり，日本書紀本文と，一書第二とは，いずれも文脈の上で矛盾をかかえているということである。しかし，共通点もある，それは，「天照大神が，素戔嗚尊の持ち物であった物実を自分の手にして，三女神が生まれた」という点である。この点は3つの異伝の間で共通しているのであり，これがこの神話の構成枠組みの基本としては了解できるものであるということになる。

構成要素 そこで，次に問題となるのは，構成枠組みとは別に，構成要素についてである。まず，第一に，清き心が女子か男子か，という点については，古事記のいう女子というのが基本である。第二に，天照大神が物実として手にした素戔嗚尊の持ち物とは何か，古事記と日本書紀の本文とがいう十拳の剣・十握剣か，日本書紀一書第二がいう八坂瓊曲玉か，という問題である。5つの異伝のうち，表1にみるように，4つが十拳の剣・十握剣で，1つが八坂瓊曲玉であるが，いずれが基本的な伝承であったのか，決定的な論拠が見いだせずこの点は問題として残る。第三に，三女神が，沖津宮，中津宮，辺津宮，にどのような配置で祭られたのか，という問題である。それについては，表1にみるとおりであり，古事記，日本書紀本文，一書第二，のそれぞれで大きく異なっている。ただ，日本書紀本文では，天照大神の八坂瓊五百箇御統を物実として，天皇の系譜へとつながる正哉吾勝勝速日天忍穂耳命をはじめとする五男神が生まれたという点に力点が置かれており，三女神については筑紫の胸肩君等が祭る神としているだけで詳細に触れない姿勢の記述である。それに対して，古事記と日本書紀一書第二とは両者ともにこの三女神については詳述している。

とくに，日本書紀一書第二では，素戔嗚尊が羽明玉という神から瑞八坂瓊曲玉を進（たてまつ）られ，その瓊玉をもって天上に昇ってきて，その珍宝の瑞八坂瓊曲玉を天照大神へ献上したい，とのべ，その後，「うけひ」によって，その八坂瓊曲玉の瓊の，端を齧ひ断ち吹き出づる気噴の中に，市杵島姫命（遠瀛に居す神）が，瓊の中を齧ひ断ちて田心姫命（中瀛に居す神）が，瓊の尾を齧ひ断ちて湍津姫命（海浜に居す神）が生まれた，と詳述している。五男神の誕生についてよりも，三女神の誕生の方に重きを置いた記述である。この，遠瀛の祭神が市杵島姫命であり瀛津島姫命である，という伝承は，ほかにも，日本書紀一書第一，一書第三，が同じくそのように記述している。

それに対して，古事記の記述では，奥津島比売命といいながら祭神の名前は多紀理毘売命としている。しかし，この奥津島比売命＝オクツシマヒメノミコト，という名前は，音通論の上からみれば，イツクシマヒメノミコトに通じる名前であり，タキリヒメノミコトに通じる名前ではない。つまり，古事記のこの祭神についての名前の伝承は矛盾を含んでいるということになる。ただし，その奥津島比売命という伝承の部分は古い要素を伝えたものと考えられるのであり，古事記の伝えている，胸形奥津宮に坐す神としての，多紀理毘売命と奥津島比売命，という二つの名前についての音通論の上からの比較からいえば，奥津島比売命が自然であり適切であるということになる。したがって，この第三の問題については，「遠瀛の祭神は，市杵島姫命であり，奥津島比売命・瀛津島姫命である」という伝承が，古く基本的なものであったと位置づけることができる。沖ノ島という島の祭神が市杵島姫，つまりイツキシマの姫，斎（いつ）き島の姫，である，という呼称は自然であり，タギツ，タゴリ，という中間的な海波の表現としての神名は，沖ノ島という島に祭られる神の名としては不自然である。

以上，「うけひ」の神話についての5つの異伝の

比較検証から，ここに結論づけられるのは，この神話の構成枠組みは，古事記，の記す

「天照大神が，素戔嗚尊の持ち物であった物実を自分の手にして，三女神が生まれた」

という伝承が古く基本的なものであり，構成要素としての沖ノ島の祭神については，日本書紀一書第二，の記す

「遠瀛の祭神は，市杵島姫命であり，瀛津島姫命である」

という伝承が古く基本的なものである，ということである。

3 考古遺物と神話伝承

そのような構成枠組みと構成要素とが，古く基本的な伝承であったとすれば，それは，現実の歴史とどのような関係があるのか。記紀神話をギリシャ，ローマの神話研究から発展した西欧のmythology ミソロジー・神話学という輸入学問の観点から分析するというのは言語と文化の研究の基本からみても，まったく的外れだということは，早くに折口信夫が指摘しているが[2]。筆者も僭越ながら，記紀神話は歴史の投影の部分があることに注意する必要があるということを，拙著『伊勢神宮と三種の神器』において，「銅鏡・鉄剣・勾玉」という三点セットが，考古学の成果と記紀神話の分析と民俗伝承学の視点から，古墳時代国家の王権連合を実現し維持継承させた機能を現実の歴史の上でももっていたということを論じている[3]。

それにならうならば，この「うけひ」の神話伝承の歴史的な意味について考えるとき，沖ノ島祭祀遺跡についての考古学からの発掘成果情報を参考にすることで，その道が開けてくる。「天照大神が素戔嗚尊の持ち物であった物実（八坂瓊曲玉の瓊）を自分の手にして三女神が生まれた」，「遠瀛の祭神が市杵島姫命であり瀛津島姫命である」という神話伝承が，歴史的にみて4世紀後半の沖ノ島祭祀の初期にまでさかのぼるものであるかどうかは，17号遺跡からの発掘遺物の情報だけからでは解読はできない。ただし，17号遺跡の遺物組成の中に「三種の神器」の組成である「銅鏡・鉄剣・勾玉」が主要な遺物として発見されているという事実は重要である。記紀神話の中では，銅鏡は天照大神の表象であり，鉄剣と勾玉は天照大神や素戔嗚尊が身に帯びている武具であり祭具である。

その「銅鏡・鉄剣・勾玉」という三種の神器の歴史的な意味について考えるときに参考になるのは，『古事記』と『日本書紀』の，素戔嗚尊の「八岐大蛇退治神話」と，天照大神と大己貴神の「国譲り神話」である。そこでは，図1にみるように，天照大神と大己貴神と素戔嗚尊のそれぞれの表象物は，天照大神が銅鏡と八坂瓊曲玉であり，大己貴神が銅矛と八坂瓊曲玉であり，素戔嗚尊が銅剣（十握剣）であった。歴史考古学の上からみれば，その銅矛と銅剣は弥生時代の表象であり，銅鏡と鉄剣（草薙剣）は古墳時代の表象である。それらの表象具からみれば，この2つの神話は，弥生時代から古墳時代への転換を暗示する神話となっており，天照大神と大己貴神とを媒介するその共通項としての古来の表象物が八坂瓊曲玉とされている。

そこであらためて，「うけひ」の神話と，沖ノ島祭祀遺跡との関係，ということからみれば，7世紀初頭の22号遺跡と5号遺跡から発見された金銅製紡績具，金銅製食器類，金銅製人形が，いずれも後代の律令神祇祭祀の祭具に通じるものであり，紡績具は伊勢神宮の遷宮に際して奉献される神宮神宝に，食器類は神祇祭祀の神饌用に，金銅製人形は大祓の祭具に，それぞれ通じるものであるという点が重要である。その22号遺跡の遺物組成からわかるのは，その7世紀初頭が，600年の遣隋使派遣による一大文化衝撃を転機として，7世紀後半の律令神祇祭祀の形成と整備へと向かっていくその出発期であり，一大転換期であったということである。その22号遺跡発見の遺物から勘案するならば，天照大神が素戔嗚尊の物実（八坂瓊曲玉の瓊）を用いて三女神を生んだ，その三女神が遠瀛

図1　天照大神と大己貴神と素戔嗚尊の表象物

の祭神である市杵島姫命（瀛津島姫命）あった，という神話の生成は，この7世紀初頭から後半にかけてのころであったという可能性が浮上してくる。

天渟中原瀛真人天皇を諡号とする天武天皇が，胸形君徳善の女の尼子娘を納して高市皇子を儲け，その高市皇子が壬申の乱で活躍し，その後の政界でも天武・持統の王権に多大な貢献をしたという，『日本書紀』が記す事績にも注意してみると，この「うけひ」の神話の最終的な完成は，天武朝の『日本書紀』編纂着手の段階であった可能性も考えられる。ただし，この神話には，すでに5つの異伝が生じているように，その淵源ははるかに古く，4世紀後半以降の沖ノ島祭祀の歴史とともにあったものと考えられる。

4　大和王権の「外部」としての出雲と胸形

『古事記』には，出雲の神と胸形の神とが大和王権と深く関係しているという神話が記されている。出雲の大国主神が，胸形の奥津宮に坐す多紀理毘売命を娶して生んだ子が，阿遅鉏高日子根神とその妹の高比賣命，亦の名を下光比賣命であるという。この阿遅鉏高日子根神と，妹の下光比賣命（下照比賣）というのは，天照大神と大国主神との間の国譲り神話の中での天若日子との関係においても，また出雲国造神賀詞や延喜式神名帳でも，阿遅鉏高日子根神は，大和の葛木鴨の神社の祭神として大和王権の守り神とされているという伝承など，大和王権との関係が密接に語られている神である。

そして，天照大神と素戔嗚尊との「うけひ」によって生まれた三女神が胸形の神であり，五男神のうちの主要な一柱の神が出雲の大己貴神の祭祀に直結する天穂日命である。天皇への系譜を語る，正勝吾勝勝速日天之忍穂耳命の誕生へとつながるこの「うけひ」の神話の中に，胸形の女神と出雲の男神とがともに組み込まれており，しかも，その胸形の多紀理毘売命と出雲の大国主神とが結ばれて，阿遅鉏高日子根神が誕生しているという構成である。その出雲の神と胸形の神との間に生まれた阿遅鉏高日子根神が大和の葛木鴨の神社の祭神となって，美和の大物主神や大和のうなてに坐す事代主神とともに，正勝吾勝勝速日天之忍穂耳命の子孫である歴代の天皇の守り神となっている，と出雲国造神賀詞はいうのである。

つまり，「内部」と「外部」の弁証法（dialectic：対話推論の技術）という観点からすれば，出雲の神と胸形の神とは，ともに大和王権にとって，その自己存在の確かな定位と自己確認のための「外部」として機能しているという構造関係なのである[4]。記紀神話の伝えるところによれば，大和王権にとって不可欠な「外部」が出雲だったのだが，もう一つの重要な「外部」が胸形であり三女神だったのである。現実の歴史の上でも，出雲と宗像という存在が特別であったことは，柳田國男が「延暦の新制」と呼んだ，渡来系の系譜をもつ桓武天皇の治世下で進められた古代神祇祭祀の構造的な改変の中で[5]，古代王権に付随していた采女の習俗を長く伝承していた出雲国造と宗像神主に対して，それは淫風を煽るものであるとして禁じていった延暦17年（798）10月11日の太政官符がそれをよくあらわしている。

註

1) 新谷尚紀「日本民俗学（伝承分析学・traditionology）からみる沖ノ島―日本古代の神祇祭祀の形成と展開―」『「宗像・沖ノ島と関連遺産群」研究報告』Ⅱ-1，2012年（同『伊勢神宮と三種の神器』講談社選書メチエ，2013年に収録）

2) 折口信夫「神道に現れた民族論理」『神道学雑誌』5，1928年

3) 記紀神話の研究ではすでに津田左右吉以来，西欧の神話学の応用による解読ではない独自の研究成果が多数蓄積されてきており，新谷尚紀『伊勢神宮と出雲大社』（講談社メチエ選書，2009年）や『伊勢神宮と三種の神器』（註1）でも考古学の成果と神話研究と民俗伝承学の視点と方法によって文献史学だけでは接近できない歴史世界が解明されてくるということを具体的に指摘している。読売新聞2014年1月6日号「伊勢と出雲と三種の神器」も参照のこと。

4) 王権の自己認識のために「外部」の認識が必要であるという王権の弁証法の観点については，網野善彦・上野千鶴子・宮田登『日本王権論』（春秋社，1988年），新谷尚紀『伊勢神宮と出雲大社』（註3）参照のこと。

5) 新谷尚紀『神道入門』ちくま新書，2018年

第2章 沖ノ島祭祀の背景

磐座 ―神が依り憑く磐―

熊本大学名誉教授
甲元眞之
（こうもと・まさゆき）

1 はじめに

　天空もしくは海の彼方に居ると想定されていた神が，降臨するときに重要な役割を担う石坐＝磐座に最初に注目したのは柳田國男であった[1]。神が来臨する磐座にしばしば穴が開けられているのは目印の幡や鉾を立てるための鐏孔であるとして，旗立石，鉾立石，鉾石，碓石などの文献に記載された民間伝承を取り挙げて論じたのを皮切りに，翌年には「腰掛石」と題する論文を発表し，腰掛石，影向石，明神石，御座石，神石等は，神が依り憑く磐であると示唆して，これら磐座信仰は東北地方から沖縄にまで広範囲に分布することから，古来より磐座崇拝が列島の基本的な民間信仰であることを論じた[2]。その磐座崇拝の根底には「石に霊力が備わる」とする思想が存在したことからもたらされたとする。この柳田の論文を契機として全国各地の類例が報告され[3]，民間信仰としての磐座信仰の実態が明らかにされてきた。
　このような民俗学による磐座研究の趨勢に呼応して，磐座と神社の関係を究明する動きも国学院大学系統の研究者の間から発せられるようになった。そのはしりは遠山正雄と宇佐美景堂で，遠山は中部地方と中国地方の神社と神体山の密接な関係を説き[4]，宇佐美は全国37ヶ所の神社は磐座と繋がりがあることを，文献史料以外に実地調査を踏まえて論じたのである[5]。
　考古学の観点からは樋口清之と大場磐雄により，磐座の発掘調査や現地踏査を重ね，文献資料を引用しながら古代の磐座信仰の解明に努めた。樋口は鳥居龍蔵の仕事を引き継いで，最初は巨石文化との関係を論じていたが[6]，後に保久良神社や三輪山の磐座を調査することで，神社と磐座の関係

を追究する方向へと変化していった[7]。また大場は全国規模での磐座関係史資料を丹念に集積し，磐座を中心とした神道考古学の体系化を図ったのであった[8]。
　戦後，磐座祭祀の機能と構造を明らかにしたのは景山春樹である[9]。景山は滋賀・奈良・京都の磐座と神体山そして神社の関連を，実地調査と文献史料に依拠して検討を加え，神社の背後に聳える神体山には山頂と中腹そして麓にはそれぞれ磐座があり，

奥津磐座	中津磐座	辺津磐座
荒魂	和魂	若魂
山宮	里宮	田宮

との対応関係があることを指摘した。社（宮）以前の段階（景山は「自然神道」と呼称する）では，まず山頂の奥津磐座に神を招来し，中津磐座と辺津磐座と山を下りながらそれぞれ祭祀を営むことにより，次第に民衆の要望を叶えやすいように変質させる手立てと想定したのである。この行為は巫女によりなされたことは，柳田國男が力説する所であり[10]，平安時代以降修験道が盛んになるにつれて，神祀にあたった巫女は山岳神域から排除され，「老女化石譚」として零落した姿に語り継がれることとなった[11]。

2 磐座と神社

　神はこの世に常在する性質のものではなく，民衆の要望により一定の祭祀行為を経て随時招来されるのであり，古く神社建物は存在しなかったと考えられている。神の来臨を仰ぐときに一時的な据えとして臨時に設えられたものは，今日でも奈良県下にみられる御仮屋やオハケであったことは柳田が指摘したことであり[12]，御仮屋でも御神体

として石を祀ることは磐座との関係で注目される点である[13]。

『延喜式』「神名帳」に記載された神社名から，磐座を祀るものと想定できる神社が多数掲げられている。伴信友の校訂による「神名帳考證」[14]から拾い挙げると次の神社となる。

大和国：御前社原石立命神社，天乃石立神社，石薗座多久豆玉命社，平群石床神社，巨勢山坐石椋孫神社

河内国：石神社

摂津国：保久良神社

伊賀国：穴石神社

伊勢国：石前神社，石積神社，石神社（2ヶ所）

三河国：石座神社，石巻神社

伊豆国：伊波乃比咩命神社，伊波久良和気神社，伊波比咩命神社，石徳神社，石倉命神社

相模国：石楯尾神社

常陸国：石船神社

近江国：石座神社，布施立石神社

美濃国：伊波乃西神社

飛騨国：遊幡石神

陸奥国：石神山精神社，加美石神社，温泉石神社，石神社，高座神社，磐神社

若狭国：磐鞍比古神社，磐鞍比売神社

越前国：伊部磐座神社，磐座神社，大槻磐座神社，高於磐座神社

能登国：大穴持神像石神社，宿那彦神像石神社，石倉比古神社

越中国：建石勝神社

越後国：石船神社

丹波国：高座神社，高倉神社

因幡国：伊和神社

出雲国：飯石神社

播磨国：伊和都比賣神社，伊和都比賣神社，伊和坐大名持御魂神社

備中国：石畳神社

周防国：石城神社

紀伊国：高積比古神社，高積比賣神社

淡路国：石屋神社

筑後国：御勢大霊石神社

これら各神社が磐座を祭っていたことは，伊勢の石前神社には「磐石に居す」，石積神社では「大巌石あり」，三河石巻神社には「風土記に石座について記す」とあり，また伊豆伊波乃比咩命神社では「磐長姫を祭る」，常陸石船神社では「石船山にあり，大石あり，船に似る。長さ一丈八尺余，幅一丈許」と伴信友による注が施されていて[15]，古来より磐座が祭祀の対象であったことを窺わせるのである。また『日本三代実録』に記載された神社名にも山城国石座神社，土佐国石留神社，肥後国健磐龍命神社などがあり，『続日本紀』には安芸国に生石神社があると記され，実際磐座があることが知られている。

なぜ磐や石が神と繋がるか。『祝詞』「祈年祭」[16]には，「皇御孫命の御世を手長の御世と堅磐に常盤に齋ひ奉り，茂し御世に幸はへまつるが故に」とあり，また『古事記』では大山津見神の言葉として，「天つ神の御子の命は，雪零り風吹くとも，恒に石の如くに，常はに堅はに動かず坐さむ」と記され，『日本書紀』「神代下」には磐長姫の言葉として，「仮使天孫，妾を斥けたまわずして御さましかば，生めらむ児は寿永くして磐石の有如に常存らまし」とあり，磐や石は永遠の象徴として[17]古くは斎祀られていたことを知ることができる。

『出雲国風土記』[18]楯縫郡神名樋山の記述には，「峯の西に石神あり。高さは一丈，周りは一丈。往の側に小き石神百余ばかりあり。（中略）即ち是，多伎都比古命の御託なり。旱に当りて雨を乞ふ時は，必ず零らしめたまふ」とあり，神体山と磐座の結びつきを知りうる。これは大船山にある磐座を示すものである。『出雲国風土記』には他にも，秋鹿郡の神名火山について，「高さ二百三十丈，周り十四里なり。謂はゆる佐太の大神の社は，即ち彼の山下なり」と山麓に佐太神社があることが記され，神名火山は朝日山とも想定され，その中腹には池があり，ここで佐太神社の神送り神事が今日営まれている。また出雲郡にも神名火山があり，その山の「高さ一百七十五丈，周り十五里六十歩なり。曽支能夜の社に坐す。伎比佐加美高日子命の社，即ち此の山の嶺にあり。故，神奈火

山という」とあり，仏経山の麓には曽枳能夜神社が祭られている。同文に続く「出雲の御埼山」も麓に大神が祭られていることより神体山と考えられていたであろう。これは出雲大社の背後に控える山を称したもので，秋本は『古事記』に記す「宇迦の山」に比定している[19]。さらに意宇郡には今日の茶臼山を指して「神名樋山」とし，「高さ八十丈，周り六里三十二歩なり」と記す（以上神体山の比定は加藤による[20]）。古代の出雲地域においては神体山と磐座が密接な繋がりがあると認識されていたことを窺わせるのである。

山頂での祭祀に関しては『出雲国風土記』出雲郡宇夜の里の条に，

宇夜都弁命其の山の峯に天降りましき。即ち，彼の神の社，今に至るまで猶此處に坐ます。

とあり，また出雲郡の神奈火山（仏経山）の頂上には，「伎比佐加美高日子命の社，即ち此の山の嶺にあり」と記されている。これらは亀岡出雲神社の中世絵図に描かれた世界と符合する[21]。平安時代の初め頃成立した『琴歌譜』[22]には三諸山の山頂の磐座の前で「神の前を拝み祭りたまひて」と記されていることで，奈良・平安時代には山頂祭祀が営まれているとの伝承が生きていたことを窺わせるのである。先に引いた大船山での雨乞いも，そうした山頂での古くからの神事の一環と考えられる。

3 伊勢の神社と磐座

磐座の傍らに社が造られたことは『出雲国風土記』神門郡滑狭の郷の記述に[23]，「その時，天の下造らしし大神の命，娶ひて通ひたまひしし時に，彼の社の前に磐石あり」とあることで容易に知りうるし，奈良宇陀剣主神社を始として今日山麓にある磐座の側に社が設けられているし，設けられていたと古伝に語られるのが一般的であることにも背反しない。島根県出雲地方の神社と磐座に関するこうした事例は，荒神谷博物館により最近数多く調査・集積されている[24]し，密接な関連が説かれている[25]。次に述べる伊勢神宮関係神社で形石が本殿の下部に多く据えられていることは，神が憑依する磐座の特殊化したものと見ることができる[26]。

平安時代前期794（延暦13）年，伊勢神宮の禰宜などにより神祇官を経て太政官に提出された解文である『皇太神宮儀式帳』には[27]，「形石（みかたいし）」として磐座が神の依り憑くものであったことを窺わせる史料がある。

小朝熊神社一處。神櫛玉命，大歳の児桜大刀自と称す。形石に座します。また苔虫神。形石に座します。また大山罪命の子，朝熊水の神，形石に座します。倭姫内親王御世定い祝る。

小朝熊神社は現在4柱の神が祭られ，五十鈴川と朝熊川の合流地に突き出た台地突端に建てられた鏡宮には1柱祭られており，この神社の背後には磐座が鎮座している。小朝熊神社以外にもこの他『皇太神宮儀式帳』に記された形石がある神社として，

薗相神社，鴨神社，大土神社，国津御祖神社，久麻良比神社，津長大水神社，堅田神社，神前神社，粟御子神社，久具神社，楢原神社，坂手神社，瀧原神社，葭原神社，小社神社，新川神社，石井神社，宇治乃奴鬼神社，加奴弥神社，川相神社，荒前神社，那自売神社，葦立弖神社

と何れも国津神を祭る神社には形石が鎮座することが挙げられている。これら現在みられる神社の多くは一度廃絶して江戸時代前期以降に鎮座地点を推定して再建されたものであり，どこまで本来の形を残しているか疑念は残るが，実際今日でもそれら幾つかの神社では形石が確認できる。また内宮に座す瀧祭神も本来は五十鈴川を祭る国津神であり，欠文のため「魂形」の記載はないが，今日そこには形石が祭られている。内宮の由貴御倉の床下にも形石があり，さらに土地の神である興玉神，宮比神，屋乃波比神でも形石が備えられている（図1）。この形石について本来は榊の枝を巻きつけるに好都合の長手の石が安置され，榊巻が略されて石が崇拝の対象になったとする見解も提示された[28]ことがあったが，『伊勢二所皇御大

図1　伊勢神宮内域の磐座
左：興玉神と宮比神　右：屋乃波比伎神
（吉井貞俊画・吉井貞俊『お伊勢さん』戎光祥出版，2013年より転載）

神御鎮座伝記』（『国史大系』本）に，「径四寸長五尺御柱坐す。五色の綵を以て之を纏き奉り，八重の榊を以て之を餝り奉る」とあり，これは『御鎮座本紀』（『国史大系』本）にいう「八葉の榊」であり，心御柱に榊が飾られることは「神聖」であることの表示であって，形石あるいは心の御柱こそが祭祀の対象と考えるのが妥当である。伊勢地域の在来神（国津神）の魂形は，磐座であった可能性が高いことを示唆するものといえよう。『倭姫命世記』には（『国史大系』本）大歳神について「国津神の子，形は石に坐します」とあり，また興玉神にも「衢の神の孫，大田命，是土公氏の遠祖の神。五十鈴原の地主の神なり」とそれぞれ割註があり，中世には国津神は土着の神で磐座が御神体であったという認識が普及していたことを物語る。神社祭祀の初期の段階では磐座（形石）こそが神の「魂形」であり，その前で巫祝が祭祀を営むという思想を窺わせる。

またその他の古文献にも，神社の磐座についての言及がみられる。『御鎮座伝記』には宮中四至神四拾四前の割註として「夜刃大将石座也」とあり，酒殿の割註に「故に豊宇賀能売神，霊石座也」と記されている。さらに朝熊神社では倭姫命崇祭之の神として6柱挙げられ，櫛玉命，保於止志神，苔虫神，大山祇，朝熊水神はそれぞれ魂形が「霊石也」と割注されている。朝熊水神は今日の朝熊鏡宮に比定できる。また倭姫命は神鏡を鋳造して朝熊山神社に藏置したが，そこでは霊石が御神体であると記され，『御鎮座本記』には酒殿に豊宇賀能売命が鎮座していて霊形は石座であるとされている。『倭姫命記』には大歳神の割註「国津神子形石坐」とあり，また朝熊神社では同じく割注で「櫛玉姫霊石座，保於止神石座，苔虫神石座，大山祇石座，朝熊水神石座」とあって『御鎮座伝記』と同じことが記されている。倭姫命の最後は「自から尾上山峯に退いて石隠座します」とされ，この文章の脇には「倭姫薨去」と朱書きされている。これら『神道五部書』に書かれた内容からは（以上『神道五部書』は『国史大系』本による），鎌倉時代にあっても神の魂形として，特定の神社では磐座が位置づけられていた。とりわけ倭姫命と磐座が密接な関係にあったと，古くは考えられていたことを窺い知ることができる。ただし『神道五部書』所載書籍の割註は，中世後期から近世にかけての時期に施されたものが多く即断は出来ないが，『皇太神宮儀式帳』に記されていることを重要視すると，形石を神が憑依する磐と想定する考えは，中世に留まらず古代にまで遡上することは充分に可能である。

伊勢神宮関係の神社で魂形としての形石が数多

く祭られ，また神宮の様々な神事が形石もしくは石畳で営まれることを念頭におくとき，磐座崇拝の伝統が永く引き継がれていることが窺えるのである。『古事類苑』に引用された『皇太神宮文政正遷宮記』に記された山口祭では，「山口木本祭場は山通り道東の入口，巌社神体大岩の北方道の北に設く」とあり，遷宮のための最初の木材調達において，磐座の近くで祭祀が営まれる。さらに遷宮時，神社に納める様々な調度品なども，「川原祓」として内宮や外宮では石畳の中央におかれた形石での祭祀が行なわれることは『両宮遷宮旧式祭典図』により垣間見ることができる（図2）[29]。1797（寛政9）年に出版された『伊勢参宮名所図会』には，内宮宮中図が描かれていて[30]，本殿の南側五十鈴川の辺に「豊受宮石つみ」と称す方四尺の広さを有する石積を覆う建物（御贄調所）が記載されている。これは『皇太神宮儀式帳』に記す「石畳」にあたる。『皇太神宮儀式帳』の「供奉朝大御饌行事用物事」によると，三節祭においてはこの石畳に立てた形石に憑依した豊受大神の前に跪き，鮑などの御贄を御河で清めることが行なわれている[31]。このことは，神宮でも神が磐や石に憑依すると認識されていたことを窺わせる[32]。また瀧祭の神は『延喜式』の「神名帳」には「大神宮西川辺にあり，御殿無し」との割註がなされているが（『国史大系』本），この瀧祭でなされる行事は，祭祀の最後にあたって「神送り」を意味するものと言える[33]。いわば「みあれ」の逆の神事がなされ

ていたのではないかとも考えられ，いつしかその意味が忘れ去られ，形式的に行事だけが継承されたのであろう。

このように石や磐に対する儀礼が重要視されていることは，「神が磐に憑依する」という列島在来の信仰が，伊勢神宮の祭祀の根底にも脈打っていることを窺わせるに充分である。

4 おわりに

内陸部における山頂の磐座に対応して沿岸部においては，海の彼方から来訪する折に一時的に依り憑く立神が見られる。この立神はアウ，ワウ，オウ，もしくはオオとも呼称され，奥武，于奥，青，大，御などに島や山字を足して漢字で表現されている。こうした事例は西日本各地の海浜部で数多く認められる[34]。そこを起点として山頂の磐座に憑依した神を神庭に招くか，あるいは立神から里の神庭の磐座に依り憑くか変差がみられるが，南西諸島には神を祝祭する神庭（ミャー）に磐座が設けられている事例は少なくない。大分の宇佐市稲積山では麓の「楽庭」で祭祀が営まれ[35]，中津市の八面山麓の箭山権現磐では磐座上で祭祀が営まれたとする伝承があり，そこには小穴が穿たれていることから，沖ノ島での磐上祭祀から磐座信仰が始まるとする事例を彷彿とさせる。

磐座信仰を通してみることができる，列島における在来の神は，農漁民の必要に応じて他界より里に訪れて，招福除災を願う農漁民の望みを叶え

図2　皇大神宮（左）と豊受神宮（右）における川原祓（神宮文庫所蔵，註29より転載）

る世界で展開した宗教であったとすることができよう。このことは磐座に憑依する神は龍蛇や雷であり，祈雨，止雨に深く関係していたことからも容易に窺いうる[36]。柳田國男の言葉を借りると「かつてわれわれの天つ神は，紫電金線の光をもって降り臨み，龍蛇の形をもってこの世に留まりたもうものと考えられていた時代があったのである」[37]。さらに『神樹篇』で「岩石の孤高なるものが若しあったら，昔も今も何か霊ある如く感じられたであろう。即ち石柱に由って神を降す風は事によると木柱よりも尚古く，古代人は単に天然の立石ある地を択んで年々祭神を饗したのみだけでなく，若し技工が許すならば神地に石の柱を建てて之を高天原からの梯子にしたのかもしれない」と締めくくったのは，あくまでも関連文献を渉猟し整理しての磐座遡源の概要であったのであり，文献史料の検討と共に現地調査を踏まえた景山の見解は，柳田説を論理的に整合化したものであったと言えよう。

註

1) 柳田國男「旗鉾」『神樹篇』実業乃日本社，1958年
2) 柳田國男「腰掛石」『神樹篇』実業乃日本社，1958年
3) 『郷土』2—1〜3，1932年
4) 遠山正雄「『いわくら』について」『皇学』1—2〜4—3，1933〜1937年
5) 宇佐美景堂『山嶽崇拝と磐城・磐境』神霊社，1932年
6) 樋口清之「三輪山山頂の巨石群」『考古学研究』1，1927年。樋口清之「愛媛県大洲の磐座」『伊予大洲の古代文化』1930年。
7) 樋口清之「三輪山遺跡と其の遺物の研究」『大和考古学』4，1932年。樋口清之「摂津保久良神社の研究」『史前学雑誌』14—2・3，1941年
8) 大場磐雄『神道考古学』葦牙書房，1943年
9) 景山春樹『神体山』学生社，1971年
10) 柳田國男「巫女考」『柳田國男全集』第11巻，筑摩書房，1990年
11) 柳田國男「老女化石譚」『妹の力』創元社，1940年
12) 前掲註2に同じ
13) 辻本好孝『和州祭礼記』天理時報社，1944年。原田敏明「榊巻き」徳川宗敬 監修『神と社』神と社刊行会，1976年。甲元眞之「磐座・神籬・磐境・御仮屋」『大寧』私家版，2017年
14) 伴信友『伴信友全集』1，内外印刷株式会社，1907年
15) 前掲註14に同じ
16) 次田 潤『校注祝詞宣命』明治書院，1928年
17) 前掲註8に同じ
18) 秋本吉郎『風土記』岩波書店，1958年
19) 前掲註18に同じ
20) 加藤義成『出雲国風土記』今井書店，1988年
21) 前掲註9に同じ
22) 武田祐吉『記紀歌謡集全講』明治書院，1956年
23) 前掲註18に同じ
24) 荒神谷博物館『出雲の石神さま』2012・2013・2015年。荒神谷博物館『立石さんと暮らす人々』出雲の石神信仰を伝承する会，2016年
25) 平野芳英『古代出雲を歩く』岩波書店，2016年
26) 甲元眞之「磐座と神の降臨」『甘瞑』私家版，2016年
27) 胡麻鶴醇之・西島一郎『神道大系 神宮編』1，神社大系編纂会，1979年
28) 前掲註13 原田1976に同じ。
29) 神宮司庁『神宮遷宮記』第7巻，国書刊行会，1993年
30) 原田 幹『伊勢参宮名所図会』大日本名所図会刊行会，1919年
31) 前掲註27 胡麻鶴・西島1979に同じ
32) 神宮皇学館『神宮綱要』神宮司庁，1928年
33) 桜井勝之進『伊勢神宮の祖形と展開』国書刊行会，1991年
34) 甲元眞之「諏訪瀬島切石遺跡の再検討」『海と山と里の考古学』山崎純男博士古稀記念論集編集委員会，2016年
35) 中野幡能「稲積山権現の信仰」『英彦山と九州の修験道』名著出版，1977年
36) 前掲註26に同じ。前掲註13 甲元2017に同じ
37) 前掲註11に同じ

コラム

沖ノ島の先史

九州大学教授
宮本一夫

沖ノ島の縄文・弥生時代の遺物は,島の最南端である社務所前で,第1次調査[1]と第3次調査[2]によって発見されている。また,沖津宮のすぐ北側の4号洞穴遺跡から第3次調査によって縄文時代遺物が発見されている。

1 縄文時代

縄文土器は,縄文前期・中期と晩期に限られる。

1〜3は,山陰の西川津A式[3]であり,4号洞穴から出土している。1は波状口縁で押引き平行線文が認められる。2・3は口縁の肥厚部が退化し,貝殻腹縁による刺突文と押引き平行線文に特

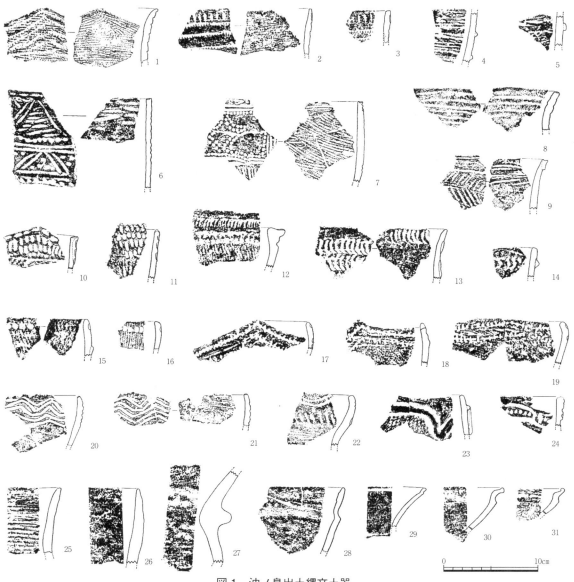

図1 沖ノ島出土縄文土器

徴がある。これらは西川津A式の中でも，中段階や新段階など比較的新しい段階に相当するものである。このように，縄文前期前葉は，山陰など日本海岸との関係が認められる。

4・5は断面蒲鉾状の隆帯を呈しており，縄文前期前葉の轟B1式新段階のものである。6・7は横帯区画文に特徴がある曽畑2式で，8・9も曽畑2式である。10・11は縦方向に跳ね上げた刺突文に特徴をもつ羽田ZⅣ類や月崎下層式であり，曽畑3式に並行する[4]。このように，縄文前期中葉には北部九州の土器系統が認められるが，曽畑式は山陰にも広がることから，北部九州から山陰への流れを認めることができるであろう。一方，羽田ZⅣ類・月崎下層式は瀬戸内西部に広がる土器型式であり[4]，瀬戸内の彦崎Z1式に並行し，瀬戸内との関係が始まる段階である。12は縄文前期末の瀬戸内の里木Ⅰ式である。

13～24は縄文中期の土器である。13・14は連続爪形文に特徴がある船元Ⅱ式，15は縄文地に円形刺突が施される船元Ⅲ式，16は条痕地に円形刺突が施される里木Ⅲ式である。17～19はキャリパー状口縁を呈し，波状口縁の平行沈線文に刺突文を施す地域性を帯びた里木Ⅲ式併行期の土器である。20～22はキャリパー状口縁に波状沈線文が施される里木Ⅲ式である。23・24は瀬戸内系の中期末の土器であろう。縄文中期は瀬戸内の船元式が九州北部に広がるように，瀬戸内系の土器から成り立っている。

25～31は縄文晩期黒川式段階の土器である。縄文晩期終末期の刻目突帯文土器は認められない。

以上の土器型式は，4号洞穴で西川津A式が，社務所前で曽畑式が排他的に出土するように，縄文前期には出土傾向に地点差が認められる。そして，基本的に縄文中期と晩期黒川式時期では出土地点差はない。

縄文前期前葉・中葉は北部九州と山陰との関係，さらに前期後葉に瀬戸内西部との関係へ転換し，さらに縄文中期には瀬戸内との関係が主体となっていく。縄文晩期の黒川式段階も，北部九州と瀬戸内・山陰との関係で捉えられよう。しかし，縄文後期土器や縄文晩期刻目突帯文土器が存在しない理由は不明である。また，縄文海進期の高海面期以降に縄文土器が認められるのも，島嶼部や海浜部の遺跡の特徴である。

2 弥生時代

弥生時代遺物は，社務所前のみで発見されている。弥生前期の板付Ⅱa式を除き，弥生中期の須玖Ⅰ式・Ⅱ式，弥生後期の高三潴式・下大隈式など北部九州の弥生土器が出土している。朝鮮半島系の断面三角形の粘土帯土器や，瀬戸内系土器などの外来系土器も認められる。また，伝沖ノ島出土とされる細形銅矛が存在する。

3 沖ノ島の先史時代交流

縄文時代の沖ノ島は，縄文前期前・中葉の北部九州と山陰との交流関係から，前期後葉に至って北部九州と瀬戸内との交流関係への転換を示し，中期には強い瀬戸内との関係を示している。こうした縄文時代の地域間関係は，対馬・壱岐が朝鮮半島南部と西北九州・北部九州との結節点を示す[5]のと，対照的な地域間関係を形成している。弥生時代に至っても，北部九州の一員として瀬戸内との関係を示すとともに，弥生中期後葉から後期初頭にかけて朝鮮半島南部の粘土帯土器が認められるに至る。こうした縄文・弥生時代に認められる一貫した瀬戸内との関係の中に，朝鮮半島南部のとの関係が始まる。4世紀以降，ヤマトは瀬戸内を経由した金官加耶との交易ルートを確立するが，その途上に沖ノ島が存在する理由は，こうした先史時代の交流ルートに起因しているからである。

註
1) 宗像神社復興期成会 編『沖ノ島』1958年
2) 第三次沖ノ島学術調査隊 編『宗像沖ノ島』宗像神社復興期成会，1979年
3) 柳浦俊一『山陰地方における縄文文化の研究』雄山閣，2017年
4) 宮本一夫「瀬戸内の縄文時代前期の地域様相」『斎灘・燧灘の考古学』大西町，1993年，18-43頁
5) 宮本一夫「北部九州と朝鮮半島南海岸地域の先史時代交流再考」『福岡大学考古学論集―小田富士雄先生退職記念―』小田富士雄先生退職記念事業会，2004年，53-68頁

コラム

沖ノ島の銅矛

福岡市埋蔵文化財課
常松幹雄

　第二次大戦中，沖ノ島に駐屯した陸軍は，島の西南部にあった旧社務所の北西200mに兵舎を設けた。旧社務所跡から北西にのびる旧軍用道路の傍らで，多数の鉄製品とともに採集されたとされる1本の銅矛がある（図1）。戦後，銅矛は発見者の郷里である山形に持ち帰られたが，1968（昭和43）年，沖ノ島の調査関係者によって致道博物館（鶴岡市）に展示されていることがわかり，すぐさま調査が行なわれた。現在，銅矛は発見者のもとに戻り，公開はされていない。

　この銅矛は，翼部に突線を鋳出し，袋部上半に突起の痕跡がある特徴的な型式である。先学によって示された所見をもとに，資料を解説する。

　『昭和44年度調査概報』に掲載された遺物写真には，矛の翼部に突線がはっきりと写っている[1]。『宗像沖ノ島』では概報の写真と同じ面の図が掲載された[2]。銅矛は，現存長28.7cmで，関幅4.5cm，袋部最大幅3.4cm，袋部長9.5cmをはかる。袋部は一方の側面を欠くため耳の有無は不明で，真土は14cm奥まで抜かれている。袋部上半にある突起の痕跡は，環の基部と推定されている。翼部の突線については，樋は関のところで終わっているとの記述となっている。

　柳田康雄は，「沖ノ島出土銅矛と青銅器祭祀」のなかで『宗像沖ノ島』の図と『末盧国』に掲載された図を比べ，後者に翼部の突線と袋部の節帯が描かれていないことから前者の図（図2）をもとに所見を述べた[3]。このなかで刃部断面がわずかに内傾する特徴と節帯の幅が約1cmあることから，北部九州製の短身銅矛ⅡD型式に分類した[4]。柳田の短身銅矛は，長大化をとげる武器形祭器に対して鋳造時から短身・小型化を志向した銅矛と，研ぎ減りの結果，短身となった銅矛の両者を包括する。

　本行遺跡（鳥栖市）1号銅矛鋳型[5]は両面范で，「中細形」銅矛の鋳型を，短身銅矛の鋳型に転用したものである[6]。沖ノ島出土銅矛と本行の銅矛鋳型は，平面形が同型式であることに加えて，刃部断面がわずかに内傾する特徴のほか，袋上部に二対の突起が認められるという共通性がある（図2）。ただ，本行の銅矛鋳型の袋部に刻まれた突起の間隔は2.1cmで，沖ノ島出土銅矛の1.3cmと比べて8mm近く間が広くなっている。韓国の入室里，竹東里では，袋部に二対の棘状突起をもつ銅矛が出土している[7]。これらの突起の間隔は，沖ノ島出土銅矛に近いが，いずれも日本国内に類例がない多樋式銅矛である。

　これまで「細形」に分類されてきた沖ノ島の銅矛は，短身銅矛である可能性が出てきた。短身銅矛ⅡD型式は，本行遺跡の銅矛鋳型に伴う土器型式から，中期後半から後期はじめに比定される。

　つぎに翼部の突線は，銅矛では伝公州出土の銅矛（全長22.1cm，有耳）にみられる[8]。このほか銅剣では八田2号鋳型（中広形銅剣）の割り方上部の線刻にみられる[9]。こうした突線は瀬戸内に分布する平形銅剣の突出部にも採用されることから，東方世界との関連が注目される。

　弥生時代中期初頭にはじまる青銅武器の副葬，

図1　銅矛出土推定地

「中期前半・新」段階には，佐賀の吉野ヶ里遺跡や宗像の田熊石畑遺跡などの有力層墓が出現した。青銅武器の副葬は，中期後葉に引き継がれ，漢代の文物を併せて分配することで権威を継承するシステムが確立した。「中細形」段階になると銅矛・銅剣・銅戈とも埋納の対象となった。

　銅矛が海をわたった背景には，沖ノ島への畏敬に根ざした祈りがあった。ここではムナカタを担い手とする九州北部からの視点で解釈を示した。

註

1) 宗像大社復興期成会 編『沖ノ島Ⅰ　宗像大社沖津宮祭祀遺跡昭和44年度調査概報』1970年
2) 阿久井長則・佐田 茂「沖ノ島出土細形銅矛」『宗像沖ノ島』宗像大社復興期成会，1979年
3) 柳田康雄「沖ノ島出土銅矛と青銅器祭祀」『「宗像・沖ノ島と関連遺産群」研究報告』Ⅰ，「宗像・沖ノ島と関連遺産群」世界遺産推進会議，2013年。岡崎 敬 編『末盧国』六興出版，1977年
4) 柳田康雄「短身銅矛論」『橿原考古学研究所論集』14，八木書店，2003年
5) 向田雅彦「本行遺跡」『鳥栖市文化財調査報告書』51，鳥栖市教育委員会，1997年
6) 柳田康雄「佐賀県本行遺跡鋳型再考」『古代学研究』168，古代学研究会，2005年
7) 国立中央博物館・国立光州博物館「特別展　韓国の青銅器文化」汎友社，1992年
8) 武末純一「沖ノ島祭祀の成立前史」『「宗像・沖ノ島と関連遺産群」研究報告』Ⅰ，2013年
9) 後藤 直「福岡市八田出土の銅剣鋳型―資料の観察―」『福岡市立歴史資料館研究報告』7，福岡市立歴史資料館，1982年

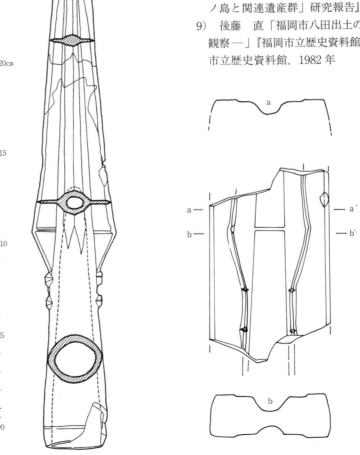

図2　伝沖ノ島出土の銅矛と本行1号鋳型（縮尺1/2）

古墳の被葬者と祭祀

関西大学非常勤講師
今尾文昭
(いまお・ふみあき)

1　古墳の被葬者はカミか，司祭者か

　沖ノ島祭祀は時期ごとに祭祀場が推移する。調査者の小田富士雄らは，これを「葬祭の未分化から分化へ」の変化を示すものと説いた[1]。古代史の井上光貞が支持して「葬祭未分化の状態」では，ひとの霊魂とカミは同じ方法で礼拝し，崇敬されたが，それが意識的に区別されるなかで葬儀と祭儀が成立するものとみなした。そして，祭儀の確立は①カミと霊魂の分離，②カミを祭るための物品の成立，③祭りの場の形成などを伴ったものであって，それは沖ノ島祭祀の「露天祭祀段階」以降の6～7世紀のことではないかとした[2]。

　古墳で執行された祭祀と，古墳時代の自然物を対象としたカミまつりに関連性があると見なす論者は少なくない。その根拠は，沖ノ島祭祀の奉献品目のうちに古墳副葬品との共通性が認められることにある。古墳時代，とりわけ前期を「葬祭未分化の状態」にあるという認識は今もある。

　広瀬和雄は古墳被葬者への副葬品を，「共同体再生産に必須の道具類」であると説く。そのうえで，被葬者が再生して地域構成員と新たな社会的関係をむすぶという観念が古墳時代に存在したとし，さらには「亡き首長がカミとなって共同体を守護する場」が前方後円墳の出現であったと意義づけた[3]。古墳被葬者をカミそのものとみなすということだが，それに留まらず，その観念が前方後円墳を造営し続けた理由だと説明した。古墳の造営，古墳群形成の政治的，社会的側面を強調した論である。

　広瀬の主張は，前方後円墳発生の意義や古墳時代の権力継承システムを考えるうえで重要な問題提起となった。古墳時代の王が死後にあって，新たな社会的役割を負うのであれば，古墳被葬者の個別に対して「神格」が容易に発生する可能性を示唆したものだと私には受けとめられた。なにより，古墳が共同体を守護する装置ならば，その維持管理制度が古墳時代の政権に備わっていたことになる。いわば，陵墓制の淵源を古墳時代のその出現時点に認めることになる。日本列島の広範な地域に分布する前方後円墳の築造意義が，古墳被葬者をカミとすることにあるならば，畿内制の成立と一体にある律令期の陵墓制との質的（観念的）転換についての説明が求められる。

　しかし，百舌鳥・古市古墳群に築かれたであろう5世紀代の大王墓といえども，長期継続的な維持管理行為を古墳時代の考古資料から導ける状況にはない。誉田御廟山古墳にしても，超大型前方後円墳として築かれた大王墓そのものに「神格」が備わった形跡（具体的に「誉田宗廟」の成立）がたどれるのは，8世紀以降のことではないだろうか。

　古墳被葬者をカミそのものとみなす見解に対して白石太一郎は，カミまつりと古墳祭祀にはもとより違いがあったと指摘する。古墳副葬品のうちに古墳被葬者のカミまつりの執行者としての性格を反映したものが含まれていると説いた。わけても農工具類の副葬は，農耕祭祀の儀礼主宰者としての古墳時代の王の性格を顕著に示しているものとする。

　とくに東日本各地の祭祀遺跡で普遍的に多量出土する滑石製模造品も，そもそも佐紀御陵山古墳，富雄丸山古墳，新山古墳など近畿中部の前期後半の古墳副葬品として製作された滑石製模造農工具類にある。つまり，カミへの奉献品が同時に古墳副葬品に直結したものとはいえない状況にあり，

古墳被葬者は司祭ではあってもカミそのものと考えることは困難だと結論づけた[4]。

2　水の祭祀と古墳の関係

　古墳被葬者はカミそのものか，祭祀の主宰者（司祭を含む）か，これを考える上で糸口となるのが集落縁辺における水に関わる祭祀施設の存在である。
　奈良県御所市の南郷大東（なんごうおおひがし）遺跡の発掘調査では，集落縁辺の自然流路に人頭大の石材を用いた堰と護岸施設を設ける。堰の下部中央に木樋1，その下流に木槽を備えた木樋2，さらに接続して木樋3が設けられた。このうち木樋2を中心に，約5m四方の2間×2間の板壁構造の覆屋がある。水は，この部分では屋内を流れる。覆屋の外周には狭い間隔で並ぶ細い杭があり，覆屋は垣根で囲われていた。付近からの出土遺物には丹念に細工を施した木製容器や武器形木製品をはじめ，石製品，桃核，ヒョウタン，馬歯など祭祀的性格を示すものが多い。時期は5世紀中葉前後で一定期間，使われたという。
　南郷大東遺跡の例は，流水に関係した祭祀場とみなすのが一般的だが，カミの憑依が流水を活かした構造物にあるのか，流水そのものにカミが宿るのか，上流の水源にカミの居場所を求めるのか，考えなくてはならない。それは後述するが，祭祀の執行は当該地域の首長が主導したと考えてよいだろう。坂靖が述べるように，流路を維持管理するという「治水」の主担者としての役割が地域首長層に備わっていた可能性も考えられる[5]。
　集落遺跡に見られた導水施設は，形象埴輪にもなる。かつて導水施設形埴輪と名付けたが，その後も，近畿中部の中期古墳を中心に出土例が増えている。
　一例をあげる。大阪府八尾市の心合寺山（しおんじやま）古墳は古墳時代中期初葉に営まれた前方後円墳（墳長157m）である。西側くびれ部最下段裾には人頭大の石を用いた方形の区画があり，そのなかに墳丘主軸に平行に導水施設形埴輪が，単独で置かれていた。家形とそれを囲む囲形が一体となった特異な埴輪である。家形の内部は床を切り取ることで，導水施設がそこに「存在したこと」を暗示する。その延長上にあたる囲形の壁には，流水の取排水口を表現したとみられる孔がそれぞれの側に開く。導水施設（槽）と家屋，さらには囲繞する施設を表現したという点は，南郷大東遺跡の導水施設と同様の構成であり，渟斎は「水の祭祀場を表した埴輪」と説明する[6]。
　導水施設形埴輪がなぜ生まれたか，その意義をどのように理解するか。別の解釈もあるが，本稿では首長のもとで執行されていた集落の周縁におけるカミまつりの「場」が，写されて埴輪となったとみる。

3　箸墓古墳の存在と三輪山祭祀

　「水」による祭祀に対して，「岩」や「山」の祭祀となるのが三輪山祭祀である。古墳被葬者と山に居る神との邂逅を示す記述がある。
　奈良県桜井市の箸墓古墳（墳長280m）は，三輪

図1　南郷大東遺跡の導水施設
（奈良県立橿原考古学研究所提供）

山に在るオオモノヌシの妻となったヤマトトトヒモモソヒメの墓として『日本書紀』崇神紀に記される。「ハシノハカ」の地名起源譚だが，三輪山麓に存在する大型前方後円墳の被葬者を神人婚に関わる女性だと説明した。墓主と山麓への神の顕現を関連づけている。ただし，被葬者そのものを神とは記していない。ヤマトトトヒモモソヒメは，カミと人の「橋渡し」の境界領域に位置する[7]。

奈良盆地東南部で，初瀬川が西から北へと流れを変化させるあたりに三輪山（標高467m）はある。盆地内から望見すると秀麗に裾が拡がる西側の山容は「神奈備形」の典型といわれている。西麓には，本殿を持たず拝殿から三ツ鳥居を通して神体となる三輪山を拝むという古い形態の神社として，著名な大神神社が鎮座する。

三輪山祭祀に関連するとみられる遺構，遺物の発見地点は20数ヵ所におよぶが，偶然の機会に見つかることが多いため，詳細不明なものが大半である。子持勾玉の出土に特徴づけられるが，また必ずしも巨石をともなう例ばかりではない。それでもこれらの出土地点は，三輪山を中心に西麓一帯に広がる。

そうしたなか，1918年発見の山ノ神(やまのかみ)遺跡は，山麓の標高約140mにあり，他の祭祀遺跡に比べるとやや高位置にある。2.0×1.5mの巨岩を中心に，方形に5個の石が配された。下に割石を敷設して地固めしたようで，付近から小形素文鏡3面をはじめ碧玉製・水晶製・滑石製勾玉および模造品，厚手の手づくね土器が多数，みつかった。概ね5世紀後半以降の時期にある。

山ノ神遺跡の西方，1965年に発見された奥垣内遺跡では，巨石があったとされる傍らに須恵器の大甕が据えられており，なかに陶質土器，滑石製模造品，それに10数点の須恵器類が納められていたという。年代も5世紀後半から6世紀初葉であり，この頃に三輪山祭祀の画期の一つがあったものとみられている。

三輪山祭祀の遡源（水にも関係か）や「纒向型祭祀」といわれる纒向遺跡における祭祀との関係性については本稿では措くが，三輪山のカミは山頂から岩を伝って降り来て，神人境界領域の山麓にある磐座（巨石）に留まり，そこでカミまつりが催行されたと見なされる。

4　「移動回帰型」と「往還固定型」のカミ

古墳被葬者をカミそのものとする観念が，古墳時代に生じていたことに対して，先述したように私は否定的である。一方，古墳被葬者が司祭─直接の祭祀執行者だとすることに普遍性があるとする証拠は十分とは思えない。古墳時代の政権内部の職掌分担やいわゆる「国家的祭祀」の成立とも絡んで，この点は重層的に捉えておきたい。

とはいえ，導水施設の存在ばかりか，百舌鳥古墳群，古市古墳群の超大型前方後円墳の周囲や地域首長墓における導水施設形埴輪の存在は，首長が集落祭祀の主宰者であった可能性を示唆している。逆に言えば，古墳被葬者となる首長もまた集落祭祀から「隔離」「隔絶」した存在ではなかったことを示すものと言えよう[8]。

古墳被葬者とカミ，また古墳における祭祀とカミまつりの間に有意な関係性があることは認めたいが，古墳被葬者がカミに転化することは容易なことであろうか。

そこで，上にあげた古墳時代の祭祀遺跡の形態をもとに古墳時代のカミを人びとがどのように捉えていたものか。緻密な論証を示すものではなく，雑駁ながら研究メモを示して，本稿のおわりとする。

南郷大東遺跡にみる導水施設による水の祭祀では，流水（谷川）→貯水（堰・護岸施設）→導水（木樋）→止水（木槽・覆屋）→導水（木樋）→流水（谷川）という水の流れがある。「水」にカミが依るとして，以下のように理解する。

①上流（水源）から水に依るカミの移動がある。
②「水」が留まるところに祭祀場が設けられる。
③その後，下流へ再び「水」を媒体にカミは移動する。

こういったカミの遷移形態を「移動回帰型」と名付ける。大阪府東大阪市の神並・西ノ辻(こうなみ)遺跡もよく似た構造を示す祭祀遺跡である。

移動回帰型は「第三の場所」の想定を前提化し

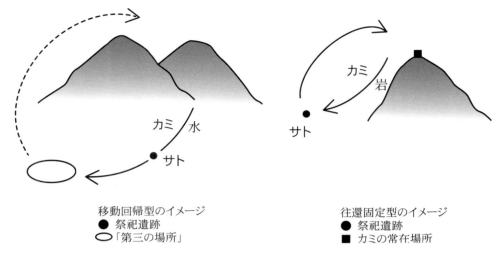

図2 「移動回帰型」と「往還固定型」のカミ

ないと、カミは回帰できない。つまり、谷間の奥の「第一の場所」、止水してカミが留まる「第二の場所」、カミまつりはここで執行された。そして、カミが去った先の場所が「第三の場所」である。それは「カミ（カミガミ）の世界」の想起につながり、当然ながらその概念化形成に向かう。

三輪山祭祀は不明の点も多いが、山中における磐座分布や祭祀遺跡の存在と『古事記』崇神段のいわゆる三輪山伝説、『日本書紀』崇神紀のいわゆる箸墓伝説を参考に、以下のように推考する。

①山頂から岩に依るカミの移動がある。
②山麓（神人の境界領域）の磐座が祭祀場となる。
③その後、カミは山へ帰還する。

こういったカミの遷移形態を「往還固定型」と名付ける。当然ながらその概念化形成に向かうだろう。往還固定型の場合は、常在する場所を基底とする「カミの性格」（神格）が発生することに向かうことになるのではないか。

導水施設を用いたカミまつりの遺構は、纒向遺跡家ツラ地区や福岡県行橋市の延永ヤヨミ園遺跡にもある。これらは古墳時代前期初葉に遡上する。弥生時代のカミまつりとの連関性、また律令期祭祀との連続性が問題となることは言うまでもない。また、今後は考古学の遺構・遺物として捉えられる祭祀遺跡（多くはカミへの奉献品が出土した場所）に限定することなく、カミが依る場所となる自然物を包括した構造を対象に、より空間的に考える必要がある。その空間に古墳被葬者となる首長がどのように関与したかが、「古墳被葬者はカミか、司祭者か、カミまつりの主宰者か」を解くことになる。

註
1) 岡崎　敬・小田富士雄・弓場紀知「沖ノ島」『神道考古学講座』5, 雄山閣, 1972年
2) 井上光貞『日本古代の王権と祭祀』歴史学選書, 東京大学出版会, 1984年
3) 広瀬和雄『前方後円墳国家』角川選書, 2003年　ほか
4) 白石太一郎「神まつりと古墳の祭祀」『国立歴史民俗博物館研究報告』7, 1985年
5) 坂　靖「古墳時代導水施設と祭祀」『月刊考古学ジャーナル』398, 1996年
6) 渚　斎「「水の祭祀場」を表した埴輪についての覚書」『史跡心合寺山古墳発掘調査概要報告書』八尾市教育委員会, 2001年
7) 今尾文昭「「ハシ」がつく名　由来は」『天皇陵古墳を歩く』朝日選書, 2018年
8) 今尾文昭「カミとカミまつり」『ドイツ展記念概説 日本の考古学　下巻』学生社, 2005年

平城京と沖ノ島の人形

奈良文化財研究所
庄田慎矢
（しょうだ・しんや）

1 はじめに

沖ノ島で行なわれていた祭祀，なかでも7世紀から8世紀にかけての時期におけるそれが，当時の都である藤原京や平城京で行なわれていた祭祀と共通性を持っていたという指摘は，古くから繰り返しなされてきた[1・2]。本稿では，こうした「共通性」について，若干の再検討を加える。

平城京における祭祀を語る上で，金子裕之による一連の業績[3]が極めて重要であることは論を待たない。これらの研究で扱われた遺構・遺物は多岐にわたるが，本稿では紙数の都合上，金子の議論において核心的とも言える遺物である人形（ひとがた）を検討対象にしぼって議論を行なう。主として金子による先行研究に導かれつつも，最近の事例，とくに筆者も関わった平城宮朱雀門周辺での新たな発掘調査成果[4]や，それをもとにした新しい研究事例を参照しつつ，新知見を提示する。またこれまでの人形研究において，中国[5]に比べあまり注意が払われてこなかった朝鮮半島の木製人形の事例についても言及する。

2 平城宮・京における人形

平城宮・京における人形に関しては，金子による網羅的な研究[1・6]がよく知られているが，その後も人形の出土事例は増え続けている[7]。2018年6月時点で，その数は，奈良文化財研究所が行なった平城宮・京における発掘調査出土例だけでも木製人形が595点（破片含む），金属人形68点（鉄19，銅49）点に上るが，沖ノ島に見られるような滑石製の人形は1点も出土していない。

最近の集中的な出土例としては，2015年から2016年にかけて同研究所が行なった，平城京朱雀大路西側溝や二条大路北側溝を含む朱雀門周辺の発掘調査がある。これらの地点は，かつて金子が大祓に用いたと推定した，207点もの木製人形をはじめとした一連の遺物群が出土した壬生門（みぶもん）および二条大路側溝の調査[8]地点から，それぞれ西に2.8km，1.2km離れた位置にある。一連の調査で，奈良時代前半のまとまった木製・金属製人形の資料が新たに報告された[4]。

かつて，金子による木製人形の編年[1]では，肩部の作り出し方が遺物の時期を示す指標として想定された。すなわち，古手のA型式は「撫で肩」であり，遅れて出現するC型式は「怒り肩」になるという。しかし，上記の一連の新出土資料（図1）は奈良時代の前半に属することが明らかであるが，そこに後出の要素とされた怒り肩（図1-2～6）が撫で肩（図1-1・7～16）と共存することがわかる。今後，別の視点からの編年設定が必要である。

新しい知見は，型式編年上の問題に留まらない。平城京二条大路北側溝出土の木製人形の中には2枚あるいは3枚が折り重なって出土したものがあることが知られていたが[6]，浦蓉子・星野安治[9]が人形の形状や顔の表現が類似するもの同士の年輪幅を比較したところ，年輪幅のパターンが明確に一致し，これらが同一の木材から製作された可能性が高いことが明らかになった。金子がかつて指摘したように，『延喜式』においては，鉄や，鉄に金・銀箔を押した金・銀人形が，二枚一組を最低単位として用いられていた[6]。木製についても最低二枚，あるいは三枚がセットとして使用されていたことが想定されるが，それに加え，製作から使用までの一連の工程が極めて少人数の間で共有されていた可能性が高まった。

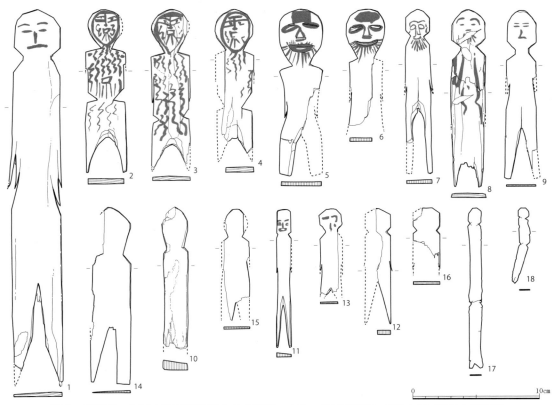

図1　平城京・朱雀大路西側溝出土の木製(1〜16)・金属製(17・18)人形（註3より改変）

　こうした視点で先ほどの朱雀大路出土人形の事例（例えば図1-2〜4および5・6）を再び見ると，木取りや平面形以外にも，墨による描画を含めた類似性が見てとれ，やはりこれらも製作から使用まで一連の工程を共有していた可能性を想定したくなる。年輪年代法を用いた今後のさらなる調査の進展が期待される。

3　沖ノ島における人形祭祀との関係

　次に，平城宮・京における木製品を中心とした人形祭祀と沖ノ島におけるそれとを比較してみよう。金属製の人形は両者において出土しているが，上述のように滑石製人形は平城宮・京における出土例がなく，逆に木製人形は沖ノ島には見られない。金子[1]は沖ノ島における模造品を用いた祭祀についても律令的祭祀の色濃い影響を認め，滑石製人形を木製人形の模倣とみなす。静岡県浜松市伊場(いば)遺跡と沖ノ島1号遺跡の舟形の関連性や沖ノ島22号・5号遺跡出土の鉄・金銅製人形が平城京出土のいわゆる「呪い人形」と同型式であることなどが根拠とされる[1]。

　確かに金属製人形は平城宮・京と沖ノ島ともに出土例があり，また沖ノ島関連遺跡において6世紀に用いられていた実物の鉄鏃が，8世紀にはミニアチュア鉄鏃に変化するなど，形代を用いた祭祀は律令的なもの[2]として平城京と共通するので，両者の間での何らかの関係を否定することは難しい。鏡や鉄鋌などの遺物から，沖ノ島祭祀と畿内の大和王権との関わりは4世紀末から存在したという指摘もある[10]。しかし，ここで問題となるのが，金子が金属製模造品の時期を8世紀後半以降と想定している点である。これは，7世紀末よりも古い金属製人形の出土例が奈良盆地に見られなかったことが主な根拠であった[1]。

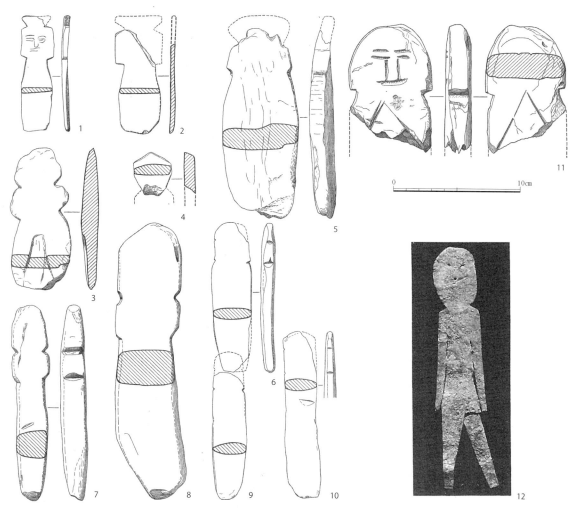

図2　沖ノ島出土の滑石製（1～11）・金属製（12）人形
（註13・14および宗像神社復興期成会編『沖ノ島』1958より加工転載）

沖ノ島祭祀の諸段階は，岩上祭祀（4世紀後半～5世紀）→岩陰祭祀（5世紀後半～7世紀初め）→半岩陰・半露天祭祀（7～8世紀）→露天祭祀（8～9世紀）と整理され，このうち第三段階の半岩陰・半露天祭祀に律令的祭祀方式が導入されたという[11]。これに対して奈良盆地で律令的な木製模造品が成立するのは7世紀後半[1]であり，これに先行する金属製人形の出土例は知られていない。これ以前に金属製人形が沖ノ島において存在していたとなると，上記の議論は成り立たなくなる。

ふりかえって金属製人形が出土した沖ノ島内の遺跡は22号（岩陰）および5号（半岩陰・半露店）であり[12]，時期的には5世紀後半から8世紀に該当することになる。5号出土の金銅製人形の形態は，直線的なフォルムが特徴的な平城京出土のそれ（例えば図1-17・18）とは形態および顔面の表現などに差異も見られ（図2-12），型式論的には，こちらがより写実的なために古いとの解釈も成り立つ。

一方，沖ノ島3号および4号（御金蔵）遺跡出土の滑石製人形についても，平面形・大きさ・厚みなどの形態上，とくに平城京出土の木製人形に

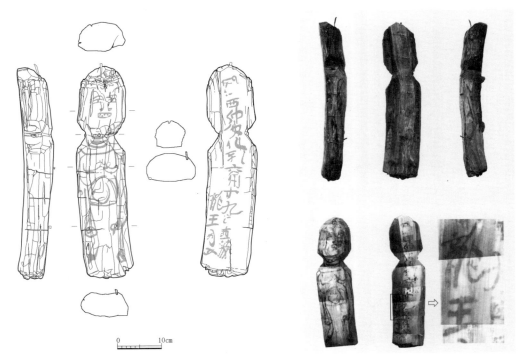

図3　火旺山城出土の人形（註17より改変）

酷似するとは言い難い（図2-1～11）。滑石製人形・馬形(うまがた)・舟形(ふながた)のセットは沖ノ島特有の遺物であるとする報告者の見解[13]も無視できない。金子自身も認めるように、水に浮かべて流す木の人形とこうした使用法の想定しにくい滑石製の人形では、使用方法についても差異があったことは否めないであろう。沖ノ島における人形を用いた祭祀について、律令的祭祀からの影響以外の在地的要素について、再検討していく必要がある。

4　韓国における木製人形の事例

最後に、朝鮮半島における最近の人形の出土事例について簡単に見ておこう。沖ノ島・辺津宮・中津宮に祀られた宗像三神は、日本と朝鮮半島を隔てる海の交通の守護神として尊ばれたとみる見解があるように[10]、朝鮮半島の百済・新羅・伽耶の存在を抜きにして、沖ノ島においての祭祀の意義を理解することは難しいであろう。

朝鮮半島における祭祀関連遺物については、早くに東潮[14]が網羅的な集成を行なっている。雁鴨池(アナプチ)出土の木製人形についても紹介しているが、金子はこの論文を引用しながらも、古墳時代には朝鮮半島からの影響で土製人形が、奈良時代には中国からの影響で木製人形が成立したと整理する[15]。しかし、その後に発見された、以下に述べる事例をふまえるならば、後者において朝鮮半島の影響を考慮しなくても良いのかは、再考の余地がある[16]。

2002年から2005年にかけて発掘調査された昌寧火旺山城(ファワン)から出土した木製人形[17]（図3）は、統一新羅時代、9～10世紀の井戸から出土した長さ49.1cmの大型のもので、頭頂部・首・胴体にそれぞれ金属の釘が打ち付けられている。厚みのある立体的な形態は日本の木製人形に類例を見つけ出すことが難しいが、人形に釘を打ち込むこうした事例は、平城京の事例にも共通する部分がある。また特筆すべきは、この人形には墨による顔や衣服の描写に加えて墨書があり、金在弘の釈読[18]によれば

　□古仰□□年六月廿九日真属
　龍王開祭

とある。三上喜孝[19]はこれを祈雨祭祀と関連するものと解釈し，藤原京出土の「龍王」木簡に人物像が描かれることの意味と関係すると指摘している。三上の指摘の通り，こうした祭祀自体の祖型は中国に求められるであろうが，日本における人形祭祀の形成過程を考える上で，中国だけでなく朝鮮半島の事例にも今後注視していく必要があるだろう。

5　おわりに

　本稿では，金子によって大枠が示された平城京出土の人形とこれを用いた祭祀について，沖ノ島や朝鮮半島の事例を加えつつ，新資料をもとに若干の異見を述べてみた。その多くは重箱の隅をつつくような小さなものであるが，都城における祭祀およびそのほかの遺跡との比較研究において，未解決の問題が多くあることは示せたかと思う。

　本稿の作成にあたり，浦蓉子・星野安治・李炳鎬・鄭修鈺の各氏からご教示・ご協力を賜った。記して感謝いたします。

註

1) 金子裕之「古代の木製模造品」『研究論集』Ⅵ 奈良国立文化財研究所，1980年，2-28頁
2) 九州国立博物館『宗像・沖ノ島と大和朝廷』2017年
3) 金子裕之（春成秀爾 編）『古代都城と律令祭祀』柳原出版，2014年
4) 丹羽崇史・番 光・芝康次郎・庄田慎矢・浦蓉子・今井晃樹・林 正憲・鈴木智大・桑田訓也・村田泰輔「平城京朱雀門周辺・朱雀大路・二条大路の調査」『奈良文化財研究所紀要2017』2017年，190-231頁。浦 蓉子・丹羽崇史・今井晃樹・山本祥隆・村田泰輔「平城京二条大路東一坊域の調査」『奈良文化財研究所紀要2017』2017年，270-277頁
5) 泉 武「人形祭祀の基礎的考察」『橿原考古学研究所紀要　考古学論攷』8，奈良県立橿原考古学研究所，1982年，79-108頁。金子裕之「日本における人形の起源」『道教と東アジア』人文書院，1989年，38-53頁
6) 金子裕之「平城京と祭場」『国立歴史民俗博物館研究報告』7，1985年，219-289頁
7) 臼杵 勲「金属製人形について」『平城京左京七条一坊十五・十六坪発掘調査報告書』奈良国立文化財研究所，1997年，196-201頁。小池伸彦「銅人形の新例について」『奈良文化財研究所紀要2004』2004年，16-17頁。石橋茂登・降幡順子「石神遺跡出土の銅製人形および関連資料」『奈良文化財研究所紀要2013』2013年，140-142頁
8) 奈良国立文化財研究所「Ⅰ南面東門（壬生門）の調査（第122次）」『昭和55年度平城宮跡発掘調査部発掘調査概報』1981年，3-10頁
9) 浦 蓉子・星野安治「同一材で作られた木製人形」『奈良文化財研究所紀要2018』2018年，64-65頁
10) 田村園澄「古代沖の島の祭祀」『日本古代の王権と祭祀』東京大学出版会，1984年，208-245頁
11) 田村園澄「宗像沖ノ島祭祀の歴史的諸段階」『九州歴史資料館研究論集』8，1982年，3-16頁
12) 佐田 茂「沖ノ島祭祀の変遷」『古代を考える 沖ノ島と古代祭祀』吉川弘文館，1988年，73-129頁
13) 宗像神社復興期成会 編『続沖ノ島』1961年
14) 東 潮「古代朝鮮の祭祀遺物に関する一考察」『国立歴史民俗博物館研究報告』7，1985年，453-496頁
15) 金子裕之「考古資料と祭祀・信仰・精神生活」『新版古代の日本』10，1993年（前掲註1文献に再録）
16) 韓国の木製人形の事例はそう多くはなく，河南二聖山城，扶余官北里，慶州雁鴨池，昌寧火旺山城，咸安城山山城などが知られている。鄭修鈺「古代木製祭祀具の出土様相とその意義」『韓国木器資料集』Ⅲ，国立伽耶文化財研究所，2014年，278-285頁
17) 慶南文化財研究院『昌寧火旺山城内蓮池』2009年
18) 金在弘「昌寧火旺山城龍池出土木簡と祭儀」『木簡と文字』4，2009年，99-126頁
19) 三上喜孝「付章「龍王」銘木簡と古代東アジア世界」『日本古代の文字と地方社会』2013年，314-332頁

海神の原像

国立歴史民俗博物館名誉教授
春成秀爾
（はるなり・ひでじ）

1 弥生時代の海神

　海に神霊が宿ると意識して，その祭りを始めたのはいつのことであろうか。海神の祭りを示唆する考古資料は海辺の遺跡であり，出土する遺物である。まず弥生時代の海神の祭りについて考えてみたい。

　2015年，銅鐸7個の一括出土が話題になった兵庫県南あわじ市松帆海岸の弥生青銅器の例を取りあげてみよう。型式的なまとまり（菱環鈕2式1点，外縁付鈕1式6点）と，鈕や舌に遺存していた紐や付着していた植物の葉の炭素14年代から判断すると，製作の年代は弥生中期前半，前3，2世紀，埋納の年代は前2世紀頃である[1]。埋納の正確な地点は不明であるが，砂取り場から砂にまみれて出土した事実から，砂丘のなかに埋まっていたことはまちがいない。1966・69年に付近の古津路からは細形・中細形銅剣が計14本発見されている。その状態は，島根県神庭西谷（荒神谷）で銅鐸6点＋銅矛13点と銅剣358本が近接して埋納してあった例を想起させる。問題は松帆銅鐸群が播磨灘に面する海岸砂丘に埋納しており，海を意識していたことは明らかで，これこそ瀬戸内海に宿る海の精霊，海神への奉献品であったと私は推定する[2]。おそらく，砂を盛り上げて祭壇を造り，荒れ狂う海神を慰撫する祭祀をおこなった後に奉納したのであろう。

　岡山県玉野市日比沖，大槌島近くの水深20ｍの海底から引き揚げられた銅鐸（弥生後期，突線鈕3式）は小破片（14cm×8.7cm）である[3]。完全品を海へ投入したものかどうかは明らかでないが，この型式の銅鐸では分布の西端にあたることが注目される。

　海中へ投入した青銅祭器では，福岡市西区唐泊の海底から引き揚げられた広形銅矛（弥生後期，長さ85.6cm）が顕著な例である[4]（図1）。博多湾の沖100ｍ，水深3～5ｍの海底に沈んでおり，銅矛の表面には粗い砂粒が付着している。

　弥生時代の青銅器祭祀で注目されるのは，大型化し刃も柄をつけない完全に祭器化した中広形・広形銅矛が対馬から大量に出土している事実である[5]。それらは，海に臨む岬や尾根の先端付近，小島の頂上に埋めてあり，黒島15本，大綱11本は大量出土の典型例である。発見後に近くの神社に奉納した銅矛も多く，志多賀那須美金子神社13本，黒瀬城八幡宮7本，木坂海神神社6本，仁位和多都美神社4本などがある。対馬の広形銅矛の数は119本に達している。しかし，武器として使用できる細形銅矛の出土はない。銅矛を鋳造した証拠の鋳型が見つかっている福岡平野での銅矛の出土数が126本にとどまることと比較すると対馬は異常である。しかし，対馬の一つ手前の壱岐からの出土数は4本にすぎない。海中からの発見例は知られていないけれども，唐泊例を参考にすると，対馬では海中に投下した例があることも考えなければならないだろう。しかし，対馬では古墳時代や沖ノ島の時期の祭祀遺跡は知られていない。

　弥生時代に海神の祭りをおこなっていた対馬と4世紀後半になって祭祀が始まる沖ノ島とはいかなる関係があるのだろうか。対馬から沖ノ島への移行には，海神の背後勢力の盛衰と，そこに浸透する倭政権との関係がからんで，それぞれが奉斎する海神たちにもまた盛衰があったであろうことを思わざるをえない。

図1　福岡市唐泊海底から発見の銅矛
（常松幹雄原図）

近年，鳥取県西部出土と推定される銅剣（中細形b類，弥生中期中頃，長さ42cm）の関の部分に，鋳造後に魚の形（長さ2.3cm，幅1.0cm）を小さく線刻してある事実が注意された[6]（口絵）。背鰭，胸鰭，尾を強調した図像がサメをあらわしているのはまちがいない。サメの線刻画は，鳥取市青谷上寺地の9例を筆頭に島根・鳥取・兵庫県の弥生中期の土器や木製品・石片にときどきみられる意匠であって，その形状は一定している（図2）。このような図像は，それだけを単体で描いてあるばあいは，所有者をあらわす一種の記号であるか，または奉献の相手を示していると考えてよい。出土状態が不明であるのが惜しまれるが，銅剣の型式から判断すると，島根県神庭西谷の銅剣群と同様，神への奉献品とみてよいだろう。

　鳥取市青谷上寺地出土の木製櫂の表裏や魚形の木製形代にサメを線刻した例は，特に海との関係を示唆する遺物である。「魏志倭人伝」には，「倭の水人，好く沈没し魚蛤を捕え，文身し亦以て大魚・水禽を厭う」と記している。また，「夏后の少康の子，会稽に封ぜられ，断髪文身し，以て蛟龍の害を避

く」という。青谷上寺地に住む舟の漕ぎ手は，櫂にサメの子孫であることをあらわして，サメに襲われる危険から免れようと願ったのではないだろうか。サメといえば，鋭い歯をもち獰猛な魚の印象がつよい[7]。サメを海の精霊とみて，海神の存在を意識していたとすれば，日本海側では海神の姿は具体的である。弥生時代には，シカを土地の精霊，鳥（サギ，コウノトリ，ツル）を稲の精霊とみなしていたように，海もまた自然神の段階であって，人格神の段階までいたっていなかったことを意味する。

　胸形氏は，胸に龍の入れ墨した氏族で，もともとは海人族の子孫であったというのが，金関丈夫が提示した説である[8]。海人族出身の北條氏の旗印は，三角形の中に逆三角形をはめこんだ形である。金関は三角形を魚鱗とみたけれども，それよりもサメの特徴である鋭い歯や鰭の形を抽象化した意匠であって，三角形はサメの象形とみたほうがよい。サメを海神の象徴とみて自分たちはその血を引いていることをアピールしているのであろう。

　サメは記紀ではワニと表現される。『古事記』神代巻では，因幡の白兎は和邇をだましたために，和邇に生皮を剝がされる。後の和邇氏は，サメを始祖，トーテムとする氏族である。『日本書紀』神代の彦火火出見尊と豊玉姫の神話では，「海神の乗る駿馬は八尋鰐なり。是其の鰭背を竪て，橘の小戸に在り」といい，ワニは海神の乗物にされている。海神であったワニの没落である。しかし，豊玉姫の正体はワニであった。

2　古墳時代の海神

　海神を祭った遺跡・遺物で，古墳時代前期までさかのぼる例は知られていない。巨大な前方後円墳をあれほど多数築いているのに不思議な現象である。

　神戸市垂水区（旧・明石郡垂水村）の明石海峡に面して五色塚古墳がある[9]。全長194m，兵庫県最大の前方後円墳で，前方部を淡路島に突き出すように築いている。被葬者の生前の居場所は明石川流域平野の吉田南遺跡付近であったと推定するが，奥津城は淡路島と明石との距離がもっとも近い明石海峡を選んでいるわけである。その理由は，大

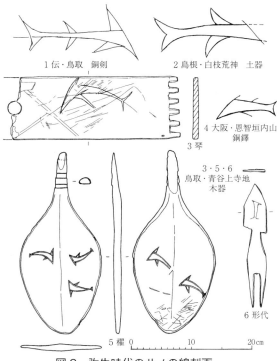

図2　弥生時代のサメの線刻画

阪湾を扼する位置に最有力者の墓を築いて守護霊として，人格神の役割を期待しているのであろう。その一方，明石海峡は潮流が激しく，遭難事故が絶えない海の難所である。五色塚古墳の年代は4世紀後半とされているから，沖ノ島祭祀の始まりの時期と重なる。この古墳では周壕から滑石製の子持ち勾玉2点採集されており，その時期は古墳の年代よりも新しい。そうであれば，被葬者に対する祭りがつづいていた証拠になる。

五色塚古墳の後裔は吉田王塚古墳である。しかし，この古墳は海から離れ，生活拠点のある明石平野の吉田南遺跡の背後の段丘上に築かれている。規模は縮小して全長74m，しかし立派な周壕をもつ5世紀初めの前方後円墳である。明石海峡の緊張状態が緩和したのであろうか。

五色塚古墳の600m東の至近に所在するのが同じく旧・垂水村の式内社，海神社である。北に本殿，南に参道が浜に伸びているのは，海から迎える海神の通路の意味をもっているのであろう。『延喜式』には「三座」と記すだけで祭神の名を書いていないが，底津綿津見・中津綿津見・上津綿津見神である。その名の通り，瀬戸内海の海神を祭り航海の安全を祈願する神社である[10]。『古事記』では綿津見神は，阿曇氏の祖神である。明石海峡の海人が阿曇氏の神を祭るようになったのであろう。海神社の起源が平安時代からどこまでさかのぼるのかは明らかでない。

人を埋葬した五色塚古墳と海神を祭った海神社との間をうめる資料は何もないけれども，海況に変化はないから，この付近で海神の祭りが途絶えることは考えにくい。瀬戸内海の島々には，西から厳島，大飛島，荒神島，備前高島など古墳時代中・後期以降の祭祀遺跡がのこされている。しかし，4世紀前半までさかのぼる遺跡はない。

沖ノ島との関連で私が興味をもっているのは，安芸宮島こと広島県廿日市市の沖合に浮かぶ厳島のことである。祭神は現在でこそ宗像三女神であるが，最古の記録という『伊都岐島社神主佐伯景弘解』（12世紀後半）には，推古天皇元年（593年）に神託によって市杵島姫，すなわち「斎島姫」を奉るようになったとあり，一女神である。海上からみる厳島の山容は，標高200m前後の切り立った峰を四つもち，沖ノ島に酷似している。この島からも古墳時代の祭祀遺物が弥山の山頂，中腹，山麓の3個所から出土している。注目すべきは，山麓の大鳥居の背後の台地上，千畳閣に隣接する塔ノ岡遺跡から5世紀後半の滑石製品や手捏ね土器が出土していることである。玄界灘から関門海峡を越えて瀬戸内海に入り，防予海峡を越えて北岸に沿って進むと，そこにもう1度，沖ノ島に似た厳島が見えてくる。古代人は海神を祭る沖ノ島の姿を想い起こし，この島に瀬戸内航路を通過するさいの航海の安全を祈願する祭場を設定する。これが厳島であって，ここでも本来の神は猛り姫であったというのが私の仮説である[11]。

註

1) 難波洋三「銅鐸研究における松帆銅鐸発見の意義」『奇跡の発見！松帆銅鐸』講演資料集，大阪府立弥生文化博物館，2016年
2) 春成秀爾「銅鐸の埋納」『季刊考古学』135, 2016年
3) 宇垣匡雅「玉野市日比沖銅鐸」『古代吉備』26, 2014年
4) 渡辺正気「福岡市唐泊海底新発見の銅矛」『九州考古学』17, 1963年
5) 水野清一・樋口隆康・岡崎敬『対馬』東方考古学叢刊，乙種6, 東亜考古学会，1953年。春成秀爾「海の道と祭りの場—対馬から沖ノ島へ—」『祭りと呪術の考古学』塙書房，2011年
6) 鳥取県立博物館蔵。難波洋三「山陰の青銅器のまつり—銅剣に描かれたサメ—」鳥取県立博物館講演会資料，2016年
7) 矢野憲一『鮫』ものと人間の文化史35, 法政大学出版局，1979年
8) 金関丈夫「むなかた」『発掘から推理する』朝日新聞社，1975年
9) 丸山潔編『史跡五色塚古墳　小壺古墳発掘調査・復元整備報告書』神戸市教育委員会，2006年
10) 北川利次「海神社」（式内社研究会編）『式内社調査報告』22, 山陽道，皇學館大学出版部，1980年
11) 春成秀爾「神武東征伝と宗像女神」『広島大学大学院文学研究科考古学研究室50周年記念論文集・文集』2016年

山の神

奈良大学教授
小林青樹
(こばやし・せいじ)

1　はじめに

　先史時代において，山に対して何らかの信仰や崇拝を行ない，あるいは山に神の存在を信じはじめるのはいつの頃からであろうか。

　本稿では，この問題について，縄文時代から解きほぐしつつ，古墳時代については奈良県桜井市に所在する三輪山の祭祀について，筆者自身が現在実施している調査の概要を示しながらみていくことにしたい。なお，本稿では『記紀』の伝説などから導かれる神話的な世界観などに立脚した解釈には言及せず，考古学的な事実を中心に述べることにしたい。

2　縄文の山岳信仰

　縄文時代の山岳信仰に関しては，縄文ランドスケープ論で展開されているように，縄文人が天体現象とともに山岳の存在を意識していると考えている。小林達雄は，八幡平の石刀や白山の独鈷石とともに大山の注口土器を挙げて信仰による登山の可能性を指摘した[1]。なかには，中村耕作などが指摘するように修験者が山麓外から持ち込んだものもあるかもしれないが[2]，すでに縄文時代に山に何らかの信仰心をもち，具体的な祭祀行為を行なっていた可能性はあろう。とくに，二至二分時において後晩期における安中市天神原遺跡の配石遺構に立ち並ぶ石棒や石柱などと妙義山のような特殊な山岳山頂を結ぶ方向に出入りする太陽を仰ぎ見ることができる遺跡の存在は見過ごせない[3]。これは，縄文人が天体現象を前提に山岳と遺跡の景観構造を構築していることになるわけで，そこに山の神への崇拝行為の存在を考えるべきかもしれない。

3　弥生時代の山岳信仰

　先に縄文時代の山岳信仰について述べたが，この後の弥生時代になると青銅器を中心に山に関わるようになる。

　とくに銅鐸は，その大多数が小高い丘に埋められた。そして，その埋められた場所は，佐原真が指摘するように「それも丘頂ではなく，あとひといき，もう数メートルか2，30メートルで頂上に達することができる場所であることがおおい」[4]。銅鐸出土地とされる現地に赴くと，このように意識的に丘頂をさけて埋納したことがよくわかる。

　銅鐸の元となったのは，韓半島の銅鈴であるが，いまのところ韓半島での銅鈴の埋納例はない。それでは，銅鐸の丘頂付近における埋納習俗は，いまのところ弥生文化で独自に倭人によってはじまったことになるのであろうか。この問題を考える上で，銅鐸以外の韓半島系青銅器のなかに山頂付近から出土したものがある。

　大阪府柏原市大県の高尾山において，1925（大正14）年に山頂近くの松林の土中から，開墾作業中の青年によって多鈕細文鏡が発見された[5]（図1）。

　鏡の出土した場所は，高尾山から南西側にのびた小尾根の西斜面で斜面は急勾配をなす（図2）。出土地点には盛り土や平坦面などはなかったようである。こうした出土場所は，まさにさきほど引用した佐原真の印象とよく似ている。

　出土地からは，西側に船橋遺跡や国府遺跡が眺められ，背後は北と南側に岩塊がそびえる。この眺望景観からみて，高尾山の西方側に居住する集団によって埋納された可能性が高いであろう。

　また，高尾山山頂には，鐸比古神が祀られており，南の谷側には巨岩があり，この巨岩にも鐸比

図1　多鈕細文鏡（高尾山出土）
（東京国立博物館所蔵，Image: TNM Images）

図2　高尾山と多鈕細文鏡の出土場所
（柏原市史編纂委員会編『柏原市史』第2巻 本編，1973年より）

古神が祀られている。この巨岩を磐座とみれば，いわゆる磐座祭祀の最古例となるのであろうか。なお，巨岩の付近からは湧き水が流れ，集落がある西方へ流れていることから水に関わる祭祀行為も想定されている[6]。

この大県の多鈕細文鏡の年代は，弥生時代前期末から中期初頭頃であり，この頃に埋納されたと考えるべきものであり，銅鐸が丘頂に埋納されるのはこの多鈕細文鏡の埋納時期の後であろう。多鈕細文鏡は，日本列島では数面しか出土しておらず，後の前漢鏡とは別系譜の鏡で，その祖型は北方遊牧社会で誕生し東北アジアに先んじて伝播した鏡である。

東北アジア諸民族の信仰と鏡を整理した甲元眞之によれば，韓半島の巫俗においては，鏡は必要欠くべからざる用具であり，これを求めるには神がかり状態で山中に分け入り，土中から掘り出すという[7]。また韓半島の巫女のなかには，山麓に居を構え，山中にて祭儀を行なう習俗があり[8]，こうした巫女の山での信仰のありかたは中国東北地方からシベリアにかけて見られる。甲元のこのような民族例は非常に魅力的であるが，これらが青銅器時代にまで遡る習俗であるかどうかは不明である。この多鈕細文鏡を渡来人と倭人のどちらが埋納したのかはわからないが，渡来人とその子孫か，いち早くこの鏡を入手した畿内の倭人が，東北アジアの大陸で行なわれていた山岳における祭儀行為（韓半島青銅器時代には未発見であるが）をいち早く実践したか，あるいは山岳を崇拝する信仰はすでに縄文時代に存在していた可能性があり，山への埋納行為は倭人によるオリジナルな行為であった可能性もある。日韓において関連する資料が少ない現状では，こうした複数の可能性しか示すことができない。

こうした後に，日本列島における山岳での埋納行為は，多鈕細文鏡にはじまり銅鐸へと移行した。なお，この移行は，文様に注目すると極めて起こりうるべくして起こった現象であると理解できる。

多鈕細文鏡の文様の中心は，鋸歯文である。三角形状の枠のなかに斜線が充填されている文様である。多鈕細文鏡の鋸歯文は，弥生時代以降の鋸歯文の祖型であり，銅鐸に受け継がれ，そのほか器台や盾の文様として用いられた。この鋸歯文は，中国の内蒙古から遼寧の北方地域において，蛇の鱗を祖型として変化発展した文様であり，武器などに用いられることが多く辟邪の文様であると筆者は考える[9]。辟邪の文様は，悪霊などよくない存在を押さえ込み鎮める効果をもたらす祭祀文様であり，シャーマンが身によりつく悪霊などを寄せ付けないようにし，あるいは祟りなどを感じた倭人がそれを鎮めるために山岳に埋納したのであろう。

本来，韓半島青銅器時代のシャーマンは副葬品から見る限り多鈕細文鏡と銅鈴を中心に用いた祭祀行為を行なっていたと考えられ，日本列島では，多鈕細文鏡はわずかしか伝播せず一方の銅鐸のみ

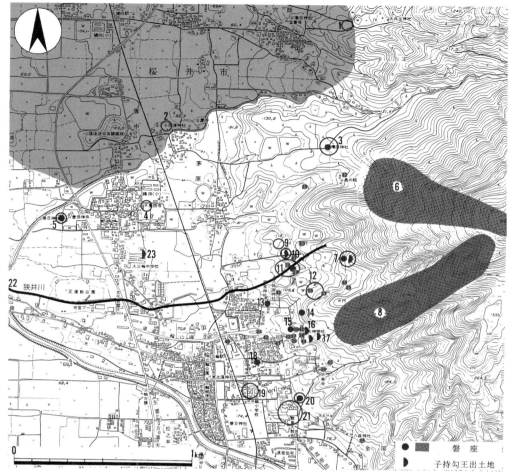

図3 三輪山周辺祭祀遺跡と出土・採集遺物の分布（寺澤1988を改変，萱原朋奈作成）■纏向遺跡

1 カタヤシキ　2 国津神社付近　3 檜原神社及び付近　4 慶田寺付近　5 九日神社内　6 オーカミ谷磐座群　7 山ノ神遺跡
8 禁足地裏磐座群　9 箕倉山祭祀遺跡　10 源水・堀田　11 奥垣内祭祀遺跡　12 鏡池周辺　13 若宮（大直禰子神社）、大三輪寺
14 磐座神社境内　15 夫婦磐　16 大神神社三ツ鳥居下　17 禁足地　18 素戔嗚神社境内　19 三輪小学校付近
20 志貴御県坐神社内　21 天理教敷島教会付近　22 初瀬川・巻向川合流地点付近　23 大三輪中学校校庭　24 二の鳥居遺跡：NT
25 辰五郎：TG　26 狭井社鏡池東遺跡：SK　27 大美和の杜　28 狭井川周辺　29 玄賓谷遺跡　30 久延神社　31 狭井神社
32 山辺の道、玄賓庵付近　33 貴船社境内　34 平等寺　35 八坂神社南側馬場権弥宜　36 大神神社境内　37 三輪山会館
38 手水舎西側山道　39 新社務所　40 勤番所床下　41 大礼記念館　42 二の鳥居南　御祓所標柱付近　43 御炊社
44 神宝社鳥居の南側溝　45 大行事社北側の畑地（日向社東側の畑地）　46 三輪停車場付近　47 神武天皇聖蹟碑良方上下水道
48 清め滝近く、三輪山内　49 高宮社納100m下付近

が盛行し埋納された。

　なお，近畿地方では，この高尾山の多鈕細文鏡のほかに奈良県御所市名柄の名柄川のほとりで1面出土している。注目すべきは，一緒に出土したかどうかは不明であるが，すぐ近くから銅鐸が出土していることである[10]。こうした少ない事例ではあるが，銅鐸が盛行した近畿地方では，多鈕細文鏡の埋納から銅鐸へ埋納行為が移行したことは確かなようである。

4　三輪山祭祀の成立

　古墳時代の祭祀を考える上で，奈良県桜井市に所在する三輪山は重要である。今からちょうど100年前の1917（大正6）年，三輪山麓の馬場山ノ神において磐座の周囲から多数の土製模造品と石製模造品，数万点を超える臼玉が出土した[11]。そして，土製品は酒造具を模したとされ[12]，古代

山の神　97

の祭祀研究の起点となり，近年もこの山ノ神遺跡に注目が集まっている[13]。三輪山は，その麓に桜井市纒向遺跡や箸墓古墳などが所在し，考古学や古代史の研究[14]において，初期ヤマトの中枢的な祭祀が三輪山で執り行なわれていたと推測されている。確かに『記紀』には，天皇家の首長権の継承に関わる祭祀などで三輪山が重要であったことなどが記載されているが，実際に考古学的な事実はほとんど明らかになっていない。

そこで，筆者らは，大神神社の協力を得て，2017年から宝物館が所蔵している考古資料の整理作業を開始した。採集資料の多くは，採集地点，採集日，採集者名などが詳しく記録されており，資料的な価値は非常に高い。

今回の整理作業の開始によって，今後は山麓全体にどれくらいの採集地点が存在するのか，あるいは祭祀の開始時期は一体いつなのか，など三輪山祭祀に関わる重要な問題に迫れると考えている。

概要を少し述べると，三輪山ではすでに縄文時代草創期の石核などが採集されている。これまでにも有舌尖頭器が採集されており，山の利用はかなり早い段階からなされていることがわかる（図3）。また，山麓からは結晶片岩製の石棒が1点採集されており，縄文土器については未確認であるが，後期頃の石鏃などが散見されるので，縄文時代全般にわたって，狩猟などの場として利用されていたことがわかる。弥生時代については後述することとして，古墳時代については，山麓の各所から多数の遺物が採集されている。とくに石製臼玉が最も数が多く，須恵器と土師器の量も多い。

そのほか，三輪山では，古代から中世，そして近世の遺物も多数採集されている。すべてが祭祀に関わるかどうかはわからないが，古墳時代以降に聖山としての三輪山での山岳祭祀・信仰は，内容が変化しつつも継続して行なわれていたので，そうしたものに関わる遺物であろう。

さて，こうした状況のなか筆者がこの三輪山における祭祀で注目するのは，弥生時代における三輪山の信仰の有無であり，さらにいつの段階で古墳時代に続く信仰や祭祀が成立したかである。

先にみたように，弥生時代には，銅鐸の埋納にみられるように山における祭祀行為が行なわれ，それは紀元後の後期にまで継続した。三輪山の麓には，弥生時代後期から古墳時代初頭にかけての大集落である纒向遺跡がある。纒向遺跡の南限は三輪山のすぐそばまで達しており，両者の間に何らかの関係があったことが推測される。

しかし，これまでの研究では両者を強く結びつける考古学的資料は少なく，寺澤薫は三輪山で出土した布留2式土器の存在などから古墳時代の三輪山祭祀の開始は，4世紀中頃以降に遡る可能性を考えている[15]。また，寺澤は，纒向遺跡と三輪山の関係について，纒向遺跡が三輪の地を避けて造営され，初期の前方後円墳が三輪地域に造営されなかったことから，「すでにこの段階で三輪山西麓の「三輪」の地が聖なる領域と意識されていた」[15]と考えている。

こうした問題を考える上で筆者が注目するのは，狭井川の南岸出土の弥生時代に遡る土器群である。

採集された遺物は，刷毛目をもつ布留式甕のほか，叩き目をもつ土器，そして口縁部に円形浮文を有する口径の大きい器台か壺の破片などが出土している。とくに後者は，祭祀の存在を考える上で重要な土器である。

このうち叩き目をもつ土器は，器壁の厚い特徴と叩き目の特徴からみて畿内第Ⅴ様式から庄内式にかけて出土する叩き甕，もしくは伝統的第Ⅴ様式甕，弥生系甕と呼ばれる土器であろう。叩きの特徴などは，後者に近いが，特定するのは小破片のため難しい。これまでに，三輪山麓からは弥生土器が採集されたとされるが[16]，それらの資料は極めて少なく，弥生土器は古墳時代以降の三輪山の祭祀とは関係がないと考えられている[15]。先に述べたように，三輪山からは，古墳時代を遡る遺物を多数見出しているが，そのほとんどはサヌカイト製石器や石核，剥片であり，それらは山麓の広い範囲に分布している。その一方で，弥生土器や古墳時代開始期の土器は狭井川の周辺から出土している。

狭井川（図3の中央を横切る太線）は，三輪山の

中央の谷筋から流れる小河川であり，この筋沿いの山麓には山ノ神遺跡や奥垣内遺跡など古墳時代の重要な祭祀遺跡が集中する。これらの三輪山でも著名な祭祀遺跡が狭井川の近辺に集中することには重要な意味があるであろう。山ノ神遺跡出土の酒造具を模したと考えられる土製品類や奥垣内遺跡の須恵器大甕の存在などは，こうした聖なる河の水の存在と関係があるかもしれない。先にみた高尾山の信仰についても，水との関わりが指摘されている。山は，様々な恵みをもたらすとともに，麓には水稲農耕にとって貴重な水の水源である。それらすべての恵みを与える山に対し，崇拝の念をもち信仰対象とするのが山の神信仰であろう。このように考えることができるとすれば，山に対する信仰は，縄文時代から現在まで大きくは続いてきたと考えるべきであろう。

また，山から少し離れた芝地区では，三輪山祭祀に関わると考えられる祝田の可能性がある遺構も発見されている。

纒向遺跡の時期に，三輪山で祭祀が行なわれていたかどうかの判断については今後の課題であるが，今回見出された弥生後期土器などの採集地点は狭井川の南畔にあたり，谷筋の水場での祭祀であった可能性もある。いずれにしても，三輪山に近い纒向遺跡の祭祀との関係が焦点となる時期のことであり，今後慎重に調査を進めることにしたい。

最後に，大神神社の貴重な資料の検討にあたり，ご支援を賜った大神神社の平岡昌彦氏と山田浩之氏に感謝申し上げたい。

註

1) 小林達雄「縄文人，山を仰ぎ，山に登る」『國學院大學考古学資料館紀要』21，2005年
2) 中村耕作「相模大山山遺跡出土縄文時代の再検討」『日本考古学協会第79回総会研究発表要旨集』2013年
3) 小林達雄 編『縄文ランドスケープ』アム・プロモーション，2005年
4) 佐原 真「銅鐸の祭り」『古代史発掘5 大陸文化と青銅器』弥生時代2，講談社，1974年
5) 森本六爾・稲葉憲一「河内新発見の銅鏡とその出土状態」『考古学研究』1，1927年
6) 柏原市史編纂委員会 編『柏原市史』2 本編，1973年
7) 甲元眞之『日本の初期農耕文化と社会』同成社，2004年
8) 徐延範『韓国のシャーマニズム』同朋舎，1980年
9) 小林青樹『倭人の祭祀考古学』新泉社，2017年
10) 高橋健自「南葛城郡名柄発掘の銅鐸及銅鏡」『奈良県史蹟勝地調査会報告書』6，奈良県，1919年
11) 高橋健自・西崎辰之助「三輪町大字馬場字山ノ神古墳」『奈良県史蹟勝地調査報告』7，奈良県，1920年
12) 大場磐雄「三輪山麓發見古代祭器の一考察―延喜式所載祭器との關聯―」『古代』3，早稲田大學考古學會，1951年
13) 笹生 衛「三輪山麓の古代祭祀再考―山ノ神遺跡の出土資料を中心に―」『大美和』119，大神神社，2010年。古谷 毅「奈良県三輪馬場字山ノ神遺跡の祭祀考古学的検討」『日本基層文化論叢 椙山林継先生古稀記念論集』椙山林継先生古稀記念論集刊行会，2010年 ほか
14) 和田 萃「三輪山祭祀の再検討」『国立歴史民俗博物館研究報告』7，国立歴史民俗博物館，1985年
15) 寺澤 薫「三輪山の祭祀遺跡とそのマツリ」『石上と大神』筑摩書房，1988年
16) 樋口清之「三輪山」『神道考古学講座』5，雄山閣，1972年

引用・参考文献

大三輪町史編集委員会『大三輪町史』1959年
柏原市史編纂委員会 編『柏原市史』1 文化財編，1969年
柏原市史編纂委員会 編『柏原市史』4 史料編，1975年
樋口清之「奈良県三輪町山ノ神遺蹟研究」『考古學雑誌』18―10・12，日本考古學會，1928年
樋口清之「第1章 神体山の考古学的背景」『大神神社史』大神神社史料編纂委員会，1975年

第3章　世界の祭祀遺跡と沖ノ島

北海道の祭祀遺跡

札幌大学教授
瀬川拓郎
（せがわ・たくろう）

1　アイヌ祭祀の二つのレイヤー

　アイヌの祭祀は，レイヤーの異なる二つの側面をみせている。

　ひとつは，クマ祭りや狩猟獣の送り儀礼といった，動物と濃密にかかわる祭祀である。これは，狩猟を生業としてきたかれらの精神世界の基盤をなすものであり，縄文時代からの祭祀伝統の可能性を強く示すとともに，狩猟漁撈民の世界である北東アジアとの関係もうかがわせるものである。

　もうひとつは，これら祭祀を行なう際の形式である。アイヌは祭祀を行なうにあたって，本州から移入したコメと麹を原料として酒と団子（粢）などの神饌を製し，本州の幣や梵天など神の依り代に酷似した削りかけ（イナウ）を祭具とした。コメなど穀類を組み込んだこの祭祀の形式は，農耕社会である本土からの影響をうかがわせるものである。

　実際，アイヌの祭祀関係の語彙の大半は，古代日本語からの借用語であることが指摘されてきた。それは，カムイ＝神，タマ＝魂，ノミ＝祈（の）む，オンカミ＝拝み，といった神観念にかかわるものから，ヌサ＝幣，シトキ＝粢（しとき），タクサ＝手草，カムタチ＝麹（かむたち）といった祭具・神饌におよんでいる。

　この事実は，アイヌの祭祀形式が，本土のそれのきわめて強い影響下で成立したものであり，その時期が古代に遡る可能性を示している。アイヌ祭祀は，古代日本の祭祀，それも民間レベルの祭祀の実態に迫る，大きな手掛かりを与えるものとおもわれる。

　アイヌの祭祀が，縄文伝統の観念世界を基盤としながら，その後は古代日本の祭祀形式をまとったものだとすれば，それは狩猟と農耕という異なる文化の複合体であると同時に，縄文と弥生以降の異なる時間の複合体ともいえる。

　小論では，このコンプレックスとしてのアイヌ祭祀の成立過程をたどってみることにしたい。

2　動物祭祀の伝統──縄文時代

　ここではまず，近世アイヌのクマ祭りの成立を考えるため，本土から移入したイノシシを用いて行なわれていた縄文時代北海道の祭祀をとりあげる。

　北海道では，ほ乳類の生態境界である津軽海峡のブラキストン線を越えて，イノシシは棲息しないとされてきた。しかし，これまで縄文時代前期から続縄文時代前期の約40ヵ所の遺跡でイノシシの遺存体がみつかっており，苫小牧市柏原5遺跡では1遺跡で40体分以上もの骨が出土している。さらにその出土遺跡は，道央・道南だけでなく，釧路市など道東端部，礼文島など道北端部や島嶼，富良野市や音更町など内陸奥地，つまり北海道の全域に分布している。

　出土したイノシシは，全身の部位がそろっている例があり，解体されたのではなく生きた状態で北海道に持ちこまれたことがわかる。また，成獣骨もみられるが，成獣を生きたまま丸木舟に載せ，津軽海峡を渡るのは困難であることから，幼獣を連れ渡って道内で一定期間飼養し，これを屠殺して共食する祭りが行なわれていたと考えられている。

　豊かな動物相をみせる北海道であるが，奇妙なことに，縄文時代のほぼ全時期を通じて，また道内の全域で普遍的に儀礼の対象となっていたとみられる動物は，イノシシ以外には確認できない。つまりイノシシの祭祀は，イノシシが棲息しないにも関わらず，縄文時代の北海道におけるもっとも基本的か

つ普遍的な動物祭祀となっていたのである。

本州の縄文時代でも，春の出産期に入手したイノシシの子を初冬ころまで飼養し，これを屠殺して共食するイノシシの祭りが各地で行なわれていた[1]。山梨県北杜市金生遺跡では，秋に死亡した1歳未満の幼獣を中心に，138体ものイノシシの下顎骨が1ヵ所のピットから出土している。このようなイノシシ骨の集積はほかにも，イノシシ骨33体分を出土した千葉県市原市草刈貝塚516号竪穴住居跡（縄文時代中期）などが知られている。

本州で出土するイノシシ骨はどれも強く焼かれているが，それは北海道も同じであり，共通の祭祀が行なわれていたことを示唆する。さらに，イノシシが棲息しない伊豆諸島でも，本土からイノシシを持ちこんで祭りが行なわれていることから，イノシシの飼養と共食の祭りは，各地の生態系の差異を越える列島に普遍の祭祀，いわば縄文イデオロギーといえるものだったとおもわれる。

この縄文時代のイノシシ祭りで注目されるのは，そのモティーフが，近世アイヌ最大の祭りとされるイオマンテに酷似する事実である。

イオマンテは，春先の穴グマ猟で手に入れた子グマを初冬ころまで飼養し，殺して魂を神の国へ送り返すとともに，その肉を共食する祭りである。

送るクマには多くの土産が供えられたことから，これは神に対する最大の贈与であり，また遠隔地を含む多くの招待者に酒食をふるまうことから，人に対する最大の贈与といえるものであった。イオマンテの根幹をなす動物送りの思想とは，動物を介した神と人への贈与の思想だったのである。

筆者は，縄文イデオロギーであるイノシシの祭りが，弥生文化への移行にともなって本州で途絶し，一方，北海道では毛皮の商品化によってその主役がヒグマに転換しつつ，イオマンテに受け継がれた可能性を考えている。

このことを証するように，イノシシ骨の出土のピークは，縄文時代後期中葉から続縄文時代初頭（弥生時代前期末〜中期）にかけてであり，その後は入れ替わるようにクマを模した石製品・土製品・骨角器が北海道全域で出土するようになる。

さらに，北海道においては「外来種」であったイノシシが，人びとにとって強い霊力を帯び，縄文イデオロギーを象徴する存在であったことは，イノシシ牙製の装飾品が道内各地の遺跡から出土している事実からもうかがえる。

ただし，イノシシ焼骨自体は，その後も擦文時代の千歳市ウサクマイN遺跡など少数の遺跡で出土が確認されている。イノシシを移入して行なわれる縄文伝統の祭りは，擦文時代頃まで残存し，クマ祭りと並行して行なわれていたとみられる。それは，本州から移入する縄文伝統のイノシシ祭りが，クマ祭りより高い価値をもつといった，祭祀の階層的な構造の存在を物語るものかもしれない。

いずれにせよ，近世アイヌの飼養グマの送り儀礼は，縄文時代に行なわれていた飼養イノシシの送り儀礼のモティーフを踏襲しながら，弥生文化成立にともなう縄文文化から続縄文文化への社会変動のなかで成立したとおもわれるのであり[2]，動物の飼養・共食の送り儀礼こそが，縄文時代から近世まで一貫して，北海道の人びとの祭祀の基底を構成してきたのである。

その意味で，集積された縄文時代のイノシシの骨と，近世アイヌの集落や送り場に集積されたヒグマの骨は，同じものにみえる。

中近世の本州アイヌの遺跡である青森県東通村浜尻屋貝塚では，アワビが主体を占め，アイヌによる商業的なアワビの採捕が行なわれていたとみられるが，本州には棲息しないヒグマの骨が出土している。このヒグマ遺存体は，浜尻屋貝塚のアイヌが北海道から子グマを船で持ちこみ，一定期間飼養し，本州でクマ祭りを行なっていた可能性を示している。それは，イノシシを本州から移入して行なわれていた北海道縄文時代の飼養送り儀礼と，鏡のように反転する位相をもつもの，ということができるかもしれない。

3 渡海する本州海民の祭祀——続縄文時代

弥生文化の巨大な引力は，これを受容しなかった北海道でも，縄文イデオロギーとしての動物祭祀に変容をもたらしたとみられるほか，土偶や石

棒祭祀，抜歯習俗の途絶など，縄文伝統の観念世界に大きな変化をおよぼした。

続縄文時代前期（弥生時代並行）には，弥生祭祀の直接的な受容も認められる。弥生時代に西日本から拡大した卜骨が，日本海沿岸の余市町フゴッペ洞窟とせたな町貝取澗2遺跡で出土しているのである。フゴッペ洞窟では，卜骨が在地の土器のなかに入れられた状況で出土しており，北海道の続縄文人が卜骨の呪術を受容し，これを行なっていたことを示している。

両遺跡はいずれも海蝕洞窟であるが，本州でも卜骨は海蝕洞窟を中心に出土しており，海民の習俗と考えられている。弥生時代では，これまでのところ関東―北陸が分布の北限であることから，北海道の卜骨習俗は，西日本を中心とした海民集団との交流を物語る。さらに精神文化の受容という点からすれば，卜骨は両者の直接的な交流を通して伝わった可能性が強い。このことを証するように，続縄文前期には，西日本の海民との交流を示す遺物がほかにも確認されている。

続縄文前期の道南から道央の遺跡では，山陰・北陸産の管玉や南島産貝製品がみられる。また，魚鉤状製品と呼ばれる弥生時代中期～古墳時代初めに山陰や北陸でみられる漁具が，函館市恵山貝塚，伊達市有珠モシリ遺跡，同南有珠6遺跡，室蘭市小橋内遺跡，せたな町貝取澗2遺跡などで出土している。続縄文前期に道南で出現した茎溝式多鐖銛頭も，韓国南部，壱岐，山陰などの銛頭との関連が指摘されている。

さらに続縄文前期の礼文島浜中2遺跡では，大量のアワビ殻とともに食用にされた弥生犬，クジラ骨製アワビオコシ，ヤスが出土しており，これらは壱岐など弥生時代の九州北部に特徴的な「三点セット」であることから，九州北部の素潜り漁民の渡来が考えられている。

北海道における弥生社会との交流は，おもに西日本の海民集団とのあいだで行なわれていたとみられるが，このような本州海民との交流は，続縄文時代後期（古墳時代並行）にも引き続き認められる。

続縄文後期の遺跡から出土する古墳時代の文物は，続縄文人の拠点地域であった石狩低地帯の遺跡から出土する，刀などの鉄器が中心である。ただし，古墳時代の祭祀遺物が日本海沿岸や島嶼の遺跡から出土している。

それは，日本海に面した石狩市紅葉山51遺跡と同浜益区床丹地区で石製模造品の刀子各1点（いずれも5世紀中葉），奥尻島で土製模造品の鏡2点と丸玉1点，石製模造品の勾玉1点（7世紀？），利尻島赤稚貝塚と礼文島香深井1遺跡で朱塗りの土師器坏各1点（6～7世紀）である。

古墳時代の祭祀遺物としてはほかにも，富良野市西達布の東京大学北海道演習林内山頂出土と伝えられる6世紀後半の「甑」がある。ただし5～6世紀の道内出土の須恵器は，恵庭市茂漁8遺跡，同柏木川B遺跡，同カリンバ4遺跡，江別市大麻3遺跡，池田町（出土遺跡不明），平取町パンケヌッチミフ遺跡，七飯町上藤城遺跡など，続縄文人の拠点である石狩低地帯を中心に内陸に分布している。

先の石製・土製模造品や朱塗りの土師杯といった祭祀遺物は，その分布から，日本海ルートで北海道の島嶼や沿岸部へ渡海した本州海民が，現地でみずから祭祀を行なったものといえよう。祭祀遺物とはいえないが，直弧文をもつ鹿角製刀剣装具が礼文島上泊遺跡で出土しており（5世紀中葉），東北南部―北陸以南に分布をもつこの装具についても，本州の海民などによって生産されていたことが指摘されている[3]。注意すべきは，こうした祭祀遺物が，石狩低地帯など内陸では出土していない事実である。

続縄文後期（4～7世紀）における本州古墳社会と続縄文社会の交易の拠点は，東北北部太平洋側であった。石狩低地帯を中心に出土するこの時期の須恵器も，同地域からもたらされたものが多いとみられる。実際，北海道で須恵器が出土するようになるのは，古墳社会が東北北部に進出し，岩手県奥州市に中半入遺跡と前方後円墳の角塚古墳を残すとともに，八戸など青森県太平洋沿岸にも進出した5世紀後半以降である。

漁具や漁撈技術の伝播の事実からみて，日本海を北上してきた本州海民と続縄文人の交流も，濃

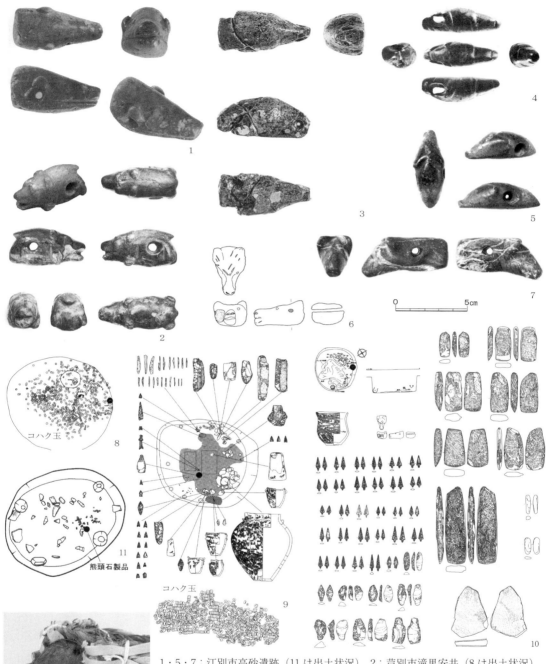

1・5・7：江別市高砂遺跡（11は出土状況）　2：芦別市滝里安井（8は出土状況）
3：北見市常呂川河口（9は出土状況）　4：江別市旧豊平川河畔
6：余市町大川（土製。10は出土状況）　12：アイヌの礼冠（旭川市博物館蔵）

図1　続縄文時代の石製クマ彫像

北海道の縄文時代では動物意匠製品はほとんど出土しないが，続縄文時代にはクマ意匠の土器装飾や骨角器が一斉に現われる。なかでもクマの頭部をかたどった石製彫像は，首長の墓とみられる多副葬墓から出土し，近世アイヌがクマ祭りなどで着用した礼冠の，木製クマ頭部彫像と形状や推定される使用法が類似することから，クマ祭りの成立とその司祭者としての首長を示唆する資料である。

密なものだったにちがいない。そこでは交易も行なわれていたはずであり，山陰・北陸産の管玉や南島産貝製品などは，その物証とすることができそうである。

したがって，西日本を中心とする海民集団の渡来ルートであった日本海沿岸も，続縄文前期から後期にかけて，北海道への物流ルートであったにちがいない。しかし，5世紀後半以降は太平洋ルートにその中心が移っていったとみられる。

さらに，続縄文人の遺跡から出土した卜骨は，これまでのところ日本海沿岸の2遺跡にとどまることから，日本海ルートで渡海した海民が，祭祀の面で続縄文人に少なからぬ影響をおよぼしていたのは明らかであるにせよ，それは続縄文社会全体におよぶものではなかったのである。

卜骨は，腐朽しやすい有機質の製品であるため，沿岸部の洞窟遺跡以外では残存しにくかったなどの事情も考慮しなければならない。しかし，石製・土製の祭祀遺物も，石狩低地帯など内陸部では出土していない。その点で，本州海民の祭祀の影響は日本海沿岸や島嶼にとどまるものであり，続縄文社会の祭祀のありかたを大きく変えるようなものではなかったといえる。

なお，続縄文時代には磐座や導水（井泉）の祭祀遺構は確認できないが，近代アイヌについては山中の岩陰や岩場で送りを行なった例もあることから，そのような在り方がどの時期まで遡るのか注意する必要があろう。

4 古代日本の祭祀の受容――擦文時代

アイヌ祭式の成立 擦文文化成立の7世紀後葉以降，日本海沿岸の本州海民の足跡は失われていく。そこには，7世紀後半に行なわれた阿倍比羅夫による北方遠征がかかわっていたとみられる。

前述のとおり，5世紀後半以降，北海道と本州の交易は，東北北部太平洋側とのあいだで展開した。それを担った本州側の集団は，その後エミシと呼ばれることになった人びとであるが，かれらは5世紀後半以降，東北北部に進出した古墳集団の末裔にほかならない。

比羅夫遠征の目的は，当時，太平洋ルートで展開していたエミシ集団と続縄文人の「民間交易」に対抗し，王権が日本海ルート上のエミシ集団を取り込みながら，北海道との「国家管理交易」を実現することにあったとおもわれる。その際，王権が続縄文人（渡嶋蝦夷）と直接的な交易体制を構築するにあたって問題となったのが，オホーツク人である。かれらは6世紀以降，利尻島や礼文島など道北端部を拠点に，北海道の日本海沿岸を南下し，津軽海峡を回り込んで東北北部太平洋側の交易拠点へ往来していた。

王権は，6世紀以降，続縄文人と本州の交易に介入し，北方世界に混乱をもたらしていたこのオホーツク人（粛慎）の南下を排除する必要があり，それゆえ数次にわたる比羅夫の遠征では，そのたび南下してきたオホーツク人の捕縛が行なわれていたのである[4]。

比羅夫の遠征がこの目的を達したことは，オホーツク人の南下拠点であった，道南日本海に浮かぶ奥尻島の青苗砂丘遺跡が，遠征と同時期に廃絶した事実，さらにその後の8世紀前葉，国家の北方交易の拠点として日本海側に秋田城が設置された事実からうかがうことができる。実際，秋田城の設置以降9世紀にかけて，北海道では秋田産の須恵器が多く出土するようになり，秋田城を拠点とする日本海ルートでの物流の拡大が明らかである。

一方，比羅夫遠征後の7世紀後葉には，それまで北海道との交易の中心であった東北北部太平洋側のエミシ集団が，石狩低地帯を中心に北海道へ進出し，集落や終末期古墳を残すことになった。その目的は，太平洋ルートでの民間交易に対抗しようとした比羅夫遠征にかかわるものであり，みずから北海道へ進出して交易品の生産や集出荷に直接関与することではなかったかとおもわれる。

7世紀後葉以降には，日本海ルートでの海民集団の渡海も失われていくが，これは日本海ルートが国家管理の交易体制に組み込まれ，「民間交易」が排除された状況を示すものであろう。

このエミシ集団の北海道進出にともなって，祭祀具である土製模造品の勾玉など玉類が，初期の移民

の集落である千歳市祝梅三角山D遺跡，同丸子山遺跡のほか，恵庭市・札幌市など石狩低地帯の遺跡を中心に出土するようになる。移民集団によるこの土製模造品を用いた祭祀は，擦文文化のなかに定着することはなかったが，その祭祀自体は，きわめて大きな変化を擦文人におよぼした可能性がある。

　第1節で述べたとおり，近世アイヌの祭祀にかんする語彙の多くは日本語であり，それも古代日本語からの借用語であることが古くから注目されてきた。この事実は，近世アイヌの祭祀形式が，古代日本のそれをとどめるものであったことを示している。そして，このような祭祀の受容が，たんなる伝播ではなく，当該祭祀の文化をもつ集団との直接的な交流によって生じるものだとすれば，その機会は，7世紀後葉〜8世紀におけるエミシ集団の移住以外にはない。

　移住集団がもたらした文化的な影響は，生活のあらゆる側面におよんだ。それは，カマドをもつ竪穴住居，刷毛目工具の使用など土師器の製作技法，アワ，ヒエ，キビ，コムギ，オオムギなどの雑穀栽培などである。祭祀の形式についても，この生活全般におよぶ劇的な「本土化」のなかで受容された，と考えるのが自然であろう。

　近世アイヌの祭祀では，飲酒儀礼の際，神に人間の言葉を伝えるものとして，先端を三角に整形したイクパスイ（捧酒箸・ひげべら）と呼ばれるへらを漆器椀とセットで用いた。この飲酒儀礼は，あらゆるアイヌ祭儀で欠くことのできない，基本かつ重要な要素となっていた。

　イクパスイの使用が中世までさかのぼることは，『蒲生氏郷記』のなかに，アイヌが盃のうえに箸を載せて酒をうけ，この箸でひげをかきあげて酒を飲む云々の記述があること，さらに中世の上ノ国町勝山館遺跡，千歳市ユカンボシC15遺跡，同美々8遺跡で，白木のイクパスイが出土している事実から明らかである。さらにユカンボシC15遺跡，美々8遺跡では，擦文時代の9世紀以降の層中からも類似資料が出土しており，その成立は擦文時代までさかのぼると考えられる[5]。

　麹を意味するアイヌ語のカムタチは，古代日本語の麹（かむたち）の借用語であり，飲酒や酒造りも，古代日本から伝わった祭祀形式のひとつとみられる。とすれば，飲酒儀礼に用いられるイクパスイもまた，古代日本の祭祀に起源をもつものだった可能性がある。実際，擦文時代のイクパスイは，秋田城などで多く出土している祭具の斎串（斎箸）と同一のものにみえる。イクパスイのパスイは，日本語の箸（はし）の借用語であり，これはイクパスイの本州起源を傍証する事実といえそうである。なお，墨書土器は10世紀を中心に道内でも数例出土しているが，それは文字をもたない在地集団が受容したものではなさそうである。

5　おわりに

　擦文時代の奥尻島青苗貝塚（11世紀）では，出土した7頭のアシカ頭骨に穿孔が行なわれていた。クマなどの頭部穿孔は近世アイヌも行なっていたが，これはオホーツク文化に由来するものと考えられている。ただし釧路市幣舞遺跡（縄文時代晩期末〜続縄文時代初頭）では，ピット内に安置されたクマ頭骨に穿孔が確認されており，頭骨穿孔の動物儀礼は，縄文時代から近世まで一貫して行なわれていた可能性もある。

　アイヌの祭祀をとおして，我々は日本文化のなかに埋もれている縄文時代の祭祀の名残りや，古代民間レベルの祭祀形式を解明する手がかりを得ることができるにちがいない。

註
1) 新津　健『猪の文化史―考古編』雄山閣，2011年
2) 瀬川拓郎「縄文の祭りを継ぐ―アイヌ儀礼から読み解く縄文―続縄文の構造変動」『季刊東北学』19，柏書房，2009年
3) 山田俊輔「鹿角製刀剣装具の系列」『日本考古学』42，2016年
4) 瀬川拓郎『アイヌの世界』講談社選書メチエ，2011年
5) 瀬川拓郎「祖印か所有印か―擦文時代における底面刻印の意味と機能」『環太平洋・アイヌ文化研究』11，苫小牧駒澤大学環太平洋・アイヌ文化研究所，2014年

沖縄の王権祭祀遺跡

沖縄県立芸術大学附属研究所
客員研究員
安里　進
（あさと・すすむ）

1　久高島・斎場御嶽・浦添ようどれ

　神の島と呼ばれる久高島は，琉球王権祭祀の重要聖地の一つである。この島には，沖縄島にある第二尚氏王権（1470～1879年）の聖地「斎場御嶽」と初期琉球王陵「浦添ようどれ」が冬至の太陽で結ばれている。本稿では，琉球王権祭祀を象徴するこれらの島と遺跡の関係について，沖ノ島祭祀を念頭に置きながら，16世紀に成立した第二尚氏の王権思想（太陽子思想）から読み解く。

　久高島は，沖縄島南城市旧知念村の東海上にある小島で，琉球創世神話で最初に創造された島々嶽々の一つである。畑作農耕の発祥地と伝えられ，島の東方彼方にはニライ・カナイ（ニライ大主＝太陽神が棲む異界）があると信じられてきた。人間界と異界の間にある境界の島である。第二尚氏の国王と聞得大君は，この境界の島に渡海して1673年まで農耕儀礼を行なってきた。聞得大君は，王国を宗教的に支配する最高神女で国王にニライ大主のセジ（霊力）を授ける役割がある。王妃・王女・王母などが就任した。

　島の対岸には，琉球王国の聖地である斎場御嶽（世界遺産）がある。南城市旧知念村にあるこの御嶽は，聞得大君の就任儀礼を行なう男子禁制の聖域であり，久高島への遙拝所でもある。太陽の活力が最も衰える冬至には，久高島の南側から朝日が昇る位置にある（図1・2）。

　一方，浦添市にある国史跡の浦添グスクと浦添ようどれでは，冬至の太陽が久高島の北側から姿を現わす。浦添グスクは琉球王権の始祖・英祖王（在位1260～99年）の居城で，その崖下にある浦添ようどれと英祖王統の廟寺・極楽寺も英祖王が造営したと伝えられている。英祖王統以後の第一尚氏王統と第二尚氏王統も，政権樹立後に浦添ようどれや極楽寺を改修・再建してきた。

2　4～10世紀の沖縄と近世の久高島民

　久高島は，知念半島から5.4km東海上にある有人島である。琉球石灰岩の細長い平坦な島で，長さ3.3km，最も幅広いところでも約600m，最高標高も17m程度だ。畑作の島で水田がない。琉球王国時代の人口は不明だが，王国滅亡の翌1880（明治13）年の人口は164戸621人で，うち男282人，女339人だった。女性が多いのは，男は漁撈・交易，女は農業という分業が関係している。近世には，島の男は航海や漁撈で長期間島外に出

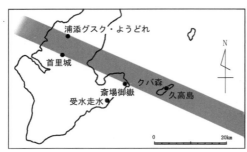

図1　冬至の太陽が久高島から昇る地域

図2　上空から見た①久高島・②斎場御嶽・③浦添グスク・ようどれ（筆者撮影）

ることが多く，女性は専ら島で農業に従事しながら，航海や漁に出た兄弟を霊力（オナリ神）で守護する役割があった。

近世久高島民の生業スタイルは，貝塚時代後期の漁撈交易民を彷彿とさせるものがある。島の男は，薩摩藩領の奄美，トカラ列島，屋久島まで漁に出向き，密かに交易を行なっていた。豊見山和行[1)]は，こうした近世久高島民の交易活動を，貝塚時代後期におけるサンゴ礁の貝を交換材にした「長距離交易」の延長線上に位置づけている。

貝塚時代後期は，沖ノ島で国家的祭祀が行なわれていた4世紀〜9・10世紀を含む時代だ。サンゴ礁のイノー（内海）での漁撈と，日本・中国との貝交易を行なっていた。貝交易という経済活動のうえに政治的社会が形成されつつあったと考えられているが，そうした社会を示唆するような祭祀遺構や祭祀遺跡はまだ発見されていない。

3 第二尚氏の王権思想と久高島

11世紀後半にグスク時代に入ると農耕集落が急増し，海外交易も活発になる。地域首長が登場して各地に大型グスクを造営した。14世紀後半には沖縄島に中山・山北・山南という小王国が出現した。そして浦添グスクを拠点にした中山が，いち早く明朝冊封体制下の国家としての国際的地位を確立し，1420年代に武力で山北・山南を滅ぼして沖縄統一を達成した。

中山では，英祖王統・察度王統・第一尚氏王統・第二尚氏王統が政権交替を繰り返した（表1）。英祖王統から察度王統への政権交代は禅譲とされているが，第一尚氏は武力で察度王統を滅ぼし，第二尚氏はクーデターで第一尚氏から王権を奪った。前王統から王権を奪い取った第一尚氏と第二尚氏は，自らの王権を正当化する論理が必要だったと考えられる。

第一尚氏王統までの王権思想については未解明だが，第二尚氏の王権思想については琉球王陵や15世紀末〜16世紀の金石文，17〜18世紀の史料（『おもろさうし』，『中山世鑑』，『琉球国由来記』，『琉球国旧記』など）の分析による研究蓄積[2)]がある。これらの研究によると，第二尚氏の王権思想は，ニライ・カナイ信仰と琉球王権を結びつけたもので「太陽子思想」，「日子思想」などと呼ばれている。琉球語では，太陽をティダと呼び平仮名で「てだ」と表記している。

第二尚氏の王権思想によると，久高島東方彼方の地底に，ニライ大主＝太陽神の居所であるニライ・カナイがある。そこには「てだがあな」（太陽が穴）があり，この穴から生まれた太陽は，東から昇って西の彼方に沈み，地底のトンネルを通って再び太陽が穴から生まれ出るという。そして，琉球王権の始祖・英祖王を，母親が太陽の夢を見て生まれた「天日之子」とし，その末裔に第二尚氏を位置づけた。国王には，聞得大君が，ニライの霊力とともに「英祖仁耶添」や「日賀末」など英祖王＝太陽神の末裔を意味する神号を授けた[3)]。琉球国王を太陽神と同一視して神聖化し，王権を天与のものとして正当化するのが太陽子思想で，とくに東の空から昇り始める「若太陽」が重視された。

第二尚氏が，15世紀末〜16世紀に国家的事業で建立した石碑には，太陽子思想をビジュアル化した「日輪双鳳雲文」が描かれている（図3）。第二尚氏の開祖尚円王の石棺，第二尚氏の菩提寺

表1 琉球の王統（伝説の舜天王統を除く）

王統	期間／年	開祖・在位年	
英祖	1260〜1349	英祖王	1260〜99
察度	1350〜1405	察度王	1350〜95
第一尚氏	1406〜1469	尚思紹王	1406〜21
第二尚氏	1470〜1879	尚円王	1470〜76

図3 円覚禅寺記（1497年）の日輪双鳳雲文（註14①）

(円覚寺)の欄間彫刻，王が地方神女に下賜した漆器や神扇などにも描かれている。文様の中心にある太陽は，太陽神・英祖王の末裔としての国王の象徴だ。雲文は，五穀豊穣とともに朝焼けの紫雲で国王が「若太陽」であることを意味している。二羽の鳳凰は，有徳の王が現われる予兆の霊鳥だが，国王にニライ大主の霊力（国家守護，五穀豊穣，航海の安全，戦の霊力，長寿など）を授ける聞得大君の象徴でもある[4]。

ニライ大主の霊力を与えられた国王が，王国の豊穣祈願，雨乞い，ニライ・カナイ遙拝などの祭祀を行なった場所が久高島であった。久高島は，五穀のうち麦黍豆粟の種を最初に蒔いた島で，稲は南城市旧玉城村にある浮水走水で栽培が始まったとされている。麦は春の中，稲は夏の初めに熟するので，国王と聞得大君は隔年ごとに旧暦の2月は久高島，4月は知念・玉城の斎場御嶽や受水走水などに行幸して祭祀を執り行なった。この行幸は1673年に廃止された。

4 斎場御嶽と聞得大君

斎場御嶽も琉球創世神話の聖地である。国王と聞得大君が豊穣祈願や雨乞い，戦勝祈願などの祭祀を執り行なった聖地で，久高島への遙拝所でもあった。また，聞得大君の即位式（御新下り）を執り行なう場所で，国王以外の男子禁制だった。御新下りでは，久高島のノロ（神女）を中心に地域の神女らが参集して首里城から下向してきた聞得大君を迎えて即位式が行なわれた。御新下りの場所については，1673年に国王の久高島行幸が廃止される以前は，斎場御嶽と久高島の両所または久高島のみで行なわれていたとも考えられている[5]。

斎場御嶽には，巨岩が屹立する森の中に大庫理（ウフグーイ），三庫理（サングーイ），寄満（ユインチ）と呼ばれる拝所がある（図4）。これらは首里城の重要施設に対応している。首里城正殿内には玉座がある大庫理や下庫理，庫理と呼ばれる部屋があり，正殿に隣接して国王の食事を調理する施設・寄満がある。寄満には，豊穣が寄り満ちるという意味がある。斎場御嶽は「もうひとつの首里城」として位置づけられていた。

大庫理には，巨岩を背に石敷きの基壇と御庭があり，ここで聞得大君の就任儀礼が執り行なわれた。国王の即位儀礼は首里城正殿前の御庭と呼ばれる広場で行なわれたが，聞得大君の即位式はもうひとつの首里城としての斎場御嶽で行なわれた。大庫理の巨岩の反対側に寄満の基壇がある。寄満は航海守護の機能があったと考えられている。

三庫理は，崩れ落ちた巨岩がもたれかかった三角形状の洞穴奥の石敷き基壇で，突き当たりをイビヌメー[6]，右岩壁側をチョウノハナ[7]という。東側は開けていてここから真東に見える久高島を遙拝しているが，かつては岩で遮られていて久高島遙拝は別の場所で行なわれたという。

1994～98年度に行なわれた知念村教育委員会による発掘調査の報告[8]によると，大庫理，三庫里，寄満で貝塚時代後期の遺物と琉球王国時代の遺物が出土している。三庫理では，貝塚時代後期の在地土器や貝輪とともに九州の須玖式土器が出土した。出土した獣骨には意図的な「骨焼き」があり，祭祀場的な利用があったと考えられている。

イビヌメーの発掘では，基壇敷石の下にⅠ層と

図4 斎場御嶽の地形図（註8）と冬至早朝の三庫理

図5 イビヌメーの一括遺物（出土状態の再現，註8）

Ⅱ層があり，Ⅰ層からは勾玉9点（うち金製勾玉3点），青磁の盤や碗9点，多数の銭貨が一括埋納で出土した（図5）。青磁は14〜16世紀，銭貨は宋銭を中心に1657年鋳造の鳩目銭や1697年鋳造の新寛永通宝など35種類に及んでいる。Ⅱ層の青磁碗と銭貨もほぼ同時期で，17世紀末〜18世紀初めに2度の「鎮め」が行なわれたことが判明した。また，隣接するチョウノハナのイビからは，金製厭勝銭が9枚出土した。

勾玉や金製勾玉，金製厭勝銭は3の倍数で出土している。3の倍数の金製厭勝銭は，1519年建立の園比屋武御嶽の基壇から6枚[9]，首里城赤田御門の御嶽で12枚[10]の出土例がある。知念村の報告書は，3の倍数を琉球神道の聖数とする琉球王家関係者の話を紹介している。伊從勉[11]は斎場御嶽の祭祀を所管する「三平等大あむしられ」（3名の上級神女）による「鎮め物」で，Ⅰ層の一括遺物を，1706年の御新下りの際の祭壇整備に伴う埋納と考えている。

5 浦添ようどれと第二尚氏王権

浦添ようどれは，琉球王権の始祖・英祖王が造営したという初期琉球王陵で，極楽山ともいう。浦添ようどれに隣接して英祖王統の廟寺・極楽寺（後の龍福寺）があり，舜天王から尚巴志王までの歴代王の位牌が祀られていた。

『琉球国由来記』の編者は，第一尚氏の実質的な開祖尚巴志王が老朽化した極楽寺を改修したと推測しているが，発掘調査によって尚巴志王代の15世紀前半に浦添ようどれも大改修されたことが判明した。この改修で浦添ようどれの基本的な構造ができあがった。第二尚氏の開祖・尚円王も，焼失していた極楽寺を移建して龍福寺に改称した。第二尚氏の尚寧王は，1609年の島津侵攻で焼き討ちされた龍福寺を再建し，1620年には浦添ようどれの一番庭を拡張し，外周擁壁も増築して強固にした。そして，浦添ようどれは英祖王の墓であるという理由で自ら同墓に葬られた[12]。

第二尚氏による浦添ようどれへの対応は，第一尚氏王陵の天山陵を王族に下賜した扱いとは対照的だ。こうした各王統の開祖などによる浦添ようどれや極楽寺の改修・再建は，英祖王権の継承儀礼として行なわれたと考えられる。

さて，浦添ようどれは沖縄戦で墓室を残して壊滅したが，浦添市教育委員会による復元整備事業（1996〜2005年度）で戦前の形に復元された（図6）。この事業に伴う発掘調査報告書4冊[13]が刊行され，復元整備事業を指揮した筆者による論考[14]がある。

発掘調査で，伝承どおり英祖王代の13世紀後半

図6 浦添ようどれの構造（写真は註13③浦添市教育委員会提供，図は筆者作成）

に造営された後，第一尚氏尚巴志王代と第二尚氏尚王代の改修（1620年）をへて，次に述べる戦前に見るような構造になったことが判明した。

浦添ようどれには，崖上から久高島を眺望しながら東に向かって参道を下りて行く。前庭から「暗しん御門」（人工のトンネル）を抜けて「二番庭」に出て，「なーか御門」（アーチ門）から墓庭の「一番庭」に入る。一番庭には北面する崖面に掘られた大きな墓室が東西2室ある。東室（いわゆる尚寧王陵）内の石厨子（石棺）配置は1620年の改修で尚寧王族の石厨子が追加されて改変されたが，西室（いわゆる英祖王陵）は尚巴志王代の15世紀に改修された時のままだ。

西室内には，中国福建産青石（輝緑岩）製の大型石厨子3基がコの字形に安置されている（図7）。中央に基壇付き1号石厨子がある。1号石厨子と両側の基壇がない2号・3号石厨子が取り囲む小空間が，1号厨子と相対する配置になっている。この配置は，首里城などの大型グスクを特徴づける基壇正殿に相対する御庭（広場）と同じ構造だ。

造営当初（英祖王代）の全体構造は不明な点が多いが，尚巴志王代の改修は，第二尚氏の太陽子思想と同様な王権思想で設計されたと筆者[15]は考えている。久高島を遠望しながら崖を下り地下通路を通って墓庭に至る構造は，東方彼方の地底にあるニライ・カナイをイメージしたものだ。そして，「太陽が穴」にあたる墓室内に，亡き王の正殿に見立てた基壇石厨子を大型グスクの正殿―御庭と同じ配置にしている。

図8 なーか御門から現われた冬至の朝日

冬至の朝，二番庭に立つとアーチ門の向こうから太陽が現われ眩しく輝く光景を見ることができる（図8）。太陽が穴から生まれ出た若太陽だ。浦添ようどれは，琉球王権思想を目に見える形で見事に演出した王陵である。

6 王権と霊力の継承装置

冬至の太陽で結びつけられた久高島と斎場御嶽・浦添ようどれは，第二尚氏王権が琉球王権の始祖・英祖王の末裔としてニライ大主（太陽神）の霊力を継承する舞台装置としての祭祀場だったといえる。第二尚氏王権の太陽子思想では，国王が英祖王の末裔という資格でニライ大主から霊力を授かるために2つの儀礼が必要だった。英祖王権を継承する儀礼と，ニライ大主の霊力を授かる儀礼である。

尚円王や尚寧王による英祖王陵・浦添ようどれや廟寺・極楽寺の改修・再建には，英祖王権の継承儀礼の意味があったと考えられる。一方，ニライ大主の霊力は，聞得大君を介して国王に授けられる。そのためには聞得大君がニライ大主から霊力を受け継ぐ就任儀礼が必要で，その儀礼の場が斎場御嶽（または久高島）である。そして久高島は，英祖王権を継承しニライ大主の霊力を授けられた国王が，国王の長寿と国家安寧の諸儀礼を行なう場であった。

このような太陽子思想による第二尚氏王権祭祀の形成は，第一尚氏の尚巴志王代における浦添よ

図7 西室の石厨子配置（註13③浦添市教育委員会提供）

うどれと極楽寺の改修・再建や第一尚氏尚徳王が久高島に行幸したことなどからみて，少なくとも第一尚氏王権にさかのぼると考えられる。第一尚氏の王権祭祀を原形にして，第二尚氏尚真王代（1477～1526年）における聞得大君を頂点にした神女組織の確立や，太陽子思想を文様化した日輪双鳳雲文の成立で完成したといえる。しかし，1609年の島津侵攻の戦に敗北して以後日輪双鳳雲文は王権文様から消え，1673年の国王・聞得大君の久高島行幸の廃止による祭祀の合理化で太陽子思想による王権祭祀は形骸化していった。

7　久高島と沖ノ島

　久高島と沖ノ島は，ともに国家的祭祀が行なわれた小島で「神の島」「神宿る島」と呼ばれている。対岸に遙拝の祭祀場があり，王陵や古墳とも関係するという類似点もある。斎場御嶽の久高島遙拝については，チョウノハナの岩上で行なっていた祭祀がその下の岩陰（三庫理）に移ったとして沖ノ島祭祀の変遷と関連づける考えもある。

　しかし，第二尚氏の王権祭祀における久高島とヤマト王権による沖ノ島の祭祀は，成立年代に15世紀と4世紀という1千年余の開きがあり，祭祀主体も異なるので安易な比較はできない。そして，沖ノ島が朝鮮半島や中国大陸という現実世界との境界域にある「神宿る島」であるのに対し，久高島は神の棲む異界との境界にある「神の島」だ。この違いは，両島の祭祀の本質的な差異につながるのではないだろうか。

註

1) 豊見山和行「南の琉球」入間田宣夫・豊見山和行 編『北の平泉，南の琉球』中央公論社，2002年，173-175頁
2) 次の論考がある。①外間守善「太陽崇拝と日子思想の成立」『おもろさうし』岩波書店，1985年。②平山良明「太陽穴について」おもろ研究会 編『おもろさうし精華抄』ひるぎ社，1987年。③中本正智『日本列島言語史の研究』大修館書店，1990年。④比嘉　実『古琉球の思想』沖縄タイムス選書Ⅱ5，沖縄タイムス社，1991年。⑤知名定寛『沖縄宗教史の研究』榕樹社，1994年。⑥安里　進『琉球の王権とグスク』山川出版社，2006年
3) 英祖王や太陽神の末裔を意味する神号は，第二尚氏第4代の尚清王から始まるが，日輪双鳳雲文は第3代尚真王代に成立している。
4) 安里　進『考古学からみた琉球史・下』ひるぎ社，1991年
5) 斎場御嶽と久高島の国家祭祀については，伊従勉『祭祀空間の研究　カミとヒトの環境学』（中央公論社，2005年）を参照した。
6) イビの前という意味。イビは御嶽などの聖域で最も神聖な場所。
7) 首里城の聖域「京の内」に対応する名称といわれている。ハナは突出した地形をさす言葉。
8) 知念村教育委員会『斎場御嶽―整備事業報告書（発掘調査・資料編）―』知念村文化財報告書第8集，1999年
9) 東恩納寛惇『東恩納寛惇全集4』琉球新報社，1979年，160-167頁
10) 沖縄県埋蔵文化財センター『発見！首里城の食といのり』平成27年度重要文化財公開首里城京の内出土品展，2016年
11) 前掲註5書，529-539頁
12) 尚寧王が第二尚氏の陵墓首里玉陵ではなく浦添ようどれに葬られたことについては，島津氏との戦争に敗北したことを恥じたからだという俗説がある。しかし，「ようどれのひもん」には，尚寧王が，英祖王の墓を改修して父祖の遺骨と自身を葬れば先代万代まで名が残ると考えたと記されている。英祖王権の正当な継承者として浦添ようどれに葬られたと考える。
13) ①浦添市教育委員会『浦ようどれⅠ 石積遺構編』2001年。②同『浦添ようどれⅡ 瓦溜り遺構編』2005年。③同『浦添ようどれの石厨子と遺骨―調査の中間報告―』2005年。④同『浦添ようどれⅢ 金属工房跡編』2007年
14) ①安里　進『琉球の王権とグスク』山川出版社，2006年。②同「浦添ようどれの造営と改修の年代」『琉中歴史関係国際学術会議論文集』琉球中国関係国際学術会議，2008年，197-216頁。③同「てだがあなの王宮―沖縄の墓と王陵の思想―」"International Journal of Okinawan Studies" 1―2, 琉球大学国際沖縄研究所，2010年，1-14頁
15) 前掲註14①書

朝鮮半島の祭祀遺跡

国立歴史民俗博物館准教授
高田貫太
（たかた・かんた）

1 はじめに

 沖ノ島において大規模な祭祀が行なわれていた4～9世紀は，倭と朝鮮半島諸勢力（百済，新羅，諸加耶など）の間で政治経済的な交渉が積み重ねられていた時期でもある。沖ノ島祭祀の主要な目的のひとつが，日本列島と朝鮮半島や中国を往来する航海の安全にあったことはいうまでもないが，それと同様な性格の祭祀場が，朝鮮半島においても確認されている。著名な竹幕洞（チュンマクトン）祭祀遺跡である。
 竹幕洞祭祀遺跡では三国時代，遅くとも4世紀に入る頃には土器類を用いた祭祀が執り行なわれており，それが5～6世紀に盛行した。また，統一新羅，高麗，朝鮮王朝の時代の祭祀関連遺物も出土している。とくに三国時代における祭祀の実態や変遷，歴史的背景について整理するのが本稿の第1の主題である。
 また，竹幕洞では倭の祭祀具と考えられる各種の石製模造品が出土しており，先学によって，渡海した倭系の集団による祭祀も執り行なわれていたと推定されている。とくに短甲形の石製模造品は，日本列島においても出土が限られる。そして，石製模造品（とくに子持勾玉）が，朝鮮半島西・南海岸沿いの諸遺跡において出土している。このような石製模造品を取り巻く状況は，5，6世紀において渡海する倭系集団の性格，航海やそれに伴う祭祀の実態についての手がかりを与えてくれている。この点を整理することが，本稿の第2の主題である。
 そして朝鮮半島では，ある意味で当然のことではあるが，このような航海安全に関する祭祀（場）以外にも，集落や山城においても各種の祭祀遺構が確認されている。その祭祀の実態や性格を実証的に追究することは筆者の力量をこえるけれども，近年，三国時代のモガリ（殯）との関連が指摘されている事例があり注目できる。古墳時代社会のモガリとの比較という点においても重要と判断されるので，簡略に紹介してみたい。
 この3つの主題を通して，三国時代における朝鮮半島（百済・栄山江流域）の祭祀（場）の実態が少しでも明らかになれば，と願う。

2 竹幕洞祭祀遺跡の概要

遺跡の立地と景観　竹幕洞祭祀遺跡は，全羅北道扶安郡邊山面格浦里に位置する（口絵16）。黄海に突き出た邊山半島の突端，赤壁（碧）江とよばれる絶壁と岩盤からなる岩石海岸上のせまい平坦地に遺跡は広がっている。現在でも水聖（城）堂とよばれる祠堂（口絵17）が建ち，裏側には堂窟という海蝕洞窟が迫っている。
 遺跡の近海には，蝟島，食島，飛雁島，古群山列島などの島々が点在する。飛雁島東海域では，2002年に3,172点もの高麗青磁が引き揚げられ，艪の部材も確認された。西海岸沿いを航行中に沈没した船の積み荷であったと考えられている。おそらく，先史より朝鮮半島の西海岸をつたう航路の難所のひとつであったと考えられる。
 その中で，周辺から認識しやすい邊山半島の突端やその周辺が，航海上の重要な目印や寄港地（現在の格浦里の港も候補となろう）になっていた可能性は高く，そこに祭祀場が設けられたものと推定される[1]。

祭祀の変遷　遺跡の発掘調査は，1992年に国立全州博物館によって行なわれた[2]。1980年代に海岸警備のため塹壕や鉄柵などの軍関連施設がつくられたことによって，遺跡は大きく破壊され

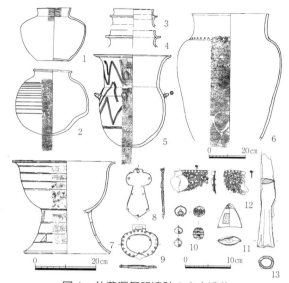

図1 竹幕洞祭祀遺跡の出土遺物
1〜7：土器　8〜12：馬具　13：鉄鉾

たらしいが，水聖堂背後の8×9mの平坦地の範囲が祭祀場の中心部分だったことが明らかとなった。この範囲から，壺・甕・器台・高坏・杯蓋・瓶類などの土器類，武器・武具・馬具・鏡などの金属器類，中国陶磁，そして各種の石製模造品など，三国時代の遺物が出土し（図1），さらに統一新羅，高麗，朝鮮王朝の時代にいたる土器や陶磁器，瓦なども確認された。

祭祀の形態は，平坦地に土器を並べ海（海神）に向かって祈りを捧げる露天祭祀であったと推定されている。ただし，長期間にわたる祭祀がほぼ同一の場所で行なわれたため，祭祀の時期的な変遷を層位学的に把握することは難しい。それでも，出土土器の時期や遺物の出土状況によって，以下のような大枠の変遷は想定可能である[3]。

3世紀後半〜4世紀代　まず，壺を中心とした土器類のみを用いて露天祭祀を執り行なった段階である。中心年代は，おおむね3世紀後半〜4世紀代と考えられる。土器の器種には，タタキや横沈線を有する短頸壺や直口壺，二重口縁壺，灰色磨研の平底直口壺などがある。いずれも朝鮮半島中西部から西南部にかけて認められる器種ではあるが，詳細にみると系譜を細分してみることができる。

注目すべきは，胴部の上・中半に並行タタキと横沈線文，下半に格子タタキを施した短頸壺（図1-2）の存在である。このような短頸壺は，栄山江流域を中心とした朝鮮半島西南部に確認される器種であり，二重口縁壺（図1-3・4）もまた，分布の中心は西南部にある。その一方で，灰色研磨の平底直頸壺（図1-1）は，京畿道地域から中西部を中心に分布する土器であり，いわゆる百済土器の範疇で把握されている。このように，土器の系譜からみると，栄山江流域から京畿道地域にかけての人びとが祭祀に関与していた可能性が考えられる。

5〜6世紀前半　次の5世紀代に入ると，祭祀が大規模化し，用いられる土器の器種は多様なものとなる。とくに鉢形や筒形の器台などが加わることが大きな特徴である[4]。武器・武具類，馬具，鏡，土製馬，中国陶磁なども祭祀具として用いられる。発掘調査を担当とした兪炳夏の研究成果[5]を参考としつつ，この時期の祭祀形態とその主体を類型化すれば，以下の3つに区分できそうである。

百済王権や西南部の地域社会が主体となる祭祀

まず，多種多様な土器類，土製馬，中国陶磁などを用いた祭祀を行なう類型である。祭祀が大規模化しており，京畿道〜中西部に分布の中心がある筒形器台や瓶形土器が出土している点に注目できる。そして，益山弥勒寺址などに類例がある土製馬，そして百済王権が中国南朝から入手したと想定し得る青磁四耳付盤口壺や黒褐釉甕，あるいは鉄鏡などの存在を考慮すると，祭祀執行の主体が百済王権であった可能性は高い。

ただし，鉢形器台や高坏の中には，遺跡の南方，全羅北道の高敞地域系統のものが含まれる（図1-7）。また，半島西南部に分布の中心がある肩部に三角文を連続して押捺する大型甕（図1-6）も存在する。したがって，祭祀に用いられた少なくない土器が，半島西南部において製作された可能性がうかがえる。このことを傍証するのが，祭祀用に特別に製作されたとされる広口長頸壺（図1-5）である。頸部や胴部に多彩な波状文を施し，把手や突起を複数取り付ける独特な器形で，管見ではほかに類例を見ない。ただし，そのタタキ技

法をみると，胴部の上・中半に並行タタキ，下半に格子目タタキを施している。上述のように，このようなタタキ板の使い分けは西南部地域を中心とした特色である。

したがって，百済王権主体の国家的な祭祀に，半島西南部の諸地域社会もまた積極的に参与していたと想定するのが妥当であろう。

大加耶や百済が主体となる祭祀　ダ2区の甕3には，武器（鉄鉾12点，鉄剣2点），馬具（鉄製剣菱形杏葉，馬鈴，環状雲珠，鉸具，図1-8・10），そして銅鏡が埋納されていた。また，すぐそばから出土した鉄地金銅張心葉形杏葉，銅環，鉄鐸（図1-9・11）なども，同じ甕かあるいは周囲の別の甕に埋納されていた可能性が高い。ほかにも，亀甲文透彫金銅製鞍金具片（図1-12）や鉄鉾を納めた大甕が確認されており，大甕に武器や馬具，銅鏡などを納めて供献する祭祀の類型を設定できる。

兪炳夏は埋納された馬具などの金属製品を加耶系と判断し，大甕の器形も大加耶圏に類例を見出せることから，この類型の祭祀の主体は，加耶において対外交渉の能力を備えていた支配層であったと判断している。傾聴すべき見解であり，筆者も加耶系の集団が，祭祀の主体であった可能性が高いと考える。ただし，祭祀の主体を加耶に限定することには躊躇を覚える。

確かに，剣菱形杏葉や針葉形杏葉，馬鈴などの馬具については加耶，とくに大加耶系として評価されている[6]。一方で，亀甲文透彫鞍金具片については，半島中西部〜西南部から出土する金銅製の冠や飾履に同様のモチーフや金工技法が認められ，むしろ百済系と評価できそうである。また，鉄鉾には多角形袋を備えた刀身式鉄鉾（図1-13）が含まれるが，その出土例は，扶安竹幕洞，長水三峰里2号墳，咸陽白川里1号墳，そして百済系墓制の影響を色濃く受けた大阪府高井田山古墳などが確認でき，現状では百済・大加耶系と把握するのが穏当である。そして，大甕の器形も大加耶圏にのみ事例があるわけではない。さらに，銅鏡はむしろ倭とのつながりを想定し得る。

したがって，この類型については百済と加耶（そして倭）の相互交渉の中で，両者が主体となった祭祀の形態という程度に把握しておくことがより妥当である。

倭が主体となった祭祀　そして，石製模造品を用いた祭祀をひとつの類型として設定できる。口絵18のような多種多様な石製模造品が，3ヵ所程の分布の集中をもって出土している。朝鮮半島では竹幕洞以外に，まとまった数量の石製模造品を祭祀具として用いた遺構は確認されていないこと，竹幕洞では，石製模造品と土器や金属器などの遺物との有機的な関連性はうかがえないことを考慮すれば，石製模造品を用いた祭祀は，倭系集団が祭祀の主体であった可能性は高い。

6世紀後半以降　6世紀後半以降になると，祭祀の規模は大幅に縮小する。統一新羅〜朝鮮王朝の時代には，少量の土器や陶磁器による祭祀が主であったようである。ただし，一定量の瓦片が出土しており，ある段階から建物内で祭祀が行なわれた可能性が指摘されている[7]。そして19世紀中頃以降は，水聖堂において航海安全や豊漁などを願う祭祀が執り行なわれた。

以上のように，竹幕洞祭祀遺跡は遅くとも4世紀以降，航海安全を主な目的とした多様な祭祀が行なわれた遺跡として評価できる。とくに，5世紀代〜6世紀前半にかけては，百済の国家的な祭祀場であるとともに，加耶や倭から渡来した集団も当地で祭祀を行なっていたようである。

3　石製模造品が出土した朝鮮半島の遺跡
　　—子持勾玉を中心に—

近年，竹幕洞祭祀遺跡以外でも，朝鮮半島西・南海岸地域において石製模造品，とくに子持勾玉の出土が相次いでいる。ここで，その出土遺跡や遺構の様相を整理し，朝鮮半島へ渡海する倭系集団の航路や，それに伴う祭祀の実態を把握の基礎としたい[8]。

石製模造品を出土した遺跡の概要　竹幕洞のほかに出土地をおおむね把握できる資料は，管見では，集落遺跡での出土が5点，採集品が2点である。主な事例について紹介する。

泗川勒島遺跡（図2-8）では有孔円盤が1点出土している。初期鉄器時代以降の対外交易関連の遺跡として著名であるが，須恵器や土師器系土器も出土しており，「4～5世紀にも倭と関連する遺跡」[9]として評価されている。

光陽龍江里遺跡（図2-7）[10]は，光陽湾へと流れる東川の下流域の低丘陵斜面に位置し，平面方形の竪穴建物3棟が確認された。その中の4号建物址から子持勾玉1点が破砕した状態で出土している。3棟の建物は，10～15mの間隔をあけて配置されており，一般的な集落の建物配置とはやや様相を異にしていることや。周囲は主に墓域として用いられていることを考慮すると，あるいは祭祀場としての機能を想定できるかもしれない。また近隣には港関連の遺跡である龍江里石亭遺跡が位置し，土師器高坏や加耶系の土器が出土しており，寄港地としての役割を担っていたと考えられる。

高興訪士遺跡（図2-5）[11]も高興湾に面した集落遺跡である。須恵器系土器や加耶系土器が多く出土し，寄港地としての性格を想定し得る。39-4号建物址から子持勾玉が1点出土し，須恵器系土器や加耶系の有蓋鉢と共伴している。また，近隣には倭系古墳として著名な高興野幕古墳が位置している。

寶城白鶴堤遺跡（図2-4）は，周囲を山に囲まれた平坦地に単独で立地しており，竪穴建物址2基，竪穴6基，用途不明の柱穴群などが確認された。1号竪穴で子持勾玉が出土しており，竪穴の規模は7.46×3.94mと大型である。調査報告者は，遺跡の立地の特異性や1号竪穴の存在から，「祭祀遺跡や特殊な用途の遺跡」[12]として評価している。

新安地域の押海島（図2-2）においても子持勾玉が採集されたとされる[13]。詳細は不明であるが，島嶼部での出土で，近隣に倭系古墳たる新安ベノルリ3号墳が位置している。

羅州郎洞遺跡（図2-3）は，栄山江流域における有力集団の墓域である羅州伏岩里古墳群や同丁村古墳の周辺に位置する集落遺跡であり，剣形石製模造品が1点出土している。

分布と性格 以上のような子持勾玉を中心とした石製模造品の分布について注目すると，朝鮮半島の西・南海岸沿いに広がっている。東から西へたどると，金海，泗川勒島，順天[14]，光陽，高興，宝城，新安，羅州となる（図2）。そして，扶安竹幕洞祭祀遺跡を経て，泗沘期百済の中心たる扶余の軍守里遺跡でも子持勾玉が採集されている。このように，倭から西・南海岸を伝って栄山江流域や百済圏へ向かう航路に沿うような形で，石製模造品は分布している。このことは，

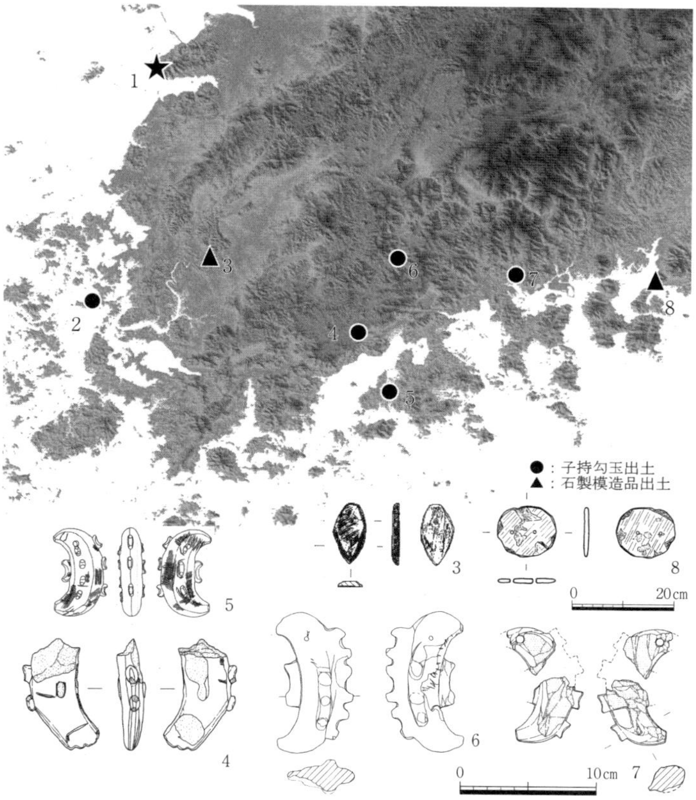

図2　朝鮮半島の石製模造品
1：扶安竹幕洞祭祀遺跡　2：伝新安押海島　3：羅州郎洞遺跡　4：寶城白鶴堤遺跡　5：高興訪士遺跡　6：順天月山里バンウォル支石墓周辺　7：光陽龍江里遺跡　8：泗川勒島遺跡

近年,確認が相次ぐ5世紀前半の倭系古墳の分布とよく類似していることからも傍証される。

そして,臨海性が高くて須恵器系土器や土師器,加耶系土器が出土する,いわゆる寄港地と想定し得る遺跡(泗川勒島,光陽龍江里,高興訪士など)や,押海島などの島嶼部,そして祭祀場と推定される遺跡(寶城白鶴堤)から出土している点は重要であろう。想像をたくましくすれば,倭と百済・栄山江流域を往来する倭系集団が,各地の寄港地において風待ちや潮待ちのために短期間滞在する中で,航海安全を願う祭祀を執り行なっていたと想定することも,あながち無理ではない。

ただし,各遺跡において石製模造品がほかの祭祀具と共伴して出土しているわけではないので,実際に祭祀に用いられたのかどうかも含めて,祭祀の具体的な様相については,慎重に検討していく必要がある。資料の増加を期待するとともに,今後の課題である。

4 モガリ(殯)との関連が想定される遺跡について―羅州東水洞遺跡―

古墳時代の社会におけるモガリの実態についてはさまざまな研究が進められている[15]が,朝鮮半島においても公州艇止山遺跡のようなモガリとの関連が想定される遺跡が確認されている。熊津期百済の王族の墓域である公州宋山里古墳群の北側に位置し,武寧王陵墓誌のモガリの記載に対応するように,瓦葺掘立柱建物や大壁建物,木柵などで構成される遺構群が確認され,王・王族の殯屋の可能性が指摘されている。

羅州東水洞遺跡の遺構群 そして2014年に栄山江流域の羅州地域において,殯屋と関連が想定される遺跡が確認された。それが羅州東水洞遺跡[16]である。大韓文化財研究院によって発掘調査が行なわれたこの遺跡では,5世紀代の梯形墳の周溝や円墳などが確認されたが,その一画に,道路状遺構,竪穴建物,壁柱建物,列をなす貯蔵穴などがひとつの単位として確認された(図3)。出土土器の年代からおおむね5世紀中葉~後半と考えられている。その概要を紹介したい。

まず道路状遺構は側溝を備え,東西それぞれ2条確認されている。東側道路と西側道路の間の幅33~34mほどの空間に,上述の遺構群が位置している。

竪穴建物では全面的な建て替えが行なわれており,当初,南北5.86×東西6.12mの四柱式竪穴建物(2号)が造営された。短期間のうちにそれを拡大して,南北7.33×東西6.71mの四基の主柱穴を有する壁立式竪穴建物(1号)が営まれた。その周囲には溝をめぐらせており,煙道を備えたカマド,「Z」状の隔壁,凸字状の出入り口を備えた大型建物である。内部から蓋杯,高坏,𤭖,鉢,長頸壺,長卵形土器,甑,注口土器などの炊事用を主とする土器以外に,器台,円筒形土製品など祭祀に主に用いられる器種も多数出土した[17]。炊事用土器の内部からは米,大豆,粟,稗などの炭化穀物が出土し,竪穴建物に北方では貯蔵穴が列をなして確認されている。

壁柱建物は竪穴建物の北東に位置し,南北8.7×東西6.58mの平面長方形を呈する。北辺と西辺の外側には溝がめぐる。緩斜面をそのまま床面としている点や,柱穴が直径15~44cmと小型でかつ柱穴間の距離が長いことから非恒久的な建物と考えられる。出土遺物は壺,蓋附き,把手付土器などである。

遺構群の性格 調査報告者の李暎澈は,道路状遺構や各建物の周溝が儀礼の空間を仕切る役割を果たしたと認識し,この遺跡群をモガリが執り行なわれた儀礼空間と推定した。具体的には,壁柱

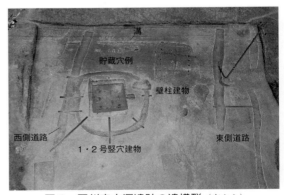

図3 羅州東水洞遺跡の遺構群(南から)

建物を殯屋，竪穴建物をモガリの儀礼に伴う調理が行なわれた場，貯蔵穴群がその材料を保管する場と把握している[18]。

確かに遺構群は墓域と想定される空間の一画に位置し，周囲には一般的な集落とおぼしき以降は確認されていない。先行する竪穴建物（2号）を埋めなおし，その全体を覆い隠すかのようにより大規模な建物を建てなおすことも，一般の集落における行為とは考えにくい。また，竪穴建物（1号）と壁柱建物は出土土器片が接合し，同時期に営まれた可能性がきわめて高い。さらに両建物ともにおそらく人為的な焼却によって同時に廃棄されていることも注目できる。

以上の諸点を総合すると，この遺構群が儀礼空間であった可能性はきわめて高く，李暎澈の指摘は傾聴すべきものと評価できる。今後，このような事例の増加を期待しつつ，モガリに関する日朝の比較研究の深化が望まれよう。

註

1) 大竹弘之「海峡の祈り」『古墳時代の考古学6 人々の暮らしと社会』同成社，2013年
2) 国立全州博物館『扶安竹幕洞祭祀遺跡』1994年。国立全州博物館『特別展 海と祭祀―扶安竹幕洞祭祀遺跡―』1995年。国立全州博物館『扶安竹幕洞祭祀遺跡研究』1998年
3) 前掲註1・3国立全州博物館1995文献 など
4) かつては鉢形器台について加耶地域に系譜を求める見解が多かった。しかし，竹幕洞では典型的な加耶系（大加耶や小加耶系）の器台が確認されておらず，加耶地域の器台とは形態的な差異が少なくない点，中西部から西南部地域にかけて形態や文様の類似する鉢形器台の出土例が増加している点を考慮すれば，改めて当該地域の鉢器台の悉皆的な整理の後に，系譜の検討を行なう必要があろう。筆者はむしろ，全羅北道高敞地域との関連性を想定している。
5) 兪炳夏「扶安竹幕洞祭祀遺跡で行なわれた三国時代の海神祭祀」国立全州博物館 編『扶安竹幕洞祭祀遺跡研究』1998年
6) 諫早直人『東北アジアにおける騎馬文化の考古学的研究』雄山閣，2012年 など
7) 前掲註2国立全州博物館1994に同じ
8) 朝鮮半島の子持勾玉については，先学によって，全羅道周辺と沿岸島嶼部に分布が集中すること，列島各地からの搬入品を含むこと，時期的に5世紀後半～6世紀前半に限定されることなどが指摘されている（下記竹谷1997，山本2009，桃﨑2013文献など）。とくに桃﨑祐輔はその性格として，「全羅道周辺の前方後円墳築造時期とも重なり，倭王権が熊津百済への挺入れを本格化した雄略朝頃出現し，継体朝頃を下限とし，九州での子持勾玉生産定着とほぼ重なっている」（桃﨑2013，132頁）と述べている。

竹谷俊夫「韓国古代の祭祀―竹幕洞遺跡とその周辺―」『宗教と考古学』勉誠社，1997年。山本孝文「韓半島南部の倭系文物再考」『竹石健二先生 澤田大多郎先生古稀記念論文集』六一書房，2009年。桃﨑祐輔「九州出土子持勾玉研究入門」『福岡大学考古学論集2』福岡大学考古学研究室，2013年
9) 東亜文化財研究院・泗川市『泗川勒島進入路開設区間内文化遺蹟発掘調査報告書』2006年，134頁
10) 順天大学校博物館ほか『光陽龍江里遺跡Ⅰ』2002年。大韓文化財研究院ほか『光陽龍江里石停遺跡』2012年
11) 湖南文化財研究院ほか『高興訪士遺跡』2006年
12) 全南文化財研究院『寶城白鶴堤遺跡』2015年，100頁
13) 崔恩珠「我が国の滑石製母子曲玉について」『三佛金元龍教授停年退任紀念論叢Ⅰ 考古学篇』一志社，1987年
14) 全南大学校博物館ほか『住岩ダム水没地域文化遺跡発掘調査報告書（Ⅱ）』1988年
15) モガリとは，「人の死後，埋葬するまでの間に執行される古代社会における諸儀礼」（下記寺前2011文献，193頁）のことである。近年の研究成果をまとめたものとしては，寺前直人「考古資料とモガリ」『古墳時代の考古学3 墳墓構造と葬送祭祀』（同成社，2011年）などがある。
16) 大韓文化財研究院ほか『羅州東水洞遺跡』2016年
17) 注目できるのは上半部が鉢形を呈する器台の存在である。この器台は羅州徳山里8号墳出土の上半が鉢形を呈する埴輪と類似している。葬送に関する儀礼に用いられた器物として評価しえよう。
18) 李暎澈「羅州東水洞における'儀礼'遺構の性格と年代」『羅州東水洞遺跡』大韓文化財研究院，2016年

中国の海の祭祀

京都大学人文科学研究所教授
岡村秀典
（おかむら・ひでのり）

　中国の海洋進出が大きなニュースになっている。漢代に中国から東南アジア・インドへと通じる南海交易がはじまり，宋代には日本との交易ルートも開かれた。663年の白村江の戦いでは唐が新羅救援の水軍を送ったが，海を越えて中国が独自に軍事力を行使するのはモンゴルの元になってからである。1274年，皇帝クビライは高麗軍を加えて日本にはじめて艦船を派遣し（文永の役），南宋を滅ぼした元は旧南宋軍を加えて1281年に第2次遠征をおこなった（弘安の役）。2回の日本遠征に挫折した元は，今度は南海に軍船を派遣した。1285年と1288年にベトナム，1293年には赤道を越えてジャワを攻略したが，いずれも現地軍に撃退された。強力な騎馬軍団によってユーラシアの西にまで版図を広げたモンゴルであるが，海洋進出はことごとく挫折したのである。

1　怖ろしいイメージの海

　そもそも黄河中流域の中原に興起した中国歴代の王朝は，定住農耕を旨とする農業国家であり，北方遊牧民族に対する防衛と監視を常に怠ることがなかったが，海は東方のかなたにある未知の世界でありつづけた。
　おもしろいことに，ヨーロッパでは森が怖ろしいところとして意識されていたのに対して，中国では海がそのようにイメージされていたと吉川幸次郎は指摘している[1]。すなわち，後漢の劉熙『釈名』釈水は「海は晦(かい)なり。穢濁(わいだく)を承(つか)どる。その色黒くして晦(くら)きなり」という。「晦」は暗いという意味。「海 hai」が「晦 hui」を語源とするのは，その色が黒いからであり，なぜ黒いかといえば，大地から流れ出す穢れものを受け入れるからだというのである。われわれなら今日問題になっている海のマイクロプラスチック汚染などが連想されるが，大地の穢れとはどのようなものを漢人は想像していたのだろうか。
　また，古代の漢人は天下を四角い重層的な世界としてとらえた。すなわち，漢代以前に成立した『爾雅』釈地は，9つの州に分かれた中国を中心に，その九州の外側を四極，その外側を四荒，その外側を四海とし，「九夷・八狄・七戎・六蛮，これを四海と謂う」と説く。後漢の李巡はこれに「四海は四荒よりも遠し，晦冥無形にして，教諭す可からず，故に四海と云うなり，海なる者は晦なり，その晦暗にして無知なるを言う」と注している。つまり「四海」とは，中国の周辺よりさらに遠く離れたところであり，けだもののような野蛮人が跋扈する地の果てを意味する[2]。それはもとよりわれわれの認識する「海 sea」ではない。
　もっとも王莽から後漢代の鏡に「上には仙人有りて老いを知らず，渇いては玉泉を飲み，飢えては棗を食らう。天下に浮游し，四海に敖(あそ)ぶ」という銘文がある。羽根をもつ仙人は，大空をどこまでも自由に飛び回るというのである。この「四海」は地の果てではなく，無限にひろがる仙界をいう。
　この神秘的かつ浪漫的な神仙思想は，波の穏やかな渤海に面した斉（山東省）や燕（遼寧省）の地域で育まれたらしい。

2　海に神仙を求めた秦始皇帝

　内陸の関中に起こった秦の始皇帝は，中国統一（前221年）の翌年から地方の巡幸をはじめた。皇帝の権威を征服した人びとに誇示し，その土地の神がみをまつり鎮めるためである。『史記』秦始皇本紀によれば，都合5回の巡幸がおこなわれている。第一回は秦人ゆかりの西北地方であり，第二

回（前219年）からは征服した東方六国の故地であった。第二回の最初に向かったのが斉であり、まず嶧山（山東省鄒城）と泰山（山東省泰安）に頌徳紀功碑を立て、泰山では封禅のまつりが執りおこなわれた。それは天命を受けた王朝がその政治的成功を天地に報告する儀礼であり、伝説の聖王の時代にはじまるとされていた。始皇帝はここから渤海に沿って山東半島を東に進み、成山（文登市）と之罘山（烟台市）に登り、さらに南岸の琅邪（諸城市）に向かった。『史記』封禅書によれば、そのことを「東のかた海上に遊び、行りて名山、大川および八神を礼祠し、仙人の羨門の属を求む」と記している。始皇帝は生まれてはじめて海をみた。その感動のためか、以後の巡幸では必ず海に臨むことになるのだが、このときこれらの土地に足跡をしるしたのは、神仙思想とゆかりの深い斉の八神のまつりをおこなうためであったと吉川忠夫は指摘している。すなわち、それは天主・地主・兵主・陰主・陽主・月主・日主・四時主という斉の八神であり、山東半島の東北端にある成山において日の出を迎える儀礼が日主のまつり、北海岸の之罘山におけるのが陽主のまつり、南海岸の琅邪におけるのが四時主のまつりである[3]。

琅邪に頌徳紀功碑が立てられた直後にあらわれたのが、斉人の徐市（徐福ともいう）である。「海中に蓬莱・方丈・瀛州という三神山があり、そこには仙人たちが住まっております。ひとつ斎戒して身を清めたうえ、童男童女たちを引き連れて捜索にあたってみたく存じます」と奏上した。三神山は渤海の海上に浮かび、そこには不死の薬が存在し、鳥や獣はすべて無垢の白色をしており、黄金や白銀で作られた宮殿が林立する。かつて斉や燕の王たちはそれを捜索したが、そばまで近づくと船は沈んでしまうか、風が吹き起こって船が流されてしまい、これまでだれもたどりついた者はいない、と徐市は説いた[4]。かくして始皇帝は、不死の薬を手に入れようと、渤海に浮かぶ三神山に徐市たちを派遣した。

翌年の第三回も山東半島の各地を巡幸した。しかし、徐市たちの探索はまだ何の成果もえられていなかった。

第四回（前215年）は都の咸陽から渤海北岸にある碣石にまっすぐ向かった。始皇帝はそこで燕人の盧生に面会し、仙人の羨門と高誓の捜索を命じた。この碣石にも頌徳紀功碑を立て、さらに韓終ら3人の方士たちにも不死の薬を求めさせた。始皇帝は、渤海に浮かぶ三神山を北から探索しようとしたのであろう。

始皇帝は北辺を巡遊し、黄土高原を通って都に戻ったところ、盧生から報告があった。「海に浮かんで仙人を求めましたが、鬼神のお告げがあり、かわりに録図書を手に入れました」、と。「録図書」とは未来の預言書のことであり、そこには「秦を亡ぼす者は胡なり」と書かれていた。「胡」は匈奴のことにちがいないと考えた始皇帝は、将軍蒙恬に命じて30万の大軍を動員し、北のかたオルドス地方に進駐した。

最後の第五回（前210年）は雲夢（湖北省雲夢）から長江を下り、会稽（浙江省紹興）をへて海沿いに北上し、ふたたび琅邪にいたった。始皇帝に面会した徐市は、数年たっても神薬が入手できず、大金だけを浪費していることを言い繕うため、つぎのようにいった。「蓬莱島の薬は手に入れることができます。しかし、いつも大鮫魚に苦しめられ、島まで到達することができません。どうか弓の名手を同行させてください」、と。たまたま始皇帝は人の形をした海神と戦っている夢をみた。夢占いをさせたところ、「水神は目にはみえないので、大魚はその兆候です。陛下はつつしみ深く祈祷祭祀をなさっておられますのに、この悪神があらわれたのですから、まさに取り除くべきです。さすれば善神があらわれることでしょう」とのことであった。そこで琅邪から船で海沿いに北上し、成山をへて之罘に至り、大魚を発見したので、これを射殺したという。始皇帝はそのまま海に沿って西に進み、平原津（山東省）で発病し、ついに沙丘（河北省）で崩御した。

胡亥が位を継いで二世皇帝となった。その元年（前209年）春にも皇帝はまず碣石に向かい、そこから海沿いに南下して会稽に至った。そして始皇

帝が立てたすべての石碑に賛辞を追刻し，側面には重臣たちの名を刻んだという。

それから100年，漢の武帝は泰山で封禅の儀礼をおこない，山東半島の東端まで進んで斉の八神をまつった。武帝はそこで蓬莱の諸神にめぐりあうことを願ったが，かなわぬまま海沿いに北上し，碣石に至り，そこから黄土高原を通って関中に還った（『史記』孝武本紀）。

3 秦始皇帝の海の祭祀遺跡

この始皇帝・二世皇帝と漢の武帝が行幸した碣石の遺跡が河北省と遼寧省の省境一帯で発見されている。ちょうどここには万里の長城が渤海に突き出した山海関があり，「中国」と疆外（旧満州）とを分ける境界にあたっている。

そのうち遼寧省の最南端にあるのが姜女石遺跡群である[5]。山海関から東に約15kmのところにあり，沿海岸に東から止錨湾・石碑地・黒山頭という3遺跡が点在している。東西はおよそ4km，中心にある石碑地遺跡から500mほど離れた海中に姜女石という3つの岩礁が立っている（図1）。北側の岩は高さ18.4m，おそらくこの奇岩をまつり観望するために，宮殿が営まれたのであろう。

姜女石の名は，長城建設にまつわる民間伝説に由来する。ストーリーにはさまざまなバリエーションがあるが，始皇帝のとき長城の造営に駆り出された夫を追って来た妻の孟姜女が，夫はすでに

図1 遼寧省石碑地遺跡の姜女石（1991年岡村撮影）

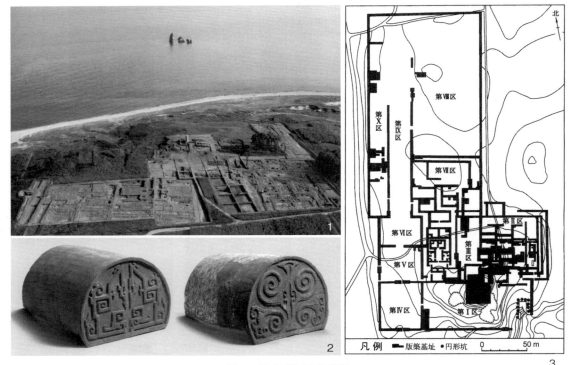

図2 遼寧省石碑地遺跡
1：北方上空からみた遺跡と海中の姜女石（註5：図版6） 2：出土雲紋瓦当（註5：図版10を加工） 3：建築遺構（註7：図1-9）

過労死していたことを聞かされて大泣きしたところ，長城が数里にわたって崩壊し，城壁内に埋め込まれていた夫の亡骸があらわれたというあらすじでは共通している。

後漢の許慎『説文解字』第9巻下「碣」によれば，「碣は，特立する石なり。東海に碣石山あり」という。直立するこの岩礁は，もともと碣石（山）と呼ばれ，漢代までは付近一帯の地名になっていたのだろう。その後，民間の孟姜女伝説に付会され，岩礁そのものを姜女石と呼ぶようになったのではあるまいか。

石碑地遺跡は海抜7m前後の海岸砂丘上にあり，2時期の建築遺構が確認されている。

第1期は秦代で，出土した雲紋瓦当（図2-2）や印文をもつ瓦などは始皇帝陵の出土例に類似している。建築遺構はおよそ東西300×南北500m，全体に曲尺形を呈し，10区画からなる建築コンプレックスである（図2-3）。各所に火災の痕跡があり，秦の滅亡時に焼失したと考えられている。

第1期の中心建築は微高地となった東南部の第Ⅰ区にあり，東西170×南北70mの版築壁で囲まれている。その北辺中央にある40m四方の方形版築基壇は，東の姜女石と海を観望する高層建築であったと考えられる。第Ⅰ区の東南隅には東西13×南北25mの長方形坑があり，周囲に直径約2mの円形坑が12基残存し，祭祀遺構とされている。第Ⅰ区の北側に接する第Ⅱ区と第Ⅲ区，および第Ⅲ区の北側に接する第Ⅳ区は，後宮に相当するプライベートな空間であろう。第Ⅲ区の南端には井戸や排水管を備えた沐浴施設がある（図3）。始皇帝は仙人に逢う準備のために，ここで斎戒沐浴したのであろうか。

第2期は前漢中期であり，「千秋万歳」文字瓦当を指標とする。廃棄された第1期建築を整地した後，その東南部（第Ⅰ・第Ⅱ区）に小規模な宮殿を造営している。

図3　石碑地遺跡第Ⅲ区沐浴施設
（註5：図版148）

黒山頭遺跡は石碑地遺跡の西2kmにあり，海岸に突出した岬の上に東西60×南北100mの建築遺構が発見されている（図4）。海抜13m，井戸を備えた4つの小部屋が並列し，出土瓦は石碑地遺跡の第1期と同じである。ここから40m離れた海中に龍門石という天然の岩礁がある。建築はこの奇岩をまつるためのものであろう。

石碑地遺跡の東1kmにある止錨湾遺跡は，未発掘ではあるが，同じように第1期の建築遺構がひろがり，前の海中には自然の岩礁がある。このほか海岸から数km内陸に入っ

図4　西方上空からみた黒山頭遺跡
（註5：図版206）

たところにも同時代の建築遺跡や瓦窯址などが発見されている。

　また，姜女石遺跡群から50kmほど西南の海岸にも同時代の金山嘴遺跡群がある[6]。その中心をなす金山嘴遺跡は，海に突き出した岬の上にあり，海抜24m，秦代の雲紋瓦当などが採集されているが，遺跡は破壊がひどく，未発掘である。その北300mにある横山遺跡は，海抜18mほどの高台にあり，4組の大型宮殿遺構が発掘されている。出土遺物は石碑地遺跡とほとんど同じで，秦代と前漢中期の2時期に集中している。このほか山海関の西南4kmにある石河口遺跡でも同時代の建築遺構が確認されている。

　以上のように姜女石遺跡群から金山嘴遺跡群にいたる50kmほどの海岸線には，秦から前漢時代にかけての宮殿遺跡が点在している[7]。壮大な規模の建築と出土瓦の年代からみて，これらは秦始皇帝・二世皇帝の行宮として創建され，いったん廃墟となった後，漢武帝が版築基壇の一部を利用して行宮を再建したものであろう。そのなかで中心になったのが石碑地遺跡であろう。高層建築を中核とする宮殿コンプレックスの規模もさることながら，海中に直立する姜女石は文献にみえる「碣石」であった可能性が高い。地名としての「碣石」は『尚書』禹貢や『戦国策』にみえ，戦国時代の燕では海中に立つ岩礁が神仙信仰の対象になっていたのであろう。

4　神仙思想と海の信仰

　天子となった始皇帝や武帝は，広大な海を眼前にし，海中の神山に仙人の住まう不死の世界があるという方士のことばを信じた。そして海の中に直立する碣石を観望しうる宮殿を建設し，斎戒沐浴して神仙との邂逅を待ち望んだ。滞在日数は不明だが，発掘された建築遺構をみるかぎり，長期滞在も可能な施設であったことはまちがいない。5回におよぶ始皇帝の巡幸のうち初回をのぞく4回は山東半島と渤海北岸への行幸であることから，それは通説のように皇帝の威厳を人びとに誇示することよりも，渤海の三神山に住まう仙人から不死の薬を手に入れようとする個人的な欲望を満たすことに主たる目的があったといえよう。

　広大な海とそこに浮かぶ岩や孤島に神秘性を感じ，信仰対象とすることは，日本では伊勢二見興玉神社の夫婦岩や沖ノ島の祭祀に通底する。海に囲まれた日本で生活しているわれわれからみれば，古今東西どこでもありそうな信仰だと思われているかもしれない。

　しかし，中国の文献にみえるのは始皇帝や武帝など為政者の行動記録のみであり，考古資料としても行宮の建築遺構が確認されているだけで，まつりの実相はよくわからないし，民間における海の祭祀にいたっては，まったく不明である。

　中国で海の信仰が確かめられるのは，近世の宋代になってからである。民間における海上交通の活発化がその背景にあることはいうまでもない。福建を中心とする沿海岸の商人や漁民たちにひろがった媽祖(まそ)信仰は，宋代に実在した黙娘という官吏の娘が神として崇められたものとされ，道教のなかに取り込まれて媽祖をまつる廟が各地に建てられた。それは始皇帝の神仙信仰が1200年の時を経て変化したものであり，プリミティブな自然信仰から仏教や道教の影響によって偶像崇拝の宗教へと変化したと理解できよう。

　冒頭に述べたように，内陸の中原に興起した中国王朝にとって海は未知なる世界であり，始皇帝や武帝のような例外をのぞけば，海のまつりは近世以降に民間主導でおこなわれたのである。

5　伝統中国の祭祀とは異質な海の祭祀

　それでは伝統中国の祭祀とは，どのようなものであり，海の祭祀はどのように位置づけられるのか，最後にまとめておきたい。

　結論からいうと，伝統中国のそれは儒教経典の『周礼』『礼記』『儀礼』という礼書に記録された祭祀儀礼にはじまり，儒教の国教化にともない，為政者がとるべき規範とされてきたものである[8]。詳細は拙著にゆだねるが，その基本は身分秩序であり，天子は天・地・人（祖先）の諸神，諸侯は地・人の諸神，卿大夫以下は人神をまつるとされた。

祖先神は都市内の宗廟でまつるのに対して，天と地の自然神は郊外の壇でまつられた。自然神のまつりは神と人のコミュニケーションの手段であったのに対して，祖先神のまつりは祭主の血統，ひいては権力と財産の継承の正統性を確認するための儀礼であり，神を介して人と人との社会関係を維持していく手段であった。

犠牲には手塩にかけて飼養した家畜の牛・羊・豕（ぶた）が用いられ，貴族の身分によって，また祭祀対象の階梯によって，それを使い分ける規定があった。『周礼』大宗伯によれば，天の神には牛の脂肪を焼いた香りをささげ（禋祀（いんし）），地の神には牛の血をささげ（血祭），祖先の神には青銅器で調理した肉と酒食をささげるという。自然神の祭祀は原始時代に起源するプリミティブな儀礼であるのに対して，王権の誕生後にはじまる祖先祭祀には文明化した儀礼が執りおこなわれたのである。

湖北省包山2号楚墓から出土した「卜筮祭祷記録」竹簡を例に戦国時代の祭祀の実相についてみておこう。墓主は前316年に没した楚の王族で，左尹という大夫の身分であった。それは死に至る3年間に出仕や病気について占い，吉凶の判定をもとに神がみに供物をささげて祈祷した記録である。祭祀対象は祖先神と自然神に大別できる。祖先神についてみると，楚の先王と祭主の祖父・父には牛と豕，楚の遠祖には羊，母やそれ以外の近親者には豕が用いられ，祭主との関係に応じて犠牲の牛・羊・豕や酒食が使い分けられた。自然神には牛は用いられていないが，「太」「后土・司命」「大水」「二天子」「坐山」という天地の神がみには羊と玉器，「五山」「宮地主」「宮后土」という土地神には羊だけ，「野地主」「社」という土地神には豕が奉献されている。貴族社会と同じように神がみにも格付けがあり，それぞれに相応の供物が奉献されたことがわかる。

祭祀のあり方が地域ごとにちがうのは当然のことであるが，包山楚簡の発見により，祭主の身分や祭祀対象に応じた格付けがおこなわれ，礼書の理念と基本的に一致していたことがわかる。

このような伝統中国の祭祀に照らして上述のような海の祭祀をみると，祭主は天子たる皇帝，祭祀対象は自然神としての土地神，ということになろうか。ただし『史記』の記録を読むかぎりでは，始皇帝や武帝が求めたのは王統の永続性ではなく，不死という個人の生命の永続性であり，祭祀対象は天界の神ではなく，その下にひろがる仙界の神仙であった。中国の古代において始皇帝や武帝が執りおこなった海の祭祀は，そういうところに本質的なちがいがあったのである。

註
1) 吉川幸次郎「森と海」『東洋におけるヒューマニズム』講談社学術文庫，1977年，59-70頁（初出は1947年，筑摩書房『吉川幸次郎全集』第19巻に再録）
2) 前掲註1に同じ
3) 吉川忠夫『秦の始皇帝』講談社学術文庫，2002年，165-231頁（初出は集英社1986年）
4) 前掲註3に同じ
5) 遼寧省文物考古研究所 編『姜女石―秦行宮遺址発掘報告』文物出版社，2010年
6) 河北省文物研究所・秦皇島市文物管理処・北戴河区文物保管所「金山嘴秦代建築遺址発掘報告」『文物春秋』1992年増刊
7) 中国社会科学院考古研究所編『中国考古学』秦漢巻，中国社会科学出版社，2003年，55-69頁
8) 岡村秀典『中国古代王権と祭祀』学生社，2005年

ヨーロッパの神，日本の神

国立歴史民俗博物館教授
松木武彦
（まつぎ・たけひこ）

1　神の創造

　ヒトを，他の動物から区別する特徴の一つに，道具を作るということがある。ヒトにもっとも近い生物種であるチンパンジーとくらべると，ヒトの身体そのものの能力——筋力・瞬発力・攻撃力など——は明らかに劣っている。700万年前以降の進化の過程で，このような身体の能力の多くを，ヒトは低下させてきたのである。だがその代わりに，身体の外側に道具——工具・武器・乗り物など——を備えることによって，低下した能力は補われるばかりか数万倍かそれ以上にも増幅され，それがヒトという種の繁栄につながった。

　道具の製作そのものはチンパンジーも行なうが，ヒトの道具がそれらといちばん違うのは，一つの道具の中に，切る・刺す・打つなどといった物理的機能のほか，形や色や質感などをもって見る人の心に訴える心理的機能を盛り込んでいることである。心理的機能が道具に盛り込まれた最古の例としてしばしばあがるのは，ホモ・エレクトゥスが約60万年前に作りはじめた左右対称の精製ハンドアックスである。男性が女性を惹きつけるために美しく作った道具だとする解釈がある[1]。

　このような心理的機能を，道具や構造物などのモノに盛り込むことは，ホモ・サピエンスの段階に，飛躍的にさかんになった。物理的機能と心理的機能の比率はモノによって異なるが，後者が大半を占めるものは「象徴的器物」とよばれ，それを作り出すことが，ホモ・サピエンスの行動のもっとも際だった特徴であり，「人間性」の一部でもある。具体的には装飾品・彫塑・壁画やモニュメントなどで，約7万年前以降にとくに発達し，ホモ・サピエンス最大の文化的特徴として今にいたった[2]。

　進化心理学者は，ホモ・サピエンスのこのような象徴的器物の中に，彼ら彼女ら（＝私たち！）がもつ，他のヒト種（たとえば「ネアンデルタール人」や「デニソワ人」）とは異質な脳の能力を見出している[3]。いくつかあるその能力のうち，後のホモ・サピエンスの社会と文化の発達をもっとも強く決定づけたのは「抽象化」と「想像」の二つであった。

　「抽象化」とは，まわりのありとあらゆる事物や現象を，同じ特徴をもつものごとにカテゴリーにまとめ，そのカテゴリーに名（概念）を与えることである。この能力は，無秩序に散らかったもろもろの物を，種類ごとに戸棚や引き出しに片付ける行為に，しばしばたとえられる。これにより，サピエンスの脳の中において，周囲の複雑な事象はシンプルに整理され，混沌であった世界は体系的された。

　つぎに「想像」は，今そこにはない事物や現象を心に思い浮かべることで，虚構を生み出す行為とも言い換えられる。近年，Y.N.ハラリがうまく説明して人口に膾炙したように，虚構は，サピエンスが日常的関係の範囲を超え，互いに見も知らぬ多数の人びとが心理的にまとまって一つの大社会（民族や国家や宗教的紐帯）を作るときの接着剤としての役割を果たしてきた[4]。

　このような虚構のうちの，もっとも本源的かつ代表的なものが神である。自分たちを襲う死や苦しみを，普遍的な現象の一つとして「抽象化」しえたとき，そこにサピエンスは，自分の意志ではどうにもできない大きな力を「想像」し，その力に訴えることによって恐怖を避け，安寧を求めようとする。サピエンスは，この大きな力の姿や性

図1 ヨーロッパ新石器時代のヘンジ
（英国ドーセット州ノウルトン・ヘンジ，松木撮影）

図2 日本列島縄文時代の環状盛土
（栃木県寺野東遺跡，松木撮影）

格を想像によって具体化し，それを，卓越した言語能力を駆使して多人数で交換・共有した。このようにして，サピエンスはその脳の中から神を創造し，そのもとにまとまった大きな社会を形成していったのである。

2 原初の神

大きな社会を形成していくとき，サピエンスは，「抽象化」や「想像」によって脳の中で体系化した世界や想像した産物を，身体の外側にモノで表現しようとする。モノにこのような働きが託されていることを最初に強調したのは，認知人類学者のE.ハッチンスであるが[5]，C.レンフルーは認知考古学の視点から，モノのこうした働きを「エクスターナル・シンボリック・ストレージ external symbolic storage（体外の象徴貯蔵）」とよんだ。具体的にいうと，脳内の世界や産物を外界に物質化することによって，誰もが見知って共有し，次世代に伝達できるようにしておく働きであり，この働きこそが，サピエンスが作り出すモノの重要な機能だと考えたのである[6]。さらにS.マイズン[7]は，進化心理学や認知考古学の立場から，はかなく移ろいやすい脳内の情報を物質化することによって固定する働きを，サピエンスが生み出すモノの特性として重視し，それを「アンカー anchor（錨）」とよんだ[8]。さきに，サピエンスが作り出すモノには物理的機能と心理的機能の両方が託されていると述べたが，エクスターナル・シンボリック・ストレージやアンカーとしてモノが働くときに主体となるのは，心理的機能のほうである[9]。

脳の中から想像され，言語能力によって共有された神もまた，そのままでははかなく移ろいやすいイメージに過ぎないので，より確かな形として多くの人に仰がれるためには，アンカーとしてモノに表現されなければならない。では，具体的にどのような手法や姿で，神はモノに表現されたのであろうか。ここでは，神を，サピエンスが想像した「大きな力」の全般ととらえ，いわゆる「神」のほか，創造主・超越者・霊などとよばれているものまで広く含めたうえで，それらの姿がモノに表現されるパターンを，ヨーロッパと日本とで比較しながら整理してみよう。なお，ここで対象とするヨーロッパは，先史時代の比較考古学として日本列島と対照されることの多い北西ヨーロッパおよびブリテン諸島を中心とする。

第一は，神の姿そのものがモノとして明示されるパターンである。サピエンス初期の象徴的器物として名高い約32,000年前の「ライオンマン」や，約35,000年前の旧石器時代からヨーロッパで作り続けられた「女性像」[10]などがその代表で，約14,000年前に現われる日本列島の土偶もこれに当たる。これら明示された神は，人の形を基本としながらも，その忠実な模写でなく，現実にはない特徴を付け加えたり，身体の一部を誇張したりし

て，人にはない能力や資質を表わしている。人のようだという現実感と，人ではない超越性とを一身に盛り込むことは，なさそうでありそうな想像物としての神の姿をまことしやかに表現するときによくみられる手法である[11]。

　第二は，神の姿そのものは明示しない代わりに，神の痕跡や軌跡をモノで演出することによって，その存在を暗示するパターンである。姿をあえて明示せず，想像力に任せることもまた，存在をまことしやかにする手法の一つである[12]。具体例として，ヨーロッパでは，新石器時代の紀元前4千年紀から青銅器時代に入る紀元前3千年紀後半まで，石を立てたり土を盛ったりして円く囲った形のモニュメント（ストーン・サークル，ヘンジ）が発達した（図1）。日本列島でも，縄文時代後～晩期の紀元前5千～2千年紀に，同様のモニュメントがみられる（環状列石，環状盛土，図2）。英国のストーンヘンジや秋田県の大湯環状列石で明らかなように，これらのモニュメントは太陽など天体の運行と密接な関係をもって造られた例が指摘されることから[13]，「大きな力」が動いた痕跡や軌跡を演出し，それに働きかける場であったと理解できる。

　神を暗示するもう一つの場として発達したのが，遺体の埋納施設である。ヨーロッパでは，紀元前5千～3千年紀に，とくに大陸西部（現在のドイツ・フランス・スペインなど）やブリテン諸島を中心に，石室をもつ墳丘墓（石室墳）が発達する[14]。この石室は，特定の個人や家族ではなく，それを造った集団メンバーのかなりの割合の遺骸を納めたり，いったん取り出して再配置したりしながら何世代にもわたって用いたあとがあることから，「先祖」や「祖霊」として想像された神の存在を暗示し，それに働きかける場であったと考えられる。日本列島の縄文時代にも，集団メンバーの遺骸の収納，取り出し，再配置を行なった場所が知られている[15]。

　興味深いのは，神を明示したり暗示したりする手法や内容（「女性像」／土偶，ストーン・サークル／環状列石，ヘンジ／環状盛土，遺骸の収納・取り出し・再配置）が，この段階[16]のヨーロッパと日本列島という遠く離れた両地域で，きわめてよく似ていることである[17]。また。両地域以外にも，よく似た造形やモニュメントが同じ段階にしばしばみられる。これらの間に相互の伝播や系譜の関係はほとんどないので，この類似は，地球上のサピエンスが共通してもつ根本的な心の働き方に根ざして，多発的に，同じように思いつかれた結果と考えられる。たしかに，人のようで人でない姿として神を想像したり，先祖を意識したり，天体の運行に「大きな力」を見て取ったりする心の性向は，国や民族や文化の違いを超えて，私たち現代のサピエンスも，多かれ少なかれ共通してもっている[18]。文化や社会ごとにたくさんの知識が蓄積されるよりもずっと前の新石器段階には，このような，サピエンスの普遍的性向に基づいた原初の神の姿がむき出しの形で顕われ，日本列島とヨーロッパを含む世界の各地で同じようにモノ化されたのである。

3　神の刷新

　ヨーロッパには紀元前3千年紀に，日本列島には遅れて紀元前400年頃の弥生時代中期初頭に金属器が伝わった。このことを契機にして，金属器製作や流通を占めて生産や戦いをリードする支配層が現われ，そのもとで階層社会が作られていった。

　そこでは，高熱を支配して金属を加工したり，耕地を作るために自然を破壊したり，他人を暴力で抑圧したり，新石器段階にはみられなかった行為によって社会が保たれるようになる。モノの世界も，城塞・武器・王墓など，人が人の上に立つさまを見せるものが支配的になることから，この段階以降の各地のサピエンスの脳中で，世界の新しい体系化が進んだことがうかがえる。その中で，神も刷新され，その新しい神の姿がモノに表わされるようになった。

　このような神の刷新の形跡も，ヨーロッパと日本列島とで共通している。まず，それまでの「女性像」や土偶などの姿に神を明示することがほと

んどなくなる。痕跡や軌跡をモノで表わして神の存在を暗示する手法についてもまた，ストーン・サークルや環状列石はなくなる代わりに，水中や山腹に金属器を供献することによって神の往来を見せる新しいやり方が現われる。ヨーロッパでは水中や泥中へ鉄や青銅の武器を投げ込み，日本列島では山腹などに青銅のカネ（銅鐸）や武器（銅剣・銅矛・銅戈）を埋め込むことが多いが，神の存在を暗示する手法としてはきわめてよく似ている。

ところが，紀元後に入ってしばらくしたころから，ヨーロッパと日本とのあいだで，神を暗示する手法に違いが出てくる。ヨーロッパでは，ローマの支配の広がりとともに金属器の供献は下火になるのに対し[19]，日本列島では，青銅のカネや武器から鏡・装身具・鉄製武器などへとモノの種類は変わりながらも，それを並べて神の往来を演出する営みは続き，その後の古墳時代を通じてさらに盛行したのであった。

こうした営みの場には2種類ある。一つはいわゆる「祭祀遺跡」で，海に面した岬・島や山中の峠道など，海陸の交通路に沿ったところに営まれることが多い[20]。玄界灘の孤島である沖ノ島は，そのうちでも群を抜いて最大の祭祀遺跡であり，古墳時代前期末に当たる4世紀後葉に始まり，平安時代まで続いた。

神の往来を演出したもう一つの場が，古墳である。紀元後3世紀中頃に現われる前方後円墳は，高く盛られたその頂上に近いところに遺骸を安置し，それを取り囲むように，沖ノ島のような祭祀遺跡のそれと同じ品目を並べた。つまり，沖ノ島に代表される祭祀遺跡に暗示された神と，古墳の主人公とは，当時の人びとが体系化した世界の中で同じように認識された存在であったことがうかがえる[21]。

このように，交通路や古墳にモノを多量に並べることによって往来を演出し，存在を暗示するという日本列島独自の神とその表現様式は，紀元後3～4世紀に成立した。それは，階層社会としての初期国家（ヤマト王権）や，それが根ざすエスニック・アイデンティティとしての「倭人」集団が形成されるとき，そこに属する膨大な数の人びとを心理的にまとめる「虚構」としての役割を託されたのである。

4　神と古墳

古墳のもう一つの重要な特徴は，そこに暗示される神が，被葬者という「個人」と強く結びつけられている点である。階層社会の成立以降は，個人の墓に多量のモノを収めたり，墓そのものを壮大に造ったりすることは珍しくない。ヨーロッパでも，今のドイツを中心とする大陸北西部で，多量のモノを収めた有力個人の墳丘墓が，ローマ支配前の鉄器時代に発達した。日本列島周辺でも，古墳とほぼ併行する4～6世紀の朝鮮半島各地において，やはり有力個人の墳丘墓が流行した。

このような諸例の中で，日本列島の古墳は，モノによって神の往来を見せるという特性において一頭地を抜いている。第一に，古墳に並べられたモノが，ヨーロッパや朝鮮半島の墳丘墓に収められたモノと比べ，心理的機能の比重が高い「象徴的器物」としての性格がきわめて強い。朝鮮半島では容器や土器，ヨーロッパではそれらに加えて車や腰掛など，物理的機能の比重が高い「世俗的」な器物が多くを占めるのに対して，日本列島の古墳は，とくにそれが成立した当初の3～4世紀には，鏡，装飾品，奇妙な形の各種石製品など，心理的機能をもっぱらとする器物が注意深く配列された（図3）。神という想像の産物の存在を演出するために，よりふさわしいモノが選ばれたといえる。

第二として，ヨーロッパや朝鮮半島の大きな墳丘は，主人公の遺骸やモノを収めた墓室の上に，それを覆うように積み上げられたもので，墳丘というより「封土」とよぶべきものである。これに対し，日本列島の古墳は，大きく高い墳丘をまず築いたのちに，その頂上の高いところに遺骸を収めてモノを並べる。つまり，日本列島の古墳の墳丘は，神の往来を見せる「舞台」としてあらかじめ構築されたものであり（図4），この点で，ヨーロッパや朝鮮半島の封土とは性質が大きく異なる。

図3 古墳における象徴的器物（車輪石）の配列
（奈良県島の山古墳，奈良県立橿原考古学研究所提供）

前方後円や前方後方という象徴的な形も，神の往来を見せる舞台としての墳丘の性格を示すものであろう[22]。

第三に，ヨーロッパや朝鮮半島，とくに高句麗・百済・新羅の墳丘墓，ならびにエジプト古王国時代のピラミッドや中国古代の皇帝陵などが，いずれも王や皇帝と中央の支配層のみにほぼ限られていて数も少ないのに対し，日本列島では，大王とよばれる最有力者から地方の小有力者までがさまざまな規模や形態の古墳を築いたため，分布は広く数も多い。長さ500m前後の大阪府大山古墳を頂点に，200m以上の古墳は岡山から群馬までの範囲に約40基，100m以上の古墳は鹿児島から宮城までの範囲に150基以上あり，前方後円墳だけでも列島全土で約5,000基を数える。

つまり，日本列島の古墳は，他の多くの地域の大型墳丘墓のような王侯権力の記念物ではなく，ある程度以上の階層の人びとのあいだであまねく営まれ，階層に応じて定まった墳丘の規模・形態やモノの量に沿いつつ，それぞれの神の往来を演出する，より普遍的なモニュメントであったと理解できる。一人の王を唯一神と関係づけるのではなく，多くの人びとと多くの神々とをそれぞれ1対1の対応関係をもって結びつけ，その人＝神を，古墳の規模とモノの量によって聖俗両面で序列づけるという特異な世界の体系化が，日本列島の古墳時代の人びとのあいだで生み出され，社会をま

図4 神の往来を見せる舞台としての墳丘
（兵庫県五色塚古墳，松木撮影）

とめる虚構として共有されていた[23]。いかなる要因とメカニズムで，このような特異な世界の体系化や虚構が生み出されたのかは，今後，認知考古学から日本列島社会の複雑化のプロセスや国家形成過程に迫るときの，重要な論点となろう。

5 神のグローバル化

いまみた日本列島の古墳の特異な性格は，古墳時代も後半に入る5～6世紀になると，しだいに薄れた。朝鮮半島の影響を受け，並べられる器物は「世俗的」となり，横穴式石室を取り入れることによって墳丘は単に埋葬を覆う封土と化し，神を見せる舞台としての特異性を失っていくのである。

文献記録によると，6世紀の中頃，日本列島に仏教が伝わった。この，新しく伝わってきた神（仏）を中心とする世界の体系化は，寺院の建立や仏像の制作という形でモノに表現され，古墳に表現されてきた古い世界の体系化を，最終的に塗り替えていった。古墳に暗示された神は退き，仏像

として姿が明示される神へと，神をモノに表現する手法も，ここでふたたび転換した。かたやヨーロッパでも，ちょうど同じころ，地中海世界に起源をもつキリスト教が広がりを見せ，各地に教会が造られるようになった。このことによって，ローマ支配の周縁部に当たるブリテン島や北欧を中心にわずかに残っていた金属器の供献や王の墳丘墓は，しだいに姿を消していく。

日本列島とヨーロッパでほぼ併行して生じた以上の動きは，「世界宗教」の普及・受容として，神と人間社会との関係史上，今日の宗教につながる新しい段階を画したものということができる。世界宗教は，文字による教義（経典・教典）をもつことによって，一つの民族や国家を超えたグローバルな神を，より広い範囲の人びとが共有できる国際的な虚構として提供した。グローバル化することによって，神は，個々の民族や国家ではなく，今日の西洋・東洋・イスラムなど，さらに広い文明圏に属する莫大な数の人びとを心理的に結びつける役割を果たすようになった。ここにおいて，国家は神から独立し，法や制度に基づく世俗的な支配体制を整えた成熟国家へと転換していくのである。

6　神の3段階

以上に述べてきたことをまとめ，神の創出や変遷の過程をもう一度たどりながら，その過程で表われたヨーロッパと日本の違いについて触れて結びとしたい。

ヨーロッパと日本を押しなべて，神の創出と変遷の歴史的過程には，次の三つの段階をみることができる。第一は，新石器／縄文の段階で，それぞれの地域の文化的な蓄積がいまだ薄い中，ホモ・サピエンスの普遍的認知に発した原初の神の姿が両地域で等しく顕われ，人のようで人でない姿の神を表現したモノや，天体の運行に大きな力を見て取ったり，先祖を意識して触れ合ったりするための場が，互いによく似た形のものとして造られた。

第二は，金属器が現われ，階層社会化していく段階である。新石器／縄文の段階の神の表現はほぼ一掃され，その代わりに，金属器を主体とする各種の器物を投げ込んだり埋め込んだりして神を暗示することが，両地域ともに盛んになる。しかし紀元後，こうした行為は，ローマの支配の広がりとともにヨーロッパでは目立たなくなったのに対して，日本列島では，「祭祀遺跡」と古墳という二つの場を舞台に，器物を並べて神の往来を見せる行為がきわめて大掛かりに行なわれるようになった。

社会が階層化していくとき，有力な個人の埋葬を大きくしつらえて金属器などの器物を置くことはしばしばみられ，ヨーロッパにも，そうした大型の墳丘墓が鉄器時代に現われた。ただし，ヨーロッパの墳丘墓が王侯権力の世俗的な記念物で，ローマ支配の進展とともに姿を消したのに対して，大陸の支配を受けなかった日本列島の古墳は，有力者を神とを結びつける舞台として異例の発達をみせ，島嶼部で独自に発展した初期国家の世界観を演出したのである。

第三は，キリスト教が北西ヨーロッパやブリテン諸島へ，仏教が朝鮮半島から日本列島へと広まった紀元後4〜6世紀の段階である。世界宗教を受容することによって，両地域は周辺地域とともにグローバルな文明圏を構成するようになり，神から独立した制度的な成熟国家を形成して，世界史的中世のステージへと歩んでいくこととなった。

本稿作成においては，認知考古学の理論に関する事柄を中心に，松本直子氏の懇切な御教示を得た。

註

1) Kohn, M & S. Mithen. Handaxes: Products of sexual selection? *Antiquity* 73, 1999: 518-26. 松木武彦『進化考古学の大冒険』新潮社，2009年。松木武彦『美の考古学：古代人は何に魅せられてきたか』新潮社，2016年
2) 近年ではネアンデルタール人の手になる象徴的器物やモニュメントの報告例もあるが，頻度や質・量からみて，それらを爆発的に発展させたのがホモ・サピエンスであることは動かない。

3) ミズン, S.（松浦俊輔・牧野美佐緒 訳）『心の先史時代』青土社, 1998年
4) 虚構が人びとを結びつけるという考え方は,「共同幻想論」にみられるように, 感覚的には人文学の分野でも受け入れられてきた。ハラリ, Y. N.（柴田裕之 訳）『サピエンス全史（上）―文明の構造と人類の幸福』河出書房新社, 2016年
5) Hutchins, E. *Cognition in the wild*, The MIT Press, Cambridge, 1995
6) Renfrew, C. & C. Scarre *Cognition and material culture External symbolic storage*, McDonald Institute for Archaeological Research, Cambridge, 1999
7) Mithen は最初の訳書で「ミズン」と音訳されてしまったが, 正しくは「マイズン」が近い（本人に確認済）。
8) Mithen, S. *Creativity in human evolution and prehistory*, Routledge, London, 1998
9) 具体例をあげると, ある時代や地域という範囲内で, 住居や墓, 石器や土器などの形態やデザインは, 物理的機能とは関係のないところで明確に決まっている。たとえば, 約2万年前の西ヨーロッパ地方の打製石ヤリは薄くて左右対称の木葉形に, 約4,500年前の北陸北東部の土器は「火炎」形に, 古墳時代の有力者の墓は前方後円形に, 物理的機能とは関係なくきっちりと作り分けられている。これは, それぞれの人工物の機能や意味を「抽象化」し, 厳格にカテゴリー化して世界の体系の中に位置づけ, その体系を物質的に表現したものにほかならない。
10) 春成秀爾「旧石器時代の女性像と線刻棒」『国立歴史民俗博物館研究報告』172, 2012年, 13-99頁
11) 旧石器時代の「女性像」（前掲註10文献）や縄文時代の土偶の多くは, 人の形を基本としながらも, 乳房や腹などに非現実的な誇張を盛り込む。後の時代でも, たとえば仏像の一種である「如来」は, 人の姿に加えて, 肉髻（にっけい）（頭頂部の盛り上がり）や白毫（びゃくごう）（眉間の白い巻毛）のような非現実的要素を付加し, 超越した力を示す。これらは, 神を明示的に表わす常套的な手法である。
12) 人工物ではなく自然現象ではあるが, 長野県諏訪湖で冬季にみられる「プレッシャー・リッジ（氷の亀裂のせり上がり）」を「御神渡（おみわたり）」と称して神の往来の跡とするのは, モノによって神の存在を暗示する典型例である。こうした神の往来の跡を人工的に作り出すことは, モニュメントの発生原理の一つである。
13) Burl, A. *Prehistoric stone circles* (4th edition), Shire Publications, Oxford, 2008. 小林達雄 編『縄文ランドスケープ』アム・プロモーション, 2005年。松木武彦「ブリテン石室墳研究の現状―墳墓の比較考古学のために―」『考古学研究』53―2, 2006年, 94-100頁
14) 松木武彦『縄文とケルト―辺境の比較考古学』筑摩書房, 2017年
15) 山田康弘『生と死の考古学―縄文時代の死生観』東洋書店, 2008年
16) 早期以降の縄文時代を新石器段階と位置づける立場である。
17) ただし, ヨーロッパの新石器段階の女性像は, 東部のヴィンチャ文化のように顕著なところと, ブリテン諸島のようにほとんど目立たないところがあり, 一律ではない。ストーン・サークルやヘンジ, 石室墳についても, 同じように分布に粗密がある。
18) 現代の文明社会でも, 占いに関心が示され, 先祖祭祀が普遍的に行なわれているのは, ホモ・サピエンスの普遍的認知に関係すると思われる。
19) ただし, ローマの支配が及ばなかった北欧などの縁辺部では遅くまで継続する。
20) 笹生 衛『神と死者の考古学：古代のまつりと信仰』吉川弘文館, 2015年
21) 松木武彦『古墳とはなにか―認知考古学からみる古代』角川学芸出版, 2011年
22) 前方後円墳の後円部から前方部端に至る頂部は, 埴輪列に囲まれたスロープ状の平坦面となっている。筆者は, この面こそが古墳の墳丘でもっとも重要な部分と考え, 超自然的存在（神）と一体化した被葬者が往来するためのものとみて「天空のスロープ」と称した。これに類するような造形は, ヨーロッパの鉄器時代や朝鮮半島の同時代の墳丘墓などには認められない。
23) 神と人との関係をめぐるこのような世界の体系化の内容は, 神道のそれと共通する。沖ノ島のような「祭祀遺跡」は後の神道との結びつきをたどれるが, 古墳の場合はどうであるのかを明らかにする作業も必要であろう。

> 第4章 沖ノ島と世界遺産

イギリスからみた沖ノ島

英国・セインズベリー日本藝術研究所
サイモン・ケイナー
Simon Kaner

　イギリスでは，宗教，ジェンダー，歴史的アイデンティティ形成の観点から遺跡の再評価が行なわれている。代表的名3つの事例を沖ノ島と比較しよう。

1　島国における宗教と遺跡

　イギリス諸島は，沖ノ島から見てユーラシア大陸塊の反対側に位置する。日本列島のように，主要な島々に加え，沖合にも多くの小さな島々が点在し，それぞれ歴史的意義を持つ特別な場所である。例えば，南にあるワイト島は，ビクトリア女王が最愛の夫アルバート公の死後に隠遁生活を送ったことで有名である。スコットランドの北部沖合にあるオークニー諸島は，新石器時代の遺跡で広く知られている（「オークニー諸島の新石器時代遺跡中心地」として複数の遺跡が世界遺産として登録）。グレートブリテン島とアイルランド島の間のアイリッシュ海にはマン島があり，そこにはいまだ独自の議会がある。東海岸沖のリンディスファーンのホーリー・アイランド（聖なる島）は，北海（1914年まではゲルマン海として知られていた）からのバイキングによる襲撃の記録を残したことで有名なイングランド初期の偉大なる歴史家ビードと関わりがある。

　大陸と日本をつなぐ玄界灘を安全に渡れるようにと，宗像三女神に供物を捧げる祭祀が沖ノ島で行なわれていた頃，イギリスもまたヨーロッパ大陸諸国との関係の再定義を行なっていた。西暦43年には，皇帝クラウディウスの軍隊に支配され，ブリテン島のほとんどはブリタニアとして知られるローマ帝国の属州を形成していた。その前の紀元前55年にもジュリアス・シーザーによって侵略されており，シーザーはガリア戦争当時のイギリスの生活に関する最初の手記を残している。

　ローマ帝国軍が最終的にイギリスから撤退した西暦410年は，沖ノ島における祭祀の第1期であり，畿内で台頭しつつあった中央集権国家が宗像氏などの地方の有力な氏族やさらに遠く離れた朝鮮や中国の朝廷との交流を行なっていた。沖ノ島で古代祭祀が引き続き行なわれていた期間，イギリスでは，南部は複数のアングロ・サクソン王国に分かれ，現在のスコットランド，ウェールズ，そしてアイルランドはケルト族の首長や王によって支配されていた。この時代は一方的な見方で「暗黒時代」と称されることもあるが，大陸との交流は継続され，イギリスに新しい民族が移住し，とくにキリスト教などの新しい信仰をもたらした。日本では初期神道の形が元になっているとされる祭祀が宗像地方において行なわれていた一方で，もう一つの世界宗教・仏教がその存在感を増していた。土着の信仰と新たな信仰の関係は，日本でもイギリスでも争いや同化を引き起こしていた。そして考古学は，この双方の地域において，歴史と神話に基づく物語を補完し，補足し，そして時にはその物語に挑戦し，何が起こったのかについての新しい見方を提供しているのである。

　本稿では，沖ノ島という場所を日本史的な意義から考察する際に有意義な洞察を提供する3ヵ所のイギリスの遺跡を紹介する。

2　考古学と神話

　宗像三女神は，8世紀に成立した年代記であり，1945年まで日本政府公認の歴史書であった『古事記』と『日本書紀』に登場する。この2冊の年代記の内容と考古学的記録は，日本考古学界でも矛盾する関係にあり，そのことは英語文献でも広く取り上げられている。外部の視点からすると，最

図1　本書で取り上げるイギリスの遺跡位置図

近九州国立博物館で行なわれた「宗像・沖ノ島と大和朝廷」展において，この2種類の証拠がいかに結びつけられているかを見ることは非常に興味深いものであった。

　イギリスでもまた，神話と考古学の相互作用が人びとの想像力をかき立て，従来の正統的な歴史観に新たな解釈を与える格好の材料となっている。イギリスの3ヵ所の遺跡，イングランド西南端コーンウォール州のティンタジェル，西部サマセット州のグラストンベリー，そして東部サフォーク州のサットン・フーがとくにこれを体現している。これらの遺跡はどれもイギリス人の歴史に関する想像力の中で重要な役割を演じており，神話や伝説に登場する歴史に準じた人物と関係しているうえに，長期間にわたって行なわれた考古学調査の結果が最近それぞれ再評価されているのである。

(1) ティンタジェル（Tintagel）

　ティンタジェル城は，コーンウォール北部の海岸の黒い崖の上にあり，ブリストル海峡の向こうにはアイルランドを見渡すことができる絶好の場所である。現存している遺跡は崖の上の岬に点在し，切り立った峡部によって本土と繋がる島となっている。ここはアーサー王とキャメロット城，

そして円卓の騎士伝説との関わりを持つ。伝説をもとにした作品の中で最も有名なのは，トマス・マロリーの詩『アーサー王の死』，イギリスロマン主義文学の名作に数えられるT.H.ホワイトの『永遠の王』(1958)，そしてウォルト・ディズニーのアニメ大作『王様の剣』(1963)であろう。重要な脇役としては，ケルトの祭司から着想を得た魔術師マーリンとランスロットなどの騎士がいる。こういった物語は，ローマ帝国軍がブリタニア州から撤退した（従来，西暦410年に遡るとされている）後の「暗黒時代」に設定されており，いわゆる移住の時代であった当時，ドイツやデンマークからのアングロ・サクソン人を中心としたヨーロッパ大陸からの移民の流入に直面し，キリスト教は一筋縄ではいかない再構築に苦労していた。

　ティンタジェル城考古学研究プロジェクト（TCARP）では，アーサー王との関連が重要視され，最近の発掘調査用トレンチには通常のような番号ではなく円卓の騎士（トリスタンなど）にちなんだ名称がつけられている。コーンウォール考古学ユニット（Cornwall Archaeology Unit：イギリスに残っている数少ない州に属する発掘ユニットの一つ）によって現在行なわれている発掘調査では，様々な地球物理学的な手法を用いた調査の助けを借り，1930年代にアーサー・ラレー・ラッドフォードによって行なわれた初期の発掘調査と比べ，本遺跡の複雑な歴史に関するより詳しい洞察を提供している。

　ティンタジェル城は，指定古代記念物（国の史跡とほぼ同義）であり，デジタル・文化・メディア・スポーツ省大臣の監督責任の下，またイングリッシュ・ヘリテッジ・トラストによる認可制の管理の下にあり，コーンウォール公領（ウェールズ公チャールズ皇太子の所領の一つ）によって保有されている。イングリッシュ・ヘリテッジ・トラスト（English Heritage Trust）とは，2015年に設立された慈善団体で，約400のイングランドの歴史文化財を管理する組織である（スコットランド，ウェールズそして北アイルランドは別の管理方式を取っている）。ティンタジェル城はイギリスで最も多くの人が訪れる史跡の一つであり，年間の訪問者

数は20万人にのぼる（対して，ストーンヘンジは年間約150万人，大英博物館は約600万人である）。当史跡への訪問者から得られる収入は，400に及ぶ文化財すべての維持と管理に使われている。

ティンタジェル城の考古学的遺構には，ローマ帝国時代の後（西暦5～7世紀）に身分の高い人びとが住む集落があったことを示す証拠も含まれている。この集落は，島の頂上の平坦な場所と東部や南部の急な段丘にある多数の長方形をした建物から構成されており，一部屋だけの建物と複数の部屋に分かれた建物がある。また，1230年にコーンウォール伯リチャードによって建てられた城に関連する中世の遺構も残っている。この遺構には，石造りの外堡あるいは本土側の詰所，城の大広間，礼拝堂，壁に囲まれた庭，岩をくりぬいたトンネル，島側の船着き場などが含まれており，13世紀と14世紀を通して使用されていた。現在，プロジェクトでは，これらの建物の建築様式，建築方法，使用建材，周辺環境，年代記や歴史，機能，そしてライフヒストリー（あるいは略歴）を調査している。また，地球物理学的な調査（磁化率，電気抵抗率や地中探知レーダーなどを使用）により床や壁などの石造りの構造物の遺構が確認されただけでなく，この発掘調査では，多様な遺物（細かい模様の高級陶磁器，地中海からのワイン用の容器であるアンフォラの小片，主にフランスのメロヴィング朝のガラスおよび鉄製の小さな準環状ブローチなどの鉄の装飾品），花粉や穀類（オーツ麦，ライ麦，小麦と大麦），動物の骨（主に羊と豚），魚の残骸（カキの貝を含む），そして保存状態の良い有機物を含むゴミの堆積層もこれまでに発見されている。また，中世の城の建築前の11～12世紀には大規模な取り壊しとならし作業があったらしいこともわかっている。

(2) グラストンベリー（Glastonbury）

伝説によって，ティンタジェルがキャメロットのアーサー王の宮廷に関わりがあるのであれば，サマセット州にあるグラストンベリーの遺跡はアーサー王が埋葬された場所である。このアーサー王との関連性が認められたのは1191年に過ぎないが，それ以前にもグラストンベリーは西暦1世紀にアリマタヤのヨセフによって建てられたとされるイギリス最古のキリスト教教会があった場所と考えられてきた。ヨセフは，イエス・キリストを埋葬した人物であるとされ，聖杯の番人となり，それが後にアーサー王の伝説に結びつけられた。この話は1130年マームズベリーのウィリアムによって最初に記録されたが，それはこの地にあった古代の木造教会が12世紀中頃に火事で焼け落ちる半世紀前のことだった。その後，石造りのレディ・チャペル（聖母礼拝堂）が建設され，修道院社会の中心となって繁栄し，多くの巡礼者から得た収入もあって富を築いた。その結果，グラストンベリーはイングランドで2番目に裕福な修道院となった。巡礼への関心を高めようとアーサー王との関わりに目を付けたのは，この修道院の修道士たちであった。

グラストンベリー修道院の跡地は，1907年にイングランド国教会のために購入された。1979年以前には，サマセット考古学・自然史協会（Somerset Archaeological and Natural History Society）およびロンドン考古協会の協力により，7名の異なる責任者の下，少なくとも36次を数える遺跡発掘調査が行なわれていた。そのなかでも最も有名な発掘責任者はティンタジェルでも調査を行

図2　ティンタジェル城跡（写真：I, Rawac/CC BY-SA 3.0）

なったラレー・ラッドフォードである。今日，グラストンベリーはニューエイジ運動と（そして近くではほぼ毎年夏に開催されるヨーロッパ最大のポップ・ミュージックの祭典の一つとも）深い関わりを持つ。初期の発掘調査団責任者の一人であるフレデリック・ブライ・ボンドが使った心霊研究的な実験やダウジングなどの手法は大変興味を引くものである。

ラッドフォードは，1950年代から60年代にかけて自身が中心となって行なった発掘調査の結果をまとめ，この中には，1191年に修道士によって遺体が掘り出されたとされているアーサー王と妻のグィネヴィアの墓，10世紀の回廊とガラス炉，サクソン期中期の教会の遺構および修道院建設以前の石櫃埋葬の墓地が含まれていると考えていた。しかしながら，この36次にわたって行なわれた発掘調査のすべての結果が公表されることはなかった。2008年にグラストンベリー修道院考古学資料プロジェクト（Glastonbury Abbey Archaeological Archive Project）が設立され，7年以上を費やしてこの遺跡に関して現存するすべての考古学的な記録の再評価と再解釈を行なった。このプロジェクトでは，包括的な地球物理学的調査，1950年代の発掘調査で残された有機物の炭素年代測定，さらにガラス，土器や金属細工などの多くの考古学的遺物に対する化学・組成分析を含む新たな分析が行なわれた。その結果，これまでの発掘調査からの5000以上にのぼる発見物の背景が明らかになり，そのうちの半分は特定の考古学的文脈に関連づけることが可能となった。また以前使用された発掘調査用トレンチの位置がほぼ改めて特定され，発掘調査の詳細な図面も作成された。同時にこの遺跡に関する資料もすべてデジタル化され，オンライン上の資料とこれまでに発表された論文とともに考古学データサービス（Archaeological Data Services）に保存されている[1]。

この再分析により，多くの新しい重要な考察がなされた。ティンタジェル同様，鉄器時代，ローマ帝国時代，そしてローマ帝国後の時代の暮らし（ここでもワイン用のアンフォラが含まれている）など，この場所にどのような人びとが住んでいたかを示す新たな証拠が明らかになったのである。実際に宗教的な場所であったかどうかについては確定されていないが，ここが広範囲にわたる長距離交易との関連性を持つ地位の高い人びとが暮らしていた集落であったことは明らかである。7世紀から8世紀にかけて3つの教会が一列に並んで建てられていたことから，初期のキリスト教教会の歴史はこれまで考えられていた以上に複雑なものであったこともわかった。サクソン期の5つのガラス炉に対して改めて行なわれた炭素年代測定法のベイジアン解析により，実際に使用されたのは，この地に最初の石造りの教会が建設された時期に遡る7世紀終わりあるいは8世紀初めの一定期間に限られていたことも示された。ローマ帝国時代の遺物が再利用され，サクソン期のガラスに混ぜられたと考えられている。アーサー王とグィネヴィア女王の墓を発見したというラッドフォードの主張はこれまでのところ確認されておらず，またサクソン期後期の回廊を発見したという主張についても同様である。実際，7世紀から9世紀までの金属細工が調査対象地域から発見されていないということは，この地におけるサクソン期中期・後期の中核部分がいまだ発掘されていないことを意味する。1184年の大火の後の大規模な再建，そして1230年までには中心となる教会の建設が終了していたなど，複数の教会や関連する修道院が建設された詳しい順番はすでに再構成されている。

図3　グラストンベリー修道院跡
（写真：Sarah Stierch/CC BY 2.0）

14世紀には，住居や客間，礼拝所，台所や壁に囲まれた庭などの大修道院長の大広間周りの関連施設の改修などの改築も行なわれている。この大修道院長の住宅であった建物は，ローマカトリック教会の富と権力を解体し，英国国教会を設立するための宗教改革の重要な要素であったヘンリー8世による1540年代の修道院解散後には，身分の高い人びとの個人邸宅として使用されていた。

(3) サットン・フー（Sutton Hoo）と レンデルシャム（Redlesham）

サフォーク州の小さな町ウッドブリッジに近いサットン・フーにある7世紀の墳丘墓も，またイングランドで最も有名な遺跡の一つである。ここは，墳丘墓の下に埋まっていた裕福な王たちの船葬墓としてとくに知られており，一つ目の船葬墓は1839年に発掘された。現在，この場所はナショナル・トラストの所有となっている。1号墓地の下の船葬墓から出土した宝物は，土地所有者で発掘のけん引役となったイーディス・プリッティーにより国に寄付された。この宝物は今現在も国に対するこの種の贈り物としては最も重要なものである。サットン・フーは，7世紀にイングランド北部のノーサンブリア王国に住んでいた聖職者ビードにより執筆された『イングランド教会史』にあるように，イングランド初期の歴史との関わりを持つ。ここは，ベオウルフなどのアングロ・サクソン時代の英雄物語の世界を象徴していると考えられている場所なのである。この作品は古典英語の最長編作であり，西暦975年から1025年の間に書かれたとされるが，それ以前の口述に基づいていた可能性が非常に高い。作者は不明である。この英雄物語は，大量の宝物と共に船に収めたスキョルドル王の遺体を丘の下に埋葬するところから幕が上がる。そしてこの葬儀の様子は，物語の題名になった主人公である勇者ベオウルフ自身によって語られている。

ビードによると，サットン・フーは，異教であるサクソンの神々への信仰の強い擁護者という立場でありながら，キリスト教へ改宗したイースト・アングリア王国のレドウォールド王に関わりがあるとされている。サットン・フーは，7世紀のイースト・アングリアにおいて宮廷権力の中心であったと考えられているサフォーク地方にある。サットン・フーの船葬墓からの見事な出土品は，現在大英博物館の中世初期ギャラリーの中心となっており，有名なヘルメットや盾はアングロ・サクソン時代のイングランドにおける最も象徴的な人工遺物に数えられている。これらの多くの資料は，交易を通した繋がりを示しており，北海を超えて，スカンジナビア，ドイツ，そして少なくともビザンチウム，おそらくはさらに遠くまでの結びつきがあったことを示唆している。サットン・フーの資料は，スウェーデンのバイキング時代以前の大規模なヴェンデル墳丘墓と比べてもまったく引けを取らない。

この遺跡は，1965〜1871年までの間，広範囲にわたってルパート・ブルース・ムットフォードによって，そして1983〜1992年まではマーティン・カーヴァーによる再調査が行なわれている。その後のさらなる調査により，2000年の新ビジターセンター建築時に1号墳丘墓の西側500mの所にも墓があることが特定された。ティンタジェルとグラストンベリー同様，このような後の調査により，遺跡の持つ歴史の複雑性が再び証明されたのである。現在は，この地域が先史時代からローマ帝国時代を通して広く活用され，また西暦8世紀と9世紀には刑場として使用されており，刑に処された者たちの亡骸もまたこの場所に埋められるなど，大規模な船葬墓が作られた後も引き続き使用されていたことがわかっている。この遺跡の周辺は現在大規模改修中であり，ここがアングロ・サクソン時代のイングランド東部の主要路の一つであるデベン川を見

図4　サットン・フー遺跡から出土したヘルメット
（写真：Geni/CC BY-SA 4.0）

下ろす，遠くまで見渡せる場所であること，そして船葬墓として使われた船などは険しい崖の上に引っ張り上げて墓まで運ばれたのだ，ということを訪問者がよりはっきりと理解できるようにするための取り組みである。

　サットン・フーの遺跡のちょうど北側にはビードによってイースト・アングリア王国の宮廷があったとされるレンデルシャムの小さな村がある。7世紀の終わりにはイースト・アングリア王国のスイスヘルム王が，この地で洗礼を受けた。この地域では長い間古物収集や考古学に対する関心が培われてきたが，ティンタジェルとグラストンベリー同様，現在行なわれている調査によって，この地域に住んでいた人びとやこの場所の使用法に関する驚くべき証拠が新たに見つかっている。レンデルシャムの主要遺跡がある土地の個人所有者が，違法な金属検知が行なわれている可能性があると2007年にサフォーク州議会に通報した。その翌年，サフォーク州議会考古学局（Suffolk County Council Archaeology Service）は，一部の地球物理学的調査（磁気測定），そして地図，歴史的資料や航空写真の評価とともに金属探知による詳細な調査を行ない，その後さらに2009〜2014年まで現地調査を行なった。

　規定に従って金属探知機による調査を行なった結果，コインやほかの資料が発見され，ここがサクソン期初期から中期の身分の高い人びとが暮らしていた場所であったということが示された。金属探知は日本の考古学界ではあまり使われていない手法であるが，最近イギリスでは多くの遺跡で使用され，大きな成果を上げている。というのも，イギリス考古学界の専門意識が高まり，アマチュアが考古学的なプロセスに関与する機会が減ったことから，多くの一般人が金属探知を始めたのである。土地所有者の許可を取ってさえいれば，指定古代記念物以外の場所での金属探知は完全に合法である。長い間考古学の専門家たちは，この行為に異議を唱えていた。しかし，土地開発者の資金提供による考古学調査がますます増加していること，イギリスの遺跡に対する最大の脅威が深耕という現代農法であること，そして金属探知が行なわれているのがあまり開発が進んでいない地域であることが認識され，考古学者もついに金属探知愛好家が歴史の理解を深めることに貢献する可能性があると評価し始めたのである。1997年にイギリス政府によって導入された遺物データベース計画（Portable Antiquities Scheme）は，金属探知愛好家に対して発見物を地方当局に報告するよう呼びかけるものであり，遺物データベース担当官（Portable Antiquities Officers）も全国で任命されている。新たな基準が確立され，金属探知は現在考古学的手法として受け入れられている。

　金属探知がきっかけとなったこの新たな調査からは，主に西暦5世紀から8世紀までの間に50haを超す広さのこの土地に地位の高い人びとが暮らす重要な集落があったことが明らかになり，アングロ・サクソン時代初期から中期にかけての典型とされる竪穴式住居など，この地域における先史時代やその後の暮らしに関する新たな証拠も発見された。ヒストリック・イングランド（2015年に設立）によって行なわれた全国マッピング・プログラム（National Mapping Programme）の一環として，地球物理学的な調査を実施したり，既存の，また新たに追加された航空写真にクロップマークを改めてプロットしたりすることで，柵で囲い込まれた土地，境界線やそのほかの集落の特徴が特定された。その中にはアングロ・サクソン時代の集会場であった可能性が高い23×9.5mの大きさの木造の長方形をした建物の遺構も含まれていた。金や宝石（ガーネット）などの発見物を含む遺物は，改めて当時の住民の地位の高さを示唆している。この地域は，5世紀のコインや軍服が示すようにローマ帝国時代後期から重要な拠点であり，6世紀から8世紀までの間もこの地域は引き続き重要な役割を持っていた。また，この場所の地形も重要である。この地域には，主要排水路であるデベン川の谷を見下ろす高台のように「急な坂の上にある〈こぶ〉」のような場所がある。こういった場所は，遠くからでも見えたであろうし，周囲を戦略的に見渡すこともできた。

レンデルシャムは，農業を営む身分の高い人びとの住居であり，富の収集と転送が行なわれた再分配の中心でもあった。また，定期的に軍略会議が行なわれ，法に関する意思決定がなされた場所でもあった。レドウォールド王などのアングロ・サクソンの王たちは，複数の拠点を巡回し，レンデルシャムのような場所で宮廷を開く生活を営んでいたと考えられている。現在のところ，多様な施設の規模，そして一般人からエリート層までの多様な暮らしぶりに関する考古学的証拠はほかの遺跡を圧倒している。かなりの数の金貨が存在するという事実は，少なくとも6世紀から7世紀にかけてコインが実際の通貨として使用されていたことを示している。交易品はすぐ西側にあるイプスウィッチ港などを経由して輸入されていたが，重要な取り引きについては，8世紀初めまではレンデルシャムで行なわれていた。サットン・フーの船葬墓にはレンデルシャムゆかりの王室の人びとの遺体が埋葬されていた可能性が高く，こうした新発見がイングランド史における重要な時代への新たな魅力を提供している。

3 海景，大陸との交流
そして新たなアイデンティティの形成

イギリス考古学の視点から見ると，沖ノ島と宗像地方の関連遺産群は，宗教や長距離交易，新たに台頭してきた国家勢力がお互いに及ぼす影響，そして新たな考古学的発見とこれまでの発見の再考による歴史的な意味づけの変化，という2点において興味深い例である。本稿で紹介したイングランド史のアングロ・サクソン時代からの3つの事例であるティンタジェル，グラストンベリーならびにサットン・フーとレンデルシャムもまた同様である。いずれのケースも，最近行なわれた有名な遺跡の再調査を通して，長い間信じられていた前提があっても，それを再評価することの必要性を示している。こうして再評価された内容は，宗像地方と同じく，それぞれの場所で新たに一般向けに展示されている。

宗像地方が日本西部と朝鮮半島，そしてさらにアジア大陸東部を繋ぐ重要な「海景」の一部を構成していたのは，社会が国家レベルに発展する中で東アジア人という新しいアイデンティティが形成され，新興の「世界宗教（仏教）」と（後世には神道と知られるようになる）地域の信仰の相互作用があった時代であった。キリスト教とアングロ・サクソン人の信仰の相互作用を理解することが，本稿で取り上げた考古学的事例を解釈するためには必要不可欠であることを見てきた。

例として取り上げた場所のうち，ティンタジェルとサットン・フーの2ヵ所もまたアングロ・サクソン時代の海景にとっての重要な要素であり，その海岸沿いという特別な場所は海路と交易の関係の重要性を象徴している。これらすべての事例で，神話，伝説，そして古代史との関連性の意義を，考古学的に再評価することは重要である。ユーラシアを挟んで反対側に位置するこの2つの島国の遺跡を比較することから，そしてそれぞれの大陸の隣国との関係から学ぶことは多いといえよう。

註

1) Gilchrist, R. and Green, C. Glastonbury Abbey: Archaeological Excavations 1904-1979. Society of Antiquaries of London Monograph, 2015

参考文献

Carver, Martin, *The Sutton Hoo Story: encounters with early England*. Woodbridge, Boydell Press, 2017

Cornwall Archaeological Unit, *Tintagel Castle, Cornwall TCARP16. Archive and Assessment Report - Excavations 2016*. Truro, Cornwall Archaeological Unit, 2016

Kaner, Simon, Hutcheson, Natasha and Nishitani Tadashi, Okinoshima: the universal value of Japan's sacred heritage. A world heritage nomination. London and New York, Springer, 2019.

Scull, Christopher, Minter, Faye and Plouviez, Jude, Social and economic complexity in early medieval England: a central place complex of the East Anglian kingdom at Rendlesham, Suffolk. *Antiquity* 90, 2016: 1594-1612

World Heritage Promotion Committee of Okinoshima Island and Related Sites in Munkata Region. Sacred Island of Okinoshima and Associated sites in the Munakata region. Nomiation Dossier. Fukuoka

「宗像・沖ノ島」と世界遺産

朝日新聞編集委員
中村俊介
（なかむら・しゅんすけ）

　「『神宿る島』宗像・沖ノ島と関連遺産群」（福岡県，以下「宗像・沖ノ島」）がユネスコ（国連教育科学文化機関）の世界文化遺産に登録された。念願の登録実現に地元はわいたが，世界遺産を取り巻く現実は厳しい。

　実際，「宗像・沖ノ島」の評価もすんなりとはいかなかった。審議に先立つ諮問機関の勧告では半数の資産に除外条件がつき，推薦国と世界との認識の食い違いを見せた。価値観が割れるなかでの，綱渡りだったのである。その傾向は近年の推薦案件一般に敷衍できるものであり，「宗像・沖ノ島」の登録過程は，OUV（顕著な普遍的価値，Outstanding Universal Value）という，とらえどころのない概念をめぐって表面化する諸課題と矛盾の一端を如実に反映したといえるだろう。

　2017年夏，ポーランドの古都クラクフで第41回世界遺産委員会が開かれ，登録数は1,073件に達した（2018年春現在）。本稿では，現地取材など一連の報道に携わるなかで筆者が見た世界遺産の課題を，「宗像・沖ノ島」の登録までの経緯を交えて報告したい。

1　登録決定に至る経緯

　世界遺産とは，ダムに沈むエジプトのヌビア遺跡救済キャンペーンに端を発し，1972年に採択されたユネスコの国際条約だ。人類が残した足跡を対象とする文化遺産，地球が育んだ希少な環境を選ぶ自然遺産，その両方の性格を兼ねた複合遺産の三種類をリストに記載する。その可否に決定権を持つのは21ヵ国の代表で構成する世界遺産委員会で，審議の行方を左右するのがユネスコの諮問機関の評価である。自然遺産はIUCN（国際自然保護連合），文化遺産はイコモス（国際記念物遺跡会議）が担当し，委員会開催の6週間前までに「登録（記載）」から「不登録」まで4段階に分かれた評価を「勧告」する。その勧告結果をふまえて世界遺産委員会が開かれ，推薦案件を審査することになる。イコモスは，建築や考古学といった世界中の専門家がつくる国際NGOである。

　日本の条約批准は1992年。登録は法隆寺や姫

図1　世界遺産委員会で審査される沖ノ島
（ポーランド・クラクフ）

図2　登録決議後の記者会見
（宮田亮平文化庁長官ら，政府や自治体関係者，
ポーランド・クラクフ）

路城から始まり，福岡県や宗像市，福津市が名乗りを上げた「宗像・沖ノ島」は，文化遺産と自然遺産を合わせて国内21件目となった。政府推薦の前提となる暫定リストへの記載は2009年。以後，推進会議や専門家会議が発足し，世界との比較検討や過去の調査研究の洗い直しが進められる一方，登録運動を盛り上げるための市民向けシンポジウムなどが盛んに開かれた。

2015年，国の推薦が決定。最終的に構成資産は，沖ノ島と三つの岩礁，大島の沖津宮遥拝所と中津宮，本土の辺津宮，古代宗像族の奥津城とされる新原・奴山古墳群の8資産に絞り込まれ，2016年1月にユネスコに推薦書が提出された。沖ノ島とそれを取り巻く資産群の歴史的意義については別項で詳しく述べられていると思うのでここでは省くが，推薦書では，沖ノ島崇拝の伝統が東アジアの対外外交が進んだ時期に発展し，海上における安全を願う伝統と絡みながら今日まで継承されてきた稀有な物証であるとし，沖ノ島における古代祭祀遺跡の良好な保存状態や現代まで続く信仰の場としての宗像大社の存在意義が強調されている。

2016年9月にはイコモスの調査員による現地視察，それにもとづく翌年5月のイコモス勧告をへて，7月初旬にクラクフのICEクラクフで開かれた第41回世界遺産委員会での審議，そして登録決定，という運びになった。

2 突きつけられた「条件」

世界遺産はその登録物件の増加にともなって，様々な課題に直面している。と同時に，審査物件の性質も複雑化しているように思える。今回の「宗像・沖ノ島」で象徴的だったのは，従来の世界遺産を代表してきたイメージ，いわば「型」の変質ではなかったか。美しいとか壮大な，といった単純なとらえ方だけでは，もはや対応できなくなっている，ということである。

資産が多様化するいま，それも自然な成り行きのように思えるが，内容の広がりが特定資産の実態を曖昧にし，選定に携わる関係者らを悩ませているのが現実だ。建造物や遺跡といった不動産が対象の世界遺産において，無形的な要素はどれだけ考慮されるのか，という問題も改めてあぶり出したように思う。

委員会の審議に先立ってイコモスが5月に出した勧告では，登録は支持するものの，八つの構成資産のうち沖ノ島本体（島に付随する三つの岩礁を含む）以外を外すべきだとの評価が下され，宗像大社を構成する三つの社に「当落」の線引きがなされた。すなわち，それぞれの社にひと柱ずつまつられた宗像神の3姉妹は〝泣き別れ〟になり，3柱でひとつが当たり前だと思い込んでいた関係者を愕然とさせた。

近年の新規物件では，信仰や祭り，伝統的生業や技術といった無形要素を考慮しなければ本質を理解できない例が増えているように思う。「宗像・沖ノ島」もまた，このタイプに属するといえるだろう。その根幹は信仰の継続という，目に見えない要素であり，今に息づく信仰があってはじめて存在意義が生まれる。厳しい宗教的禁忌がなければ500年もの長きにわたる古代祭祀遺跡は残らなかっただろうし，現在まで続く宗像大社への崇敬がなければ，千年以上にわたって島の神聖性は保てなかったはずだ。

すなわち，信仰という無形的な側面は「宗像・沖ノ島」のOUVに欠かすことのできない重要ピースであり，その証明は登録へ向けた必須の作業であった。

だが，その独特な精神世界を異なる宗教概念や信仰を持つ海外の人々に十分理解してもらうには困難がともなう。たとえば，一神教の信仰にどっぷり浸かってきた人が多神教の理念を正確かつスムーズに理解するのは難しいだろう。必然的に面倒な信仰や精神世界への論及がなおざりにされがちとなるのもやむを得ない。ユネスコが重視する多様性の背後には，そんな難しさがあり，同時にそれを克服するための努力が求められるのだ。

実際，今回のイコモス勧告も外面的な考古学的遺構や建物としての社殿などの評価を重視した感がある。また，沖ノ島が4世紀から10世紀までの

古代の祭祀を凍結保存したタイムカプセルとしての面を強調しながら，それが千年のときを超えて現在も継続しているとの主張は，なるほど一見矛盾するように思えなくもない。その論理構成を補強するだけの物証に乏しかったのも確かだし，国家祭祀といいながら，古墳群が地元豪族宗像氏の奥津城だけにとどまったのも，海外の目には釈然としないものとして映ったのではないか。なにより，記紀神話に端を発する神々の世界や信仰形態が具体的にどのように引き継がれているか，多くの市民が日常的に教会を訪れ，祈りを捧げるような西洋社会とは異なるだけに，どうしてもわかりにくいのはやむを得ない。

もちろん，無形要素が大きなウェイトを占める既存の世界遺産は少なくない。国内でも「紀伊山地の霊場と参詣道」などはその最たるものだが，こんな先例があるにもかかわらず「宗像・沖ノ島」のようなイコモス勧告がなされたのは，逆に言えば，その時々の評価や裁量がいかに揺れ動くものかを露呈したと言えよう。かねてより文化的景観をはじめとする「生きている文化」の取り扱いは言及されているところだし，今後，推薦案件の多様化の流れに乗り，OUVを語るうえで無形的なバックグラウンドの理解が欠かせない候補は増えていくはずだ。

その意味で「宗像・沖ノ島」は，不動産の世界遺産条約，無形遺産の無形文化遺産保護条約と分かれたユネスコの取り組みにも限界と再検討の余地があることを突きつけたと言え，ある意味，未来の世界遺産制度の指針を考えるための有益な検討材料を提供したとも言えるのではないか。

3 公開や活用にも一石

一般に公開されていない資産における保存や活用はどうあるべきか。この問題でも「宗像・沖ノ島」は今後の参考になりそうだ。

世界遺産登録の実現で，沖ノ島の認知度が飛躍的に上がるのは間違いない。だが，もともと沖ノ島は「一木一草一石たりとも持ちだしてはならない」「島内で見聞したことは他言してはならない」といった禁忌に守られてきた聖なる島であり，女人禁制の地でもある。5月の現地大祭をのぞき，原則として一般の上陸は固く禁じられてきた。

登録を受けて沖ノ島の所有者である宗像大社は，これまで続けてきた現地大祭での上陸希望者の公募を停止する方針を打ち出した。あえてこの時期に資産保護を最優先する毅然とした決意を表明したわけだが，一般の希望者にとっては年に一度の入島機会が失われることになるため，困惑や落胆，不満の声が予想される。宗像市などの地元自治体には，この特殊な資産への理解と周知を徹底するための，いっそうの広報活動が求められよう。

世間には，世界遺産はすべて公開されてしかるべき，との誤解が少なからず流布しているようだ。沖ノ島の持つ宗教的禁忌が十分に認知されているとも言いがたい。実際，クラクフでも委員国のフィリピンから女人禁制について質問が出た。なるほど，最近，大相撲の地方巡業で，土俵上に倒れ

図3　神々しい空気をまとう沖ノ島の巨石

た市長の救急救命に上がった女性に対して若い行事が土俵から降りるようアナウンスして物議を醸した例を引き合いに出すまでもなく，男女同権が進む現代社会でこのたぐいの閉鎖性に違和感を覚える向きもあるだろう。

　ただ，活動中の修道院など，既存の登録物件のなかにも，宗教上の理由で男性女性を問わず性的な規制が存在するものは少なくない。クラクフでは先の質問に対して，上陸は神職のみで伝統的に男性であること，また，既存の世界遺産には女性が立ち入れないギリシャのアトス山のような例がすでにあるし，逆に男性を禁じる物件も存在する旨の回答がなされた。国内においても，たとえば「紀伊山地の霊場と参詣道」の一角を占める大峰山の入り口には女人禁制の結界がある。伝統の継続を尊重することもまた世界遺産の趣旨であることを鑑みれば，未公開や女人禁制の維持は条約理念と必ずしも矛盾するものではなかろう。往時の価値観を現代の枠組みや見識のみで切り取ることは，歴史遺産の本質をゆがめることにもなりかねないし，世界遺産の趣旨に沿うものでもあるまい。

　一方で，世界遺産の登録は，性的な規制がどのように宗教活動とリンクするのか，それが始まったのはいつで，どんな歴史的事象をきっかけにしているのか，などをタブー視することなく，逆に研究の深化を進め，新たな保護・活用の指針をつくるチャンスでもある。

　世界遺産公開のあるべき姿とはなんなのか。「宗像・沖ノ島」にしても，人類共有の宝である世界遺産になった以上，その厳しい制約と引き換えに，観光客や訪問者を満足させるだけの受け入れ態勢を充実させることが大切なのは言うまでもないし，それを承知の上で登録活動はなされたはずである。たとえば，いにしえより沖ノ島上陸への代替策となってきた沖津宮遙拝所（大島）からの崇拝行為を追体験し，いろんな信仰の在り方を実感してもらう工夫などもあっていい。むしろそれこそが，悠久の歴史の重みを体感し，遺産の多様性を実感できる貴重な機会を提供することになるのではないだろうか。

　「宗像・沖ノ島」の一角をなす新原・奴山古墳群（福津市）にも，周辺の古墳群と一体化した保存整備が望まれる。

　宗像族が活躍した海や大島が望める立地，そのまとまりのよさなどから構成資産になった同古墳群は，より広域の津屋崎（つやざき）古墳群の一部でもあり，宗像族ゆかりの古墳は宗像地方全域に広がっている。だが，初期沖ノ島祭祀と関連が指摘される東郷高塚古墳（宗像市）や21号祭祀遺跡出土品と同型鏡を持つ勝浦峯ノ畑（かつうらみねのはた）古墳（福津市）は構成資産から外れ，専門家からも古代宗像族の奥津城としての物証的な裏付けの乏しさを不安視する声が出ていた。新原・奴山古墳群は国史跡で，全面的な発掘は実施されていない。国史跡の目的がそれを後世に残すことにある以上，必要以上の発掘がいたずらになされることはないから，少ない出土品でイコモスを納得させるだけの価値を証明できるのか，と心配する声もあったようだ。国内保護制度と世界遺産とを整合させるうえでのジレンマと言えよう。

　奈良の丸山古墳に次ぐ巨大石室で有名な宮地嶽（みやじだけ）古墳（福津市）も，今回の構成資産に含まれていない。その出土品は国宝として国立の博物館で目にすることができるほどの内容で，娘の尼子娘を大海人皇子（のちの天武天皇）に嫁がせて皇室と外戚関係を結んだ胸形君徳善の墓との説が考古学的に有力視されているだけに，意外な感もある。しかし，被葬者像にはこの古墳関係者からの異論もあって，残念ながら推薦段階から道を違えることになった。結果として今回の登録には，いまひとつ不完全な印象がぬぐえない。

　たとえ国指定文化財であっても所有者の意向を重んじるのが民主国家の姿勢である。ただ，人類共通の財産を標榜する世界遺産において，はたしてそれはどこまで考慮されるべきなのか。もしそれが資産価値を不完全にしかねないとき，自治体や政府はどこまで踏み込めるのか。時として建前と食い違う制度上の不備を踏まえたうえで，学術的な根拠に基づくコンセンサスをいかに担保するかは，私たちに投げかけられた課題であろう。

4　暫定リストの限界

ともあれ,「宗像・沖ノ島」の登録実現が,世界遺産ブームの持続を後押しすることは間違いない。国内での世界遺産人気は衰えることを知らないし,暫定リストには政府の推薦を待つ資産がいくつも控え,新たに登録運動に乗り出す地域や自治体も相次ぐ。一方で,加速する審査の厳格化は日本の世界遺産戦略にも影を落とし,ますます先が読めなくなっている。

振り返ればその兆候は,イコモスが「石見銀山(いわみ)」に延期勧告を出した2007年から目立ち始めたようだ。2008年の「平泉」は延期勧告がそのまま委員会の決議となり,登録の実現は3年後にお預けとなった。2013年には「鎌倉」が不登録勧告を受け,国は将来に可能性を託して推薦書を取り下げた。前述のように,2016年は夏に審査予定だった「長崎の教会群」に対してイコモス側から勧告前に厳しい状況が伝えられ,いったん推薦を撤回する事態となった。2013年登録の「富士山」さえ,三保松原の除外がイコモスから求められた。

国内選考は推薦書の完成度が重視されるので,優先度の低い物件は後回しとなる。「彦根城」は1992年の暫定リスト記載以来,足踏み状態が続くなど,記載物件を擁する自治体は先の見えない長期戦に疲弊し,予算獲得やモチベーションの維持に苦労しているところも少なくないようだ。

2006,07年,文化庁は暫定リストの新規追加のため,立候補を全国の自治体に募った。地方分権の流れに鑑みれば自然な成り行きだったとも言えるが,今後,「宗像・沖ノ島」のように除外条件付き登録勧告が出た場合,構成資産を抱える複数の自治体間で明暗が分かれるケースも出てくるだろう。実際に「宗像・沖ノ島」でも,イコモス勧告を受け入れれば,古墳群を有する福津市は切り捨てられかねない状況だった。関係自治体同士は応募以来ともに活動してきた〝盟友〟だけに,そう簡単に応じるわけにはいかないという心情も理解できる。だが,もしそれがブラッシュアップ時の足かせになりかねない状況を生じさせたとき,この公募システム下で文化庁など担当省庁がどれだけ冷静に指導力を発揮できるか,一抹の不安はぬぐえない。いったん取り下げた構成資産の拡張登録をめざす「平泉」のように,事後のケアが十分に期待できるとは限らないのだ。また,全国に広がる縄文遺跡のなかから代表性と希少性を打ち出せずにもがいた「北海道・北東北の縄文遺跡群」のごとく,もはや自治体だけでは対処できないケースも現われている。

5　これからの世界遺産戦略

最後に,「宗像・沖ノ島」を通して見えてきた課題を世界に敷衍させ,もう少しグローバルな視点から今後の世界遺産戦略をみることにする。

日本の批准は条約採択から20年後だ。なぜここまで遅れたかは様々な理由が指摘されているが,いずれにしろ,それまでの日本にはすでに,世界的にも精緻で先進的な保護制度が確立されており,その存在が大なり小なり影響したのは確かだろう。お互いの理念が異なる以上,ダブルスタンダードは好ましいことではない。結果的にそれが批准の前に立ちふさがっていたとみても,あながち誤りではなかろう。

だが,国内における世界遺産の認知が高まるにつれ,両者は歩み寄りを見せ始める。国内の保護制度が世界遺産に引きずられ始めた感があるのは否めず,さらには世界遺産への推薦ありきの指定ではないか,と思うことも少なくない。ただ,世界遺産を意識した政策は必ずしも非難されることではないし,むしろ世界遺産が国内法や文化財保護制度に及ぼしたメリットは小さくない。我が国が様々な刺激や考え方をそこから享受したことも否定できまい。

たとえば,「点」として認識されてきた単体の構造物を,周辺環境も含めた「面」でとらえようとする近年の潮流は,世界遺産のバッファーゾーン設定の概念や文化的景観のコンセプトに通じる。ユネスコの地域コミュニティー重視(五つ目の「C」)は,文化庁が地域社会の協力を得ながら文化財を守る手段として打ち出した歴史文化基本構想

とも共通するだろう。廃墟となった炭鉱の島「端島（軍艦島）」（長崎市）など大規模な近代化遺産で文化財指定が進んだことにも、世界遺産の影響を無視できまい。

指定文化財以外への保護対象の広がりは、文化庁以外の省庁の参入を促す。「明治日本の産業革命遺産」では、稼働中の工場施設が文化財ではないため、文化庁ではなく内閣官房が主導したが、このような文化財保護法から外れた「文化遺産」の増加も予想され、それに対応できる新たな保護体制の充実が急務となっている。

繰り返しになるが、国内制度とユネスコ条約とでは、もともと成り立ちも理念も違う。しかし、グローバリズムの進展は両者の垣根を取り払いつつある。言い換えれば、お互いの欠点を補完しつつ、自らをより普遍的かつ汎世界的な制度へと止揚させるべき時代に至ったと言えそうだ。「宗像・沖ノ島」も世界遺産という目標がなかったら、ひとつのストーリーのもとに広域に散らばった資産群を結びつけることは難しかっただろう。その意味で、世界遺産への推薦は宗像の地に、新たな保護思想を持ち込んだと言えるのだ。

文化財の活用と観光資源化とがますますの接近を見せるなか、文化審議会は2017年暮れ、文化財の規制を緩和して活用を促す内容を文部科学相に答申した。文化財を生かした地域活性化や観光資源化が進むことは、ある意味、国内文化財の世界遺産化ともいえ、ますます両者のオーバーラップを促すかも知れない。一方で、観光戦略の名の下に、開発と対峙してきた文化財保護の理念がなし崩し的に崩壊してくのではないか、と懸念する声は強い。それは、世界遺産の国内推薦の条件となっている文化財指定に対して、学術的な検討を軽んじた、世界遺産登録ありきの指定ではないか、という批判とどこか重なる。もし近年の傾向が、文化遺産におけるポピュリズムの弊害を惹起するならば、それは世界遺産に指摘される負の側面さえも引き継ぐことになりはしないか。

登録に浮かれる世間に対し、改めて入島禁止の方針を打ち出した宗像大社は、これから加速するであろう無制限な観光資源への取り込みの風潮に先んじて、NOを突きつけた。時世に逆行する決断は、歴史遺産を所有する者としての矜持の表明であり、安易に流されがちな世間に対する痛烈な警告のように思える。

変化や改革が美徳とされる現代社会。それを拒否し、時勢におもねらない態度は、古き良き時代のノスタルジーにしがみついた反動勢力とみなされがちだ。だが、「変わらないこと」の意味を、もう一度考えたい。千年の長きにわたり、沖ノ島を守り抜いてきた「変わらないこと」への積極的な意思とはなんなのか。それこそが、めまぐるしく変化する現代社会に翻弄され続ける私たちに「宗像・沖ノ島」が突きつけた、最大のテーゼではないだろうか。

引用・参考文献

岡寺未幾「世界遺産『神宿る島』宗像・沖ノ島と関連遺産群登録への軌跡」『考古学研究』64―3、考古学研究会、2017年

中村俊介『世界遺産が消えてゆく』千倉書房、2006年

中村俊介「曲がり角の世界文化遺産―登録物件の増加にともなう条約理念の変質」『遺跡学研究』8、日本遺跡学会、2011年

中村俊介「政治に翻弄される世界遺産―2015年、ドイツ（ボン）における第39回世界遺産委員会の報告」『考古学研究』62―3、考古学研究会、2015年

中村俊介「MONDAY解説 増える世界遺産 抱える矛盾」『朝日新聞（5月22日付朝刊）』2017年

中村俊介「世界遺産は生き残れるか」『考古学研究』64―3、考古学研究会、2017年

西村幸夫・本中 眞 編『世界文化遺産の思想』東京大学出版会、2017年

『「宗像・沖ノ島と関連遺産群」研究報告』Ⅰ～Ⅲ、「宗像・沖ノ島と関連遺産群」世界遺産推進会議、2011～2013年

『月刊文化財 特集：世界遺産「神宿る島」宗像・沖ノ島と関連遺産群』651、第一法規、2017年

『月刊考古学ジャーナル 特集：沖ノ島祭祀遺跡とその周辺』707、ニューサイエンス社、2018年

コラム

近代の沖ノ島

宗像市世界遺産課
岡　崇

1　沖ノ島と日露戦争

　1905（明治38）年5月27日6時21分，連合艦隊が大本営に打電した「敵艦隊見ユトノ警報ニ接シ聯合艦隊ハ直チニ出動，コレヲ撃滅セントス，本日天気晴朗ナレド波高シ」に始まる日本海海戦は，沖ノ島の北西の海域が舞台であった。連合艦隊旗艦三笠で実際の指揮にあたっていた司令長官東郷平八郎は，午前中海霧で視界が悪く苦戦を強いられていたようだが，「神光照海」という言葉を後に残しているように，神が海に照らした光のおかげで勝利したとも伝えられている。大島在住であった宗像神社の使夫佐藤市五郎少年は，沖ノ島で見た日本海海戦の様子を一部始終克明に観察し主典宗像繁丸とともに沖津宮日誌に書き残している。

　日露戦争を伝える有形資料は，沖ノ島よりもむしろ九州本土の神湊港からフェリーで約25分のところにある大島の中津宮境内に残されている。境内の入口に立つと正面に鳥居があり右の柱には「明治三十七八年」と刻まれ，左の柱には「戦役記念　大島村出征軍人会」と刻まれ，当時地元での戦勝ムードがうかがわれる。その傍らには銅製の砲弾形をした奉銘碑があり日露戦争時の出征軍人の名が鋳込まれている。中津宮の社殿の両脇に建つ灯籠の柱には，再建されているものではあるが，「神光照海」の文字が書かれている。さらに，日本海海戦の後にはじまる沖津宮現地大祭は，当時，戦勝記念として，後に戦没者の慰霊として行なわれた。2017（平成29）年までは，男性のみ約200人が沖ノ島に上陸して参拝することができたが，2018（平成30）年からは，沖ノ島の神聖性を保つため，男女ともに一般人の上陸は禁止されている。

　ここでは，明治時代以降から第二次大戦時までの間の沖ノ島について，史跡「宗像神社境内」保存管理計画の調査をもとに紹介する。

2　明治時代の遺構

　沖ノ島本島において明治時代の遺構は，ほとんど確認されていないが，明治時代の年号を示すものとして沖ノ島灯台の銅板プレートがある。日本海海戦が勃発する1カ月前に一ノ岳山頂において佐世保鎮守府が灯竿および望楼を設置した時のことを伝えるもので，「沖島燈臺初照明治卅八年四月改築點燈大正拾年拾貳月臺日」と記されている。このプレートそのものは，1921（大正10）年に灯台改築の際に貼られたものだが明治時代の沖ノ島を知るうえで貴重な文字資料である。

　沖津宮の社殿に向かう参道の傍らに置かれた苔むした手水鉢には，「明治三十九年九月」の奉納で「金崎改築之砌用御嶋之片岩」と記されている。九州本土側にある鐘崎漁港の改築とも読み取れるが，沖ノ島島内のカネザキと呼ばれるところの改築を記念したものと考えられる。

　沖ノ島の土地や建物に関する宗像神社と福岡県，宗像地域の漁業者とのやり取りをうかがわせる資料が残されている。

- 1895（明治28）年11月8日大島村の漁業者が沖ノ島社有地の借地願いと小屋建設の願いを当時の宮司宛に提出している。
- 1904（明治37）年1月10日には漁師小屋の建物を沖津宮宿直所へ寄付している。
- 1906（明治39）年4月27日には大島村漁業協同組合から福岡県知事あてに「公有水面埋立願」が出され，沖ノ島官有地接続水面の内，「ウロ」21歩（約69.426㎡），「サブサ」2畝7歩（約221.502㎡）を埋め立て，漁船揚場としている。同年11月7日官幣大社宗像神社宮司から福岡県知事に対し，従来の在地と埋立地との境界を確定するための再調査を申請，そのなかに2989番地と2990番地を記した付図が2枚残されている。

　現在もなお沖ノ島には，登記簿上，沖ノ島本島を宗像市大島2988として宗像大社が所有し，沖の島漁港側の埋め立て地に宗像漁業協同組合が所

有する宗像市大島2989・2990番地の土地が2筆残されている。

「明治三十九年九月」に奉納された手水鉢は，この土地を巡る一連のやりとりのなかで奉納された可能性が高く，その後，この手水鉢は，沖ノ島に常駐した日本軍によって，兵舎の井戸からホースでつなぎ，サイフォンの原理で，常に水がわき出るように工夫され，戦後間もなくまで使われていた。

3 大正時代の遺構

現在，緑色片岩を素材とする石碑が漁港の山際に2つある。

1つは，「大正十二年五月」の銘がある「玄海専用漁場碑」であり，詳細の文字は風化によって解読できないが，何かの十周年記念に建てられたものである。

もう1つは，今も長老の聞き取り調査で必ず口にされるワードで「大正十二年」の銘とともに正面に刻まれた「千古不朽」の文字である。背面には「第三支部長江藤房三」の文字が刻まれ，詳細な説明文は解読不明な部分も多いが，まさに沖ノ島に残された大切なものが千年経っても朽ちることなく伝えられたことを大正時代に生きた人たちが残し伝えてきた記念碑である。

沖津宮社殿近くの参道の山側に置かれた石碑は「大正十三年三月」の銘とともに「奉納祈安全航海願」と刻まれていることから，航海安全を願って奉納されたことがわかる。

4 第二次大戦期までの遺構

禊場横に今も建つ花崗岩製の鳥居は，「昭和七年」の銘があり，この年に沖津宮本殿の改築がされていることから社殿の改築にあわせて奉納されたものと考えられる。しかしまもなく，沖ノ島は日本の国防の島としての性格を帯びるようになった。

沖ノ島砲台とそれに関連する軍事施設が1937（昭和12）年6月に着工され，1940（昭和15）年に竣工した。沖ノ島の南西緩斜面には，兵舎や大型の地下要塞が作られ軍部の拠点となっていた。東西両端の尾根に砲台2基が設置され，それに付随して弾薬庫が配置され，また，その両端から北側に下ったところにも軍道が施されそれぞれに格納庫が設置された。沖ノ島島内は，これ以上

図1 沖ノ島鳥居

ない防備が完了したのである。そのなかにおいても，沖津宮の社殿および周辺の祭祀遺跡一帯は指一本触れさせないとばかり，軍道も迂回させ，守られた。さらに，沖津宮に鎮座する御霊を爆撃から守るために社殿裏に造られた地下倉庫に避難させ，戦後，地下倉庫から御霊を再び社殿に戻したことを大島の古老は伝えている。

5 まとめ

日本と大陸との間に位置する沖ノ島では，古代から国防と信仰が密接に関係していた。白村江の戦いの後も沖ノ島のみならず大島や九州本土でも祭祀が盛んに行なわれ，玄界灘を舞台とした14世紀ごろ起きた元寇の後，「みあれ祭」復興のもととなった御長手神事が行なわれた。江戸時代には鎖国に伴う外国船監視役が沖ノ島に配備されこのとき沖ノ島に社殿が建てられ，近代以降の日本海海戦後には沖津宮現地大祭が始まった。漁業を基盤としていたこの宗像沿岸地域に住む人々の日常生活の中において，渡航の安全，漁の安全，大漁祈願と合わせ日本を守るための祈りの場としても，近代以降とくに顕著になったのではないか。

引用・参考文献

大島村教育委員会 編『大島村史』1985年
岡 崇「沖ノ島の戦時遺構」『沖ノ島研究』2，「宗像・沖ノ島と関連遺産群」世界遺産推進会議，2016年
宗像大社『神郡宗像』3，2012年（「神光照海」の扁額は，東郷平八郎が海軍を通じて三笠の羅針盤とあわせて宗像大社に奉納，現在，神宝館に展示されている。）

文献解題 沖ノ島研究の歩み

福岡県世界遺産室
岡寺未幾・大高広和
（おかでら・みき）　（おおたか・ひろかず）

　沖ノ島に関する調査研究の歩みは、分野も多岐にわたる膨大なものがあり、これらを系統立てて紹介することは難しい。本稿では、研究の各段階を俯瞰し、世界遺産登録の動きとともに進んだ研究の新たな潮流の紹介と今後の展望を行なう。

1　沖ノ島祭祀遺跡の発掘調査以前

　不言様（おいわずさま）として守られてきた第二次世界大戦以前の沖ノ島に関する調査については小田富士雄[1]や椙山林継[2]の文章に詳しいが、沖ノ島とその祭祀遺跡に外部の目が入るのは近世になってからである[3]。貝原益軒[4]は、1609（慶長14）年に藩主の黒田長政によって禁忌が破られ「金の機物」などの神宝が持ち出されたが、異変が起きたため島へ戻させたと記している。その後の地誌類などにも沖ノ島についての記載はあるが[5]、1794（寛政6）年に沖ノ島に警備役として渡島した青柳種信[6]は、金物類などが納められていた「御金蔵」（4号遺跡にあたる）について触れている。

　近代になって、1888（明治21）年に渡島した太宰府天満宮神官の江藤正澄が沖津宮（おきつみや）周辺の状況や遺物を紹介した[7]。大正に入ると、内務省考査員の柴田常恵が辺津宮（へつみや）に保管されていた沖ノ島御金蔵の遺物を調査・紹介している[8]。また1926（大正15）年には、「沖の島原始林」として島の全域が国の天然記念物に指定された[9]。昭和に入って田中幸夫[10]・豊元国[11]が島の祭祀遺跡の観察と、辺津宮に保存されていた遺物の調査を行ない、梅原末治も辺津宮所蔵の鏡を調査して所見を述べている[12]。

　1942（昭和17）年、荒廃した神社の再建を目指して、宗像出身の出光興産の創業者出光佐三らにより宗像神社復興期成会が創設され、戦後、社殿の修理や境内の整備が進められるとともに、その価値を顕彰するために神社史編纂事業が開始された。小島鉦作を編纂委員長とする『宗像神社史』[13]は、あらゆる史料を渉猟し上下巻及び附巻からなる大部なものとなるが、信仰の根源を明らかにするためにはやはり沖ノ島の発掘調査が必要となった。1951年以来、沖ノ島避難港の修築のため工事関係者らが島に出入りしており、遺跡の保護の観点からも発掘調査の必要性が認識されていた[14]。そこで1954年、遂に沖ノ島祭祀遺跡の本格的な学術調査が行なわれることになったのである。

2　沖ノ島祭祀遺跡の発掘調査とその評価

　沖ノ島の発掘調査は、1954（昭和29）年から1971年までの間に3次10回を数える。

　1954～55年に行なわれた第1次調査では16遺跡（1～16号）、1957～58年の第2次調査では3遺跡（17～19号）の祭祀遺跡が確認された。これらにより、岩上・岩陰・露天の祭祀遺跡および当時の社務所周辺の縄文・弥生時代の遺物散布地など、全体の概要が明らかとなった。このうち岩上祭祀の16・17・19号遺跡、岩陰祭祀の7・8遺跡の調査が行なわれたが、豊富かつ豪華な遺物から祭祀は国家的な規模のものであったことが判明した。これらの調査は小島鉦作調査団長の下、九州大学教授の鏡山猛が現地主任を務め、調査員の一人だった原田大六を中心に『沖ノ島』（1958年）、『続沖ノ島』（1961年）として報告された[15]。『宗像神社史』は、ここまでの知見を採り入れて刊行されている。

　1969～71年に行なわれた第3次調査では、九州大学教授の岡崎敬を調査隊長として、新たに4遺跡（20～23号）が確認され[16]、21号（岩上）・22号（岩陰）遺跡の調査によって、岩上祭祀の下限が5世紀中頃に、岩陰祭祀の下限が7世紀前半頃に比定された。また、岩陰祭祀でみられた朝鮮半島系の遺物に代わるように、金銅製龍頭などの中国（北朝～唐）系遺物が確認された5号遺跡は、律令祭祀の萌芽が窺われる重要な過渡期として、半岩陰・半露天祭祀に位置づけられた。第2次調査までは地元の祭祀と考えられていた露天祭祀も、

1号遺跡から出土した奈良三彩小壺，唐式鏡，銭貨（富寿神宝）などによって，9世紀に至るまで国家祭祀の性格をもっていたことが判明した。これらにより，沖ノ島祭祀は岩上祭祀（4世紀後半～5世紀中頃），岩陰祭祀（5世紀後半～7世紀前半），半岩陰・半露天祭祀（7世紀後半～8世紀前半），露天祭祀（8世紀～9世紀）の四段階で変遷するという基本的な編年観が得られた。

第3次調査の報告書『宗像沖ノ島』[17]は，この段階までの到達点を示すものとして1979年に出版されるが，調査開始以来目覚ましい成果を上げた沖ノ島はすでに大きな注目を集めていた。第3次調査については2冊の概報[18]が制作され，1972年には，豊富な解説文を付した大判の写真集[19]も刊行されている。第2次調査までの出土品は1962年には国宝に指定されており，沖ノ島全域を沖津宮の境内として含む「宗像神社境内」も1971年に国の史跡に指定された[20]。

各界の研究者も沖ノ島を取り上げた。神道考古学の確立を目指した大場磐雄[21]は，戦前から沖ノ島に関心を寄せ，学術調査の成果から「その内容の豊富かつ豪華と時間的に長期にわたること，及びその神秘性において実に我が国第一の古代遺跡」[22]と評している。また国文学者の益田勝美は，1971年の「秘儀の島」[23]において7号遺跡（岩陰）の遺物の出土状況が，記紀神話で宗像三女神が生誕するアマテラスとスサノオのウケヒの場面に一致するとの解釈を示して反響を呼んだ。

そして古代史学者の井上光貞は，1978年の東京大学最終講義において沖ノ島を取り扱い，その内容は遺著となった著書[24]に収録された。井上は，22号（岩陰の最終段階）・5号（半岩陰・半露天）・1号（露天）の各遺跡から出土した金属製雛形製品などが伊勢神宮の神宝へつながることから，沖ノ島祭祀が「律令的祭祀」ないしその先駆的形態を示していることに注目し，7世紀末からの律令編纂以前の国家的祭祀制度が，「律令的祭祀」の素材となっていたことを証明する点を高く評価した。そのため井上が設立準備室長および初代館長を務めた国立歴史民俗博物館（千葉県佐倉市。1983年開館）には，沖ノ島祭祀遺跡の展示室が設けられた。沖ノ島は日本の歴史を語る上で不可欠な存在とみなされたのである。

3　調査報告書刊行以降の研究

『宗像沖ノ島』刊行以降も，調査関係者らによって，他地域での関係遺跡・遺物の発見や研究の進展を踏まえながら研究が進められた[25]。3次すべての調査に参加した小田富士雄が執筆・編集し，1988年に刊行された『古代を考える　沖ノ島と古代祭祀』[26]はその代表的なもので，古墳時代の宗像地域の様相，宗像三女神神話，ヤマト王権の関係，沖ノ島以外の古代祭祀との関係，そして対外交流など，主要な論点はほぼ網羅されていると言ってよい。同書でも沖ノ島祭祀遺跡の発掘成果をまとめなおした佐田茂[27]，弓場紀知[28]は，新たな解釈とともに遺跡を紹介する一般向けの書籍も執筆しており，沖ノ島の価値と重要性はより広く知られていった。王権や地域による交流に関わる海神や，神社・神道の起源という観点などから，沖ノ島や宗像三女神・宗像大社が論及されることは珍しくなくなった[29]。

なお，90年代には『宗像市史』が刊行され，沖ノ島や宗像大社についても多くの紙数が割かれている[30]。また，韓国西海岸の岬の突端に位置する扶安竹幕洞祭祀遺跡では，日本列島系の祭祀遺物も発見され，朝鮮半島の古代祭祀も踏まえて沖ノ島を考える契機となった[31]。

4　世界遺産登録に向けた研究の進展

2003（平成15）年，沖ノ島祭祀遺跡出土品の国宝の追加指定等[32]を機に，宗像大社神宝館では「海の正倉院・沖ノ島大国宝展」が開催され，この頃から地元では「沖ノ島を世界遺産に」という機運が高まっていった。「宗像・沖ノ島と関連遺産群」は2009年にユネスコの世界遺産暫定リストに記載され，福岡県・宗像市・福津市などが立ち上げた「宗像・沖ノ島と関連遺産群」世界遺産推進会議は，世界遺産として提案する価値について学術的な検討を進める専門家会議を設置した。この会議では，沖

ノ島は学史的に不動の地位を確立しているとは言え，すでに調査終了から30年が経過しており，現在の視点で改めて検討を行なう必要があるとの見解に達し，3年にわたる委託研究事業が行なわれた[33]。以下，この27研究者33論文にも及ぶ委託研究の成果などをもとに，沖ノ島祭祀およびこれを起源とする宗像大社三宮，そしてその奉祭者とみられる古代宗像氏への評価をみていく[34]。

航海・交流と祭祀 中国大陸や朝鮮半島からもたらされた沖ノ島の遺物や，『日本書紀』にみえる「海北道中」や「道主貴」という表現などから，沖ノ島祭祀の契機は古代の対外交流史の文脈の中で考えられてきた。玄界灘の中心に位置する沖ノ島は，日本列島から朝鮮半島へ渡る航海の重要な目印として，航海安全を祈る信仰の対象となったと考えられる。

北部九州のほか瀬戸内系や朝鮮半島系などの土器の出土から，沖ノ島は弥生時代にはすでに海を介した交流や生活のための航海上の要衝であった。4世紀後半以降の国家的祭祀とは一線を画すものであるが，宗像をはじめとする玄界灘沿岸地域などの海人によって，銅矛や土器を用いた祭祀が行なわれていた可能性が指摘できる[35]。

本格的な祭祀の開始時期は，「ヤマト王権の朝鮮半島進出」を契機とする4世紀後半と考えられてきたが，白石太一郎は最近の考古学的な成果を踏まえながら，4世紀第3四半期の百済と倭の国交成立を契機と考えるのが妥当とした[36]。祭祀の開始とともに，それまでの当地の古墳と一線を画す全長64mの前方後円墳である東郷高塚古墳が登場することや，これ以降宗像地域で朝鮮半島系資料の出土事例が増えることは，宗像から直接朝鮮半島へ行き来していたことを示すと考えられる[37]。

祭祀を航海に先だって（あるいは途中に）行なったのか，もしくは無事帰還した後に感謝して行なったのかは難しい問題だが，交流によって入手されたものが奉献されるという前提なら後者とみるべきであろう[38]。また，祭祀のための準備の必要性も考慮に入れると，正式な祭祀を行なうために渡島する特別な場所だったと考えられる[39]。

なお，2012年の九州前方後円墳研究会では，沖ノ島祭祀と九州諸勢力の対外交渉がテーマとされた。甲冑・大刀・鉄鏃・土器など，沖ノ島から出土した遺物と共通する古墳の副葬遺物や集落出土の渡来文物，あるいは横穴式石室などの朝鮮半島に由来する遺構について，各々の立場から変容と画期が示されている[40]。

一方で，既報告資料での検討にはやはり限界があり，三角縁神獣鏡の三次元計測データに基づく分析により，鏡の同笵関係や鏡片の接合関係が明らかになったように[41]，今後は科学分析などによってより細やかなレベルで交流や祭祀の実態に迫る必要があるだろう。また，竹幕洞祭祀遺跡をはじめとする東アジアにおける比較検討も重要である[42]。

古代宗像氏の役割 宗像市の田熊石畑遺跡は，弥生時代中期前半の宗像地域に，魏志倭人伝の「国」相当の勢力が存在したことを物語っている[43]。弥生時代を通じ，宗像地域は近畿までつながる対外交易網において重要な役割を果たし，弥生時代後半期から古墳時代初頭にかけて，独自に東の地域との結びつきを強めていたという[44]。また，鍛冶炉遺構や鉄鋌などの出土事例からは古墳時代初期からの朝鮮半島との直接交渉が窺われ，渡来人の痕跡も古墳時代を通じて色濃い[45]。

先述のように，東郷高塚古墳は沖ノ島祭祀開始と軌を一にする4世紀後半に作られており，この地域の勢力が沖ノ島の祭祀に関わることにより王権との関係を深め，権力を強化したことを見て取れる[46]。5世紀前半には墓域が福津市北部の海岸部へと移動し，旧入海の東側の海を望む台地上に，7世紀中頃まで全長70～100m程度の前方後円墳を含む首長墓が連綿と築かれていく。この津屋崎古墳群からは沖ノ島21号遺跡（岩上）と同型の鏡も出土しており（勝浦峯ノ畑古墳）[47]，ヤマト王権の下で主に沖ノ島の祭祀を行なった宗像氏の墳墓群にふさわしい。このうち新原・奴山古墳群は，旧入海に面し玄界灘を望む一つの台地上に，5世紀から6世紀の大小様々な41基の墳墓が一体的に築かれており，沖ノ島への信仰を育んだ宗像氏の存在証拠として世界遺産の構成資産に選択され

た。なお，宗像地域（宗像市・福津市）では古墳が2,831基確認されているが，規模の大きなものは海を見渡す場所に多く[48]，交易や漁業といった海上での活動によって栄えたことを物語る。

祭祀の変遷とその意義　従来，膨大な奉献品が出土した露天祭祀の段階を除き，祭祀は基本的に1ヵ所につき1度のみ行なわれた（一祭場一祭祀）と考えられてきた[49]。これに対して笹生衛は，『皇太神宮儀式帳』などの祭式の情報や奉献品の組成の検討によって，祭祀の場を「祭祀の準備」「祭祀」「祭祀後の対応」の各段階として捉え，また古代史料に基づけば巨岩群は「依り代」ではなく神霊の象徴である「御形」と理解すべきで，一貫して祭祀の対象・中心であったとの見解を示した[50]。篠原祐一も，滑石製品の細かな分析から，祭祀は複数回行なわれていて，祭祀遺跡には祭場と奉納品を収めた「クラ」とがあるとした[51]。これに対して小田は，奉献品の中には時期差をもつものが含まれており各遺跡で複数回の祭祀が行なわれたことを再検討する視点は重要としながらも，出土状況をもとに遺跡ごとの詳細な検討が必要であるとしている[52]。なお，小田は，祭祀の実像に迫るべく現在の知見から改めて調査成果の再検討を行なっている[53]。

なお，「葬祭未分化」な状態から7世紀頃に葬儀と祭儀が分化するという見方[54]は，葬儀と祭儀（カミマツリ）それぞれの展開過程において捉え直す必要がある[55]。祭祀の背景にある古墳時代と飛鳥時代以降の社会の違いは大きく，各段階の祭祀を過渡的なものとしてではなく，それぞれ完成されたものとして捉える見方が必要だろう[56]。

三宮の成立　2010年に行なわれた大島御嶽山遺跡の発掘調査により，7世紀末～10世紀初にかけての露天祭祀の状況が明らかになった[57]。辺津宮の高宮祭場周辺で採集された土器・滑石製品もあわせ，7世紀後半には沖ノ島，大島，九州本土の三ヶ所で共通した露天祭祀が行なわれ，『日本書紀』に載る沖津宮，中津宮，辺津宮の三宮が成立したことが確認できる。ただし，中津宮境内からは5世紀後葉の子持勾玉が出土し，周辺からも6世紀頃とされる銀製指輪・銅製指輪が採取され，辺津宮境内からも5世紀頃の滑石製短甲と仿製鏡，6世紀の須恵器などが採取されていることから，7世紀後半以前から何らかの祭祀が行なわれていたらしいことには留意しておきたい[58]。

5　世界遺産登録とその後の状況

2016（平成28）年1月，「神宿る島」宗像・沖ノ島と関連遺産群の世界遺産一覧表登録のための推薦書が日本政府からユネスコへ提出された。宗像大社沖津宮（沖ノ島と小屋島・御門柱・天狗岩の3つの岩礁），沖津宮遙拝所，中津宮，辺津宮および新原・奴山古墳群の8つの構成資産のうち，諮問機関であるイコモス（国際記念物遺跡会議）は宗像大社沖津宮のみを登録すべきと勧告したが，2017年7月の世界遺産委員会の審議では，この資産の価値は構成資産全体が一体となって初めて証明されるという意見が相次ぎ，すべての構成資産が登録された[59]。

こうした経緯もあり，世界遺産委員会からの勧告として，東アジアにおける航海・交流とこれに関わる祭祀についての調査研究の拡大・継続が求められている。また，イコモスが沖ノ島以外の登録を認めなかったことは，これまで沖ノ島やその出土品に研究や関心が集中しがちだったことも遠因と考えられ，そのことは真摯に反省しなければならない。

幸いにして世界遺産登録は実現し，沖ノ島および宗像地域への関心は高まっている[60]。沖ノ島への「遙拝所」が大島以外の九州本土（宗像地域以外も含む）にも存在したことや，現在の古賀市や新宮町まで広がる古代宗像郡の領域には糟屋屯倉跡ともされる鹿部田渕遺跡や隣接する土壙から馬具一式などが発見された船原古墳が含まれることなど，登録の過程で見えてきた知見や課題もある[61]。世界遺産登録を契機として，考古学・歴史学のみならず宗教学・民俗学・文化人類学・環境史学などの様々な分野から，今後調査研究がますます広く行なわれていくことを期待したい。

註

1) 小田富士雄「祭祀遺跡沖ノ島の歴史的位置」小田富士雄 編『古代を考える　沖ノ島と古代祭祀』吉川弘文

館,1988年
2) 椙山林継「宗像大社復興期成会による調査以前の沖ノ島」『「宗像・沖ノ島と関連遺産群」研究報告』（以下,『研究報告』と略称）II-1,2012年
3) 神奈川県立金沢文庫所蔵の『宗像記』（14世紀）に,すでに「異朝之神宝祭物等」のあることなどが記されている（河窪奈津子「宗像大社所蔵文書と宗像大社中・近世史」『研究報告』I,2011年）。
4) 貝原益軒『筑前国続諸社縁起』益軒全集5,国書刊行会,1973年。ジョアン・ロドゥリーゲス・ジラン『1609,1610年度年報』（松田毅一監訳『十六・七世紀イエズス会日本報告集』第II期第1巻,同朋舎出版,1990年所収（鳥居正雄訳））にも記述がある。
5) 服部英雄「宗像の島々：小呂島,沖ノ島,大島の歴史と地誌」『研究報告』I,2011年。宗像郡に関する地誌は中村正夫 編・校訂『宗像郡地誌綜覧』（文献出版,1997年）に主なものが収載されている。
6) 青柳種信『瀛津嶋防人日記』日本庶民生活史料集成2,三一書房,1969年
7) 江藤正澄「瀛津島紀行」『東京人類学会雑誌』69,1891年
8) 柴田常恵「沖島の御金蔵」『中央史壇』13-4,1927年（大場磐雄 編『柴田常恵集』日本考古学選集12,築地書館,1971年所収）
9) 動植物・地質の調査報告については割愛するが,竹内 亮「宗像沖の島雑記（正・続）」（『島』1-3・2-2,1933年）は沖津宮社殿改築工事の際に出土した石舟を紹介している。
10) 田中幸夫「筑前沖ツ宮の石製模造品」『考古学雑誌』25-2,1935年。県立宗像高等女学校の教員を務めた田中は,宗像地域の古代遺跡や文化財の調査・紹介に努めた。
11) 豊 元国「舟形石製模造品に就いて（其一・二）」（『考古学雑誌』28-9・30-2,1938・1940年）ほか,鏡類と金属製品についての論文がある。
12) 梅原末治「筑前宗像神社所蔵の古鏡に就いて」『考古学』11-3,1940年
13) 宗像神社復興期成会 編『宗像神社史』上・下・附巻,1961・1966・1971年。なお,「宗像大社」の社名は1901年に官幣大社となった経緯に基づき,1977年に「宗像神社」から正式に改名されたものである。
14) 発掘調査に至る経緯については,武藤正行『海の正倉院 沖ノ島』（世界日報社,1993年）が詳しい。
15) 宗像神社復興期成会 編『沖ノ島』吉川弘文館,1958年。同『続沖ノ島』吉川弘文館,1961年
16) 祭祀遺跡の遺跡番号は23まであるが,遺跡数としては22遺跡となる。これは1970年に設定された20号遺跡が,実際は1954年に設定された14号遺跡と同一の遺跡であると判明したためである。
17) 宗像大社復興期成会 編『宗像沖ノ島』吉川弘文館,1979年
18) 宗像大社復興期成会 編『沖ノ島1 宗像大社沖津宮祭祀遺跡昭和44年度調査概報』1970年。同『沖ノ島2 宗像大社沖津宮祭祀遺跡昭和45年度調査概報』1971年
19) 毎日新聞社 編『海の正倉院 沖ノ島』毎日新聞社,1972年
20) 現在は島の南約1kmに位置する小屋島・御門柱・天狗岩の三つの岩礁を含む,沖ノ島の頂上から半径2kmの海域までが史跡に指定されている。
21) 大場磐雄「沖ノ島—宗像神社沖津宮祭祀遺跡」から見た古代祭祀遺跡の意義」『國學院雑誌』60-5,1959年など。大場は1934年に辺津宮を訪れ宝物を実見しており,1967年および第3次調査の際の1970年には沖ノ島も訪れている（前掲註2椙山論文）。
22) 大場磐雄『祭祀遺跡特説』神道考古学講座5,雄山閣,1972年
23) 益田勝美「秘儀の島」『秘読の島』筑摩書房,1976年（初出1971年,のち『益田勝美の仕事』4,筑摩書房,2006年に再録）
24) 井上光貞「古代沖の島の祭祀」『日本古代の王権と祭祀』東京大学出版会,1984年（初出1978年,のち『井上光貞著作集』5,岩波書店,1986年に再録）。井上は当時印刷中の『宗像沖ノ島』のゲラ刷を読んでいた。
25) 弓場紀知「沖ノ島出土舶載遺物の再検討」『国立歴史民俗博物館研究報告』7,1985年など
26) 前掲註1小田編書
27) 佐田 茂『沖ノ島祭祀遺跡』考古学ライブラリー63,ニューサイエンス社,2000年
28) 弓場紀知『海の正倉院 宗像沖ノ島』平凡社カラー新書109,平凡社,1979年。同『古代祭祀とシルクロードの終着地 沖ノ島』シリーズ「遺跡を学ぶ」013,新泉社,2005年
29) 岡田精司『新編 神社の古代史』学生社,2011年（旧版は大阪書籍から1985年刊）。北見俊夫「海洋と祭祀」大林太良編『海をこえての交流』日本の古代3,中央公論社,1986年。上田正昭 編『住吉と宗像の神』筑摩書房,1988年。任東権「玄界灘に残る韓国文化」・川添昭二「宗像氏の対外貿易と志賀島の海人」網野善彦ほか 編『玄界灘の島々』海と列島文化3,小学館,1990年。新川登亀男「宗像と宇佐」下條信行ほか 編『新版 古代の日本』3九州・沖縄,角川書店,1991年。田村圓澄・荒木博之 編『古代海人の謎 宗像シンポジウム』海鳥社,1991年 など
30) 『宗像市史』通史編1（自然・考古）・2（古代・中

世・近世），1997・1999 年など。当時辺津宮が属していた玄海町は 2003 年に，中津宮・沖津宮が属していた大島村は 2005 年に宗像市と合併した。

31) 小田富士雄「韓国竹幕洞祭祀遺跡と古代祭祀」『古代九州と東アジア』I，同成社，2012 年（初出 1998 年）。岡田裕之「宗像沖ノ島と韓国竹幕洞遺跡」『季刊考古学』96，2006 年など

32) その後 2006 年に，重要文化財に指定されていた伝沖ノ島出土品等の追加・統合がなされ，現在は約 8 万点の遺物が一括で国宝に指定されている。

33) 『「宗像・沖ノ島と関連遺産群」研究報告』I・II-1・II-2・III，2011〜2013 年。「神宿る島」宗像・沖ノ島と関連遺産群保存活用協議会の HP（http://www.okinoshima-heritage.jp/reports/index/2）よりダウンロードが可能である。

34) 委託研究の成果を整理したものに，大高広和「沖ノ島研究の現在」（『歴史評論』776，2014 年）がある。

35) 武末純一「沖ノ島祭祀の成立前史」・柳田康雄「沖ノ島出土銅矛と青銅器祭祀」『研究報告』I，2011 年

36) 白石太一郎「ヤマト王権と沖ノ島祭祀」『研究報告』I，2011 年。なお，三角縁神獣鏡の年代から，祭祀の開始は 3 世紀に遡るとの見解もある（前掲註 35 柳田論文。椙山林継「神道史上における沖ノ島の祭祀」『研究報告』I，2011 年）

37) 一方で魏志倭人伝以来のより安全な壱岐・対馬ルートが使われていたという考えも根強く，今後の検討課題である。軍隊が大船団を組んで渡海する場合と外交使節などが少数の船で渡海する場合など，多様な状況を踏まえた検討が必要だろう。

38) 森 公章「交流史から見た沖ノ島祭祀」（『研究報告』III，2013 年）は，魏志倭人伝にみえる持衰から「持衰的褒賞」と表現している。

39) 篠原祐一「五世紀における石製祭具と沖ノ島の石材」『研究報告』I，2011 年

40) 九州前方後円墳研究会『沖ノ島祭祀と九州諸勢力の対外交渉』第 15 回九州前方後円墳研究会，2012 年

41) 重住真貴子・水野敏典・森下章司「沖ノ島出土鏡の再検討」『考古資料における三次元デジタルアーカイブの活用と展開』奈良県立橿原考古学研究所，2010 年

42) 禹在柄「竹幕洞祭祀遺跡と沖ノ島祭祀遺跡」・高慶秀「韓国における祭祀遺跡・祭祀関連遺物」『研究報告』I，2011 年。俞炳夏「朝鮮半島における航海と祭祀」『研究報告』II-2，2012 年

43) 西谷 正「「胸形」国の可能性」『九州歴史資料館研究論集』38，2013 年

44) 前掲註 35 武末論文。宗像市教育委員会『国史跡田熊石畑遺跡』宗像市文化財調査報告書 71，2014 年

45) 亀田修一「古代宗像の渡来人」『研究報告』III，2013 年

46) 小田富士雄「沖ノ島祭祀遺跡の再検討」『研究報告』I，2011 年

47) 小田富士雄「沖ノ島祭祀遺跡の再検討 2」『研究報告』II-1，2012 年。花田勝広「宗像地域の古墳群と沖ノ島祭祀の変遷」前掲註 40 書

48) 九州古墳時代研究会『宗像地域の古墳』第 37 回九州古墳時代研究会資料集，2011 年

49) 弓場紀知「沖ノ島の祭祀遺跡」（前掲註 29 上田編書）や前掲註 27 佐田書は，岩上遺跡や露天遺跡について奉献品を納める場・集積場とみる見解を示している。

50) 笹生 衛「沖ノ島祭祀遺跡における遺物組成と祭祀構造」『研究報告』I，2011 年（同『日本古代の祭祀考古学』吉川弘文館，2012 年所収）。同「日本における古代祭祀研究と沖ノ島祭祀」『研究報告』II-1，2012 年。同『神と死者の考古学』吉川弘文館，2015 年

51) 前掲註 39 篠原論文

52) 2011 年 7 月 10 日に行なわれた第 5 回専門家会議（委託研究報告会）での発言による。

53) 小田富士雄「沖ノ島祭祀遺跡の再検討（1〜3）」『研究報告』I・II-1・III，2011〜2013 年

54) 前掲註 24 井上論文など

55) 前掲註 53 小田論文（3），前掲註 50 笹生論文

56) 新谷尚紀『伊勢神宮と出雲大社』講談社，2009 年。同「日本民俗学（伝承分析学・traditionology）からみる沖ノ島」『研究報告』II-1，2012 年。同『伊勢神宮と三種の神器』講談社，2013 年

57) 『大島御嶽山遺跡』宗像市文化財調査報告書 64，2012 年

58) 前掲註 47 花田論文

59) 鈴木地平「「神宿る島」宗像・沖ノ島と関連遺産群の評価・審査を巡って」『月刊文化財』651，2017 年

60) 近年，沖ノ島および本遺産群に関連して刊行された書籍や雑誌の主なものは以下の通り。
『季刊悠久』136（特集「宗像信仰」），2014 年。『西日本文化』476（地域特集 宗像），2015 年。安田喜憲・西谷 正編『対馬海峡と宗像の古墳文化』環太平洋文明叢書 4，雄山閣，2016 年。『季刊邪馬台国』132（総力特集 宗像と古代日本），2017 年。『月刊考古学ジャーナル』707（特集 沖ノ島祭祀遺跡とその周辺），2018 年

61) 推薦の過程で検討された課題や発見された知見の一部は，『沖ノ島研究』（「宗像・沖ノ島と関連遺産群」世界遺産推進会議発行）にまとめられ 2015 年から現在まで 4 号が発刊されている。

編著者略歴

春成　秀爾（はるなり　ひでじ）
国立歴史民俗博物館名誉教授
1942年生まれ。九州大学大学院文学研究科修士課程中退。博士（文学）。著書に，『縄文社会論究』『儀礼と習俗の考古学』『祭りと呪術の考古学』『古代の装い』『原始絵画』（共著）『考古学者はどう生きたか』『考古学はどう検証したか』などがある。

執筆者紹介 （執筆順）

河野　一隆（かわの　かずたか） 東京国立博物館	重藤　輝行（しげふじ　てるゆき） 佐賀大学教授	笹生　衛（さそう　まもる） 國學院大學教授	小嶋　篤（こじま　あつし） 九州国立博物館
河窪　奈津子（かわくぼ　なつこ） 宗像大社文化局学芸員	下垣　仁志（しもがき　ひとし） 京都大学准教授	弓場　紀知（ゆば　ただのり） 石洞美術館館長	清喜　裕二（せいき　ゆうじ） 宮内庁書陵部
東　潮（あずま　うしお） 徳島大学名誉教授	桃﨑　祐輔（ももさき　ゆうすけ） 福岡大学教授	福嶋　真貴子（ふくしま　まきこ） 宗像大社文化局学芸員	白木　英敏（しらき　ひでとし） 宗像市郷土文化課
新谷　尚紀（しんたに　たかのり） 國學院大學教授	甲元　眞之（こうもと　まさゆき） 熊本大学名誉教授	宮本　一夫（みやもと　かずお） 九州大学教授	常松　幹雄（つねまつ　みきお） 福岡市埋蔵文化財課
今尾　文昭（いまお　ふみあき） 関西大学非常勤講師	庄田　慎矢（しょうだ　しんや） 奈良文化財研究所主任研究員	小林　青樹（こばやし　せいじ） 奈良大学教授	瀬川　拓郎（せがわ　たくろう） 札幌大学教授
安里　進（あさと　すすむ） 沖縄県立芸術大学附属研究所客員研究員	高田　貫太（たかた　かんた） 国立歴史民俗博物館准教授	岡村　秀典（おかむら　ひでのり） 京都大学人文科学研究所教授	松木　武彦（まつぎ　たけひこ） 国立歴史民俗博物館教授
サイモン・ケイナー 英国・セインズベリー日本藝術研究所統括役所長	中村　俊介（なかむら　しゅんすけ） 朝日新聞編集委員	岡　崇（おか　たかし） 宗像市世界遺産課	岡寺　未幾（おかでら　みき） 福岡県世界遺産室
大高　広和（おおたか　ひろかず） 福岡県世界遺産室	中園　聡（なかぞの　さとる） 鹿児島国際大学教授	太郎良　真妃（たろうら　まき） 鹿児島国際大学博士課程	

季刊考古学・別冊27

世界のなかの沖ノ島（せかいのなかのおきのしま）

定　価	2,600円＋税
発　行	2018年11月25日
編　者	春成秀爾
発行者	宮田哲男
発行所	株式会社　雄山閣

〒102-0071　東京都千代田区富士見2-6-9
TEL 03-3262-3231　FAX 03-3262-6938
振替 00130-5-1685
URL　http://www.yuzankaku.co.jp
e-mail　info@yuzankaku.co.jp

印刷・製本　ティーケー出版印刷

Ⓒ Hideji Harunari 2018　Printed in Japan
ISBN978-4-639-02616-7　C0321
N.D.C. 210　152p　26cm